労働運動を切り拓く

女性たちによる闘いの軌跡

浅倉むつ子・萩原久美子・
神尾真知子・井上久美枝・
連合総合生活開発研究所――編著

旬報社

はじめに

今年は、世界人権宣言採択七〇周年という記念すべき年にあたる。一九四八年の世界人権宣言は、その後のすべての人権条約の基礎をなす理念と精神をうたいあげた。一九七九年の女性差別撤廃条約も、その流れを反映している。

日本では、女性差別撤廃条約の批准を契機に、一九七〇年代後半から八〇年代にかけて、男女雇用平等法の制定運動が幅広く展開された。労働組合の女性たちも、労働運動の既存の枠組みを超えて、さまざまな市民団体や女性団体とも連帯しながら、この運動に参加した。全国に広がった雇用平等法制定のための闘いは、女性たちの間に、ジェンダー平等社会をめざす強い連帯の意識を生み出し、同時に、「みんなが平場」というかつてない経験をもたらした。本書は「この時代」に焦点をあてながら、労働運動のなかで男女平等の闘いを牽引してきた経験をもつ一二人の女性たちから聞き取りを行い

（うち一人については講演記録）、それらをとりまとめたものである。

雇用平等法の制定をめぐる闘いがもたらしたのは、男女雇用機会均等法の制定と一般女性保護規定の廃止という帰結であった。これらの立法に対する評価は一様ではなく、それだけに一連の闘いの経験から何を読み取るかについては、読者に委ねるしかない。にもかかわらず、私たちが本書を世に出したいと考えたのは、以下のような理由からである。

労働運動史にはさまざまなものがあるが、そこには、ほとんど女性が登場せず、個人として名前を残している人々の圧倒的多数は男性である。女性の運動や闘争が歴史のなかに登場することもあるが、それらはごく部分的にすぎない。理由は簡単で、労働組合の指導者の多くが男性だったからである。しかし、近代日本の発展を支えた産業には、多くの女性労働者がおり、戦後に組織化された労働組合や労働争議にも、女性たちはたしかに存在していた。それだけではない。女性労働者たちの闘いは、人権のための純粋な熱意に貫かれたものが多く、これらの事実と経験を歴史に埋もれさせてはならないと、強く思うからである。

さらに、労働運動の発展にとっても、女性の運動や闘争の理解を深めることは、今や、不可欠である。職場代表として、すべての組合員のために力を尽くすことが労働組合の役割だからという理由もあるが、それればかりではない。周知のとおり、労働組合の推定組織率は一九七五年以降、下がり続けており、労働組合員の絶対数も、一九九四年以降、減り続けている。労働組合は、日本だけではなく、全世界的にも「縮みはじめている」のだろう。

しかし一方、労働組合を必要とする人たちは急速に増えている。女性たち、非正規の人たち、外国人たち、差別を受けている人たち。じつは、今ほど労働組合の力が望まれている時代はない、ともいえるだろう。格差社会といわれて久しい今日の日本では、労働組合にこそ、労働者生活の向上と社会の民主化を先導する役割が期待されているのではないだろうか。そのためにも、組合運動に携わる人々には、ぜひ本書を読んでいただきたい。

本書の中心となる「聞き書き」は、2章、4章、6章に分けて収録されている(原稿作成・萩原久美子担当)。各章の扉の「解説」(萩原久美子)、ならびに、1章「労働組合運動と女性の要求――『敵対』から『共存』へ」(浅倉むつ子)、3章「男女雇用平等に立ちはだかった『保護と平等論』」(神尾真知子)、5章「過去の運動を次の世代へ――歴史がつなぐ未来へのバトン」(井上久美枝)は、これら「聞き書き」を読み解く際のガイドとして役立つはずである。随所にコラムを掲載し、巻末には年表と資料を収録した。

本書に登場する女性たちの闘いの軌跡は、成功物語ではなく、けっして「輝かしい」ものとはいえない。しかし、真摯な姿勢に満ち満ちている。彼女たち一人ひとりが、困難な課題に直面し、人生に向き合い、そのなかで悩み、とまどい、決断し、果敢に考え抜き、実践してきたからである。私たちは、この闘いの経験を風化させてはならない、だから聞き書きとして記録に残したい、と考えた。この方々の貴重な経験こそが、本書の中核的な内容であり、私たちが学ぶべき対象である。労働組合の学習会や、労働運動について学ぶ学生たちのテキストとしても、本書を役立てていただければ幸いである。

じつは、ヒアリングの対象者をどなたにお願いするのかは、非常に難しい選択だった。闘いの歴史をたどれば、あの方もこの方も……と、限りなくお名前が浮かび上がる。労働運動の系譜は複雑であり、なぜこの人が登場しないのかという声も、必ず起きるだろう。しかし、限られた時間と紙幅のなかに、できるだけ女性たちの多彩な闘いの経験を残したいという思いで、対象者を一二人に絞らせていただいた次第である。

さまざまに行き届かない状況のなか、丹念に資料を準備して聞き取りに応じてくださった一二人の皆様には、心からの感謝をささげたい。そのおひとりである高島順子さんは、本書の出版を前に二〇一七年一二月一〇日に逝去された。勇敢で高い志をもったリーダーであった高島さんの平等への思いを無駄にしてはならないと、改めて思う。

この研究は、連合総合生活開発研究所（連合総研）による「戦後労働運動の女性たち――闘いの歴史と未来への提言研究委員会（略称：戦後女性労働運動史研究会）」（二〇一五年一〇月–二〇一七年九月）として、進められてきた。委員会メンバーは、各章の執筆者（浅倉、萩原、神尾、井上）である。この出版をお引き受けいただいた旬報社の木内洋育社長からは、適切な助言とサポートをいただいた。心からお礼を申し上げたい。

二〇一八年八月

浅倉むつ子

［目次］

第4章 経済大国ニッポンと労働運動再編の時代……193

[聞き書き]男女雇用平等法を求めて②

萩原久美子

コラム *column*

事項および組織・団体名　文中表記一覧

＊本書では事項および組織・団体名について、当該の時代や内容、関係者の話の文脈および要望を反映する目的から、全体としての表記の統一あるいは現在の名称による統一は行っていない。以下を参考にしていただきたい。頻出する略称・略語についても記した。

［**国連・女性運動**］

行動する女たちの会（国際婦人年をきっかけとして行動する女たちの会）＝行動する女たちの会（一九八五—一九九六）
国際婦人年連絡会（国際婦人年日本大会の決議を実行するための連絡会）＝国際婦人年連絡会（二〇〇一—）
国際婦人年＝国際女性年
国連婦人の一〇年＝国連女性の一〇年
国連婦人の地位委員会＝国連女性の地位委員会（CSW：Commission on the Status of Women）

［**労働組合関連**（五十音）］

公労協（公共企業体等労働組合協議会）
国際自由労連（ICFTU：International Confederation of Free Trade Unions）＝ITUC（国際労働組合総連合、International Trade Union Confederation 二〇〇六—）
国際自由労連・アジア太平洋組織（ICFTU・APRO：International Confederation of Free Trade Unions Asian and Pacific Regional Organisation）＝ITUC-AP（国際労働組合総連合・アジア太平洋、ITUC Regional Organisation for Asia and Pacific 二〇〇六—）
サービス・流通連合会（日本サービス・流通労働組合連合会）＝UAゼンセン（二〇一二—）
自治労（全日本自治体団体労働組合）
私鉄総連（日本私鉄労働組合総連合）

情報労連（情報産業労働組合連合）
全自交労連（全国自動車交通労働組合連合会）
全国ユニオン（全国コミュニティ・ユニオン連合会）
全繊同盟（全国繊維産業労働組合同盟）＝ゼンセン同盟（一九七四-）、UIゼンセン同盟（二〇〇二-、全国繊維化学食品流通サービス一般労働組合同盟）、UAゼンセン（二〇一二-、全国繊維化学食品流通サービス一般労働組合同盟）
全逓（全逓信労働組合）＝JPU（日本郵政公社労働組合、二〇〇四-）、JP労組（日本郵政グループ労組、二〇〇七-）
全電通（全国電気通信労働組合）＝NTT労働組合（一九九八-）
全民労協（全日本民間労働組合協議会）
全労金（全国労働金庫労働組合連合会）
鉄鋼労連（鉄鋼労働組合連合会）＝基幹労連（日本基幹産業労働組合連合会、二〇〇三-）
電機労連（一九五四-一九九一、日本電気機器労働組合連合会）＝電機連合（全日本電機・電子・情報関連産業労働組合連合会）
電力総連（全国電力関連産業労働組合総連合）
日教組（日本教職員組合）

［その他］
単組（単位組合）
単産（単位産業別組合）
産別（産業別組合単産）
女性保護規定＝女子保護規定
婦少審（婦人少年問題審議会）

第1章

労働組合運動と女性の要求

「敵対」から「共存」へ

浅倉むつ子

1　はじめに——「二つの敵対者」

一九五六年に出版された『講座　労働問題と労働法』の第六巻は、大河内一男と磯田進の編による「婦人労働」であった。この本には、戦後の学界をリードした研究者たちの論文とともに、労働組合婦人部の女性たちによる三回の座談会がとりまとめられている（大河内＝磯田一九五六：二五七―二九二）。

座談会に出席した女性たちは、比較的恵まれた条件下で働く大企業の労働者だったが、女性であるために直面する問題は多く、複雑だ、と語っている。女性に偏っている家事負担（性別役割分業）や出産は、現在でもなお、働く女性に立ちはだかる障壁である。しかし、ここで問題を「複雑」にしていると語られたのは、女性問題に対する組合員の意識だった。「他の問題についてならば、一応立派な進歩的意見をのべたてるような男子組合員も、こと既婚婦人の問題になると、おどろく程の冷淡さをあらわしてくる」、これらは「先にみた経営者の婦人労働者に対する態度と全く符合している」、女性は

「二重の苦労」(対組合と対経営者)に直面している、という指摘もなされている。

編者である大河内と磯田は、「『婦人労働』の正しい解決」こそが、日本の労働運動が「ほんとうに近代的な社会運動・階級運動としての実体を身につけうるかどうかの、試金石にもなる」と位置づけつつ(大河内＝磯田一九五六：五)、以下のように、この座談会を総括している。「組合活動の中での婦人は二つの敵対者をもっている。一つは……婦人の待遇や地位に理解を欠いている雇主である。だが多くの場合、婦人組合員は男子組合員への敵対者でもあり、とりわけ男性の組合役員に対する敵対者である」。「婦人に対する特殊な保護規定の完全実施や、婦人の地位や男子との平等化の問題にかんするかぎり、婦人は男子組合員または役員をその敵対者と考えなければならなくなる」。とくに労働組合の組織が大きく固まってくれば、それは一つの支配機構・権力機構としての実態をもつようになるのであり、だからこそ「婦人の労働運動にとっての第一の関門は組合自身の内部にひそんでいる」(大河内＝磯田一九五六：二九九)。

この座談会から六〇年余が経過した今日、ここで指摘されたことは解決したのだろうか。労働市場における女性労働者の数は、当時とは比較にならないほど増大し、共働き世帯は片働き世帯を上回り、法制度の改革も進んだ。今や、労働組合が女性や非正規労働者の問題に無関心であっては、自らの存在自体が危ぶまれかねない状況である。それゆえ、女性労働者に「敵対的」労働組合運動という理解はすでに過去のものであって、労働組合の男女平等参画は重要課題として認識されているはずである。

しかしながら、なぜ、日本では雇用における男女平等がこれほどまでに遅れているのか。なぜ、日本の男女賃金格差はこれほどまでに大きいのか。なぜ、日本のジェンダー・ギャップ指数は世界の一一四位という低水準なのか。連合の構成単位である単組の執行部の女性比率は、なぜ、これほどまでに低いのだろうか。これらの問題に対して、労働組合はいったい何をしてきたのだろうか。このような疑問に私たちは目をつぶるわけにはいかない。

これらの問いに答えるため、いま一度、私たちは、労働運動の現場で闘い続けてきた女性たちの語りに耳を傾ける必要があるのではないだろうか。そこから前述の問に関する示唆が得られるなら、また、そこから労働組合運動の低迷を打破する教訓が得られるのなら、私たちはようやく、労働組合運動と女性労働者が「敵対的」関係を乗り越えて、よりよい社会を創造する「共存的」関係となる道筋をつかみとることができるのだろう。

男女平等を推進する労働運動は、一九七五年の国際婦人年や七九年の女性差別撤廃条約の採択など国際的な動向から大きな影響をうけつつ、七〇年代後半から八〇年代にかけて、かつてない展開をみせた。そこで、私たちの聞き書きも、当時の男女雇用平等法に向けた取り組みから均等法の制定に至るまでの期間に盛り上がりをみせた女性労働運動の経験に焦点をあてた。とはいえ、テーマや時代がそこだけに限定されているわけではなく、各人の語りはより広い内容に及んでいる。

2　男女差別に気づく

一九七〇年代以降に、日本において男女雇用平等法に向けた取り組みが展開したのは、国際的な機運による後押しもあったが、同時に、男女間の大きな格差は許されない男女差別だという確信が、女性たちの間に生まれたからである。そもそも男女平等要求は、母性保護とは異なり、男性組合員から賛同を得られにくい要求であった。

(高木)「……いわゆる母性保護の拡充要求には男性役員も共に交渉をしてくれました。しかし、賃金や昇格など男性と利害がぶつかる女性の『平等要求』には非協力的というか、陰に陽に婦人部活動の壁になることを感じるようになりました。「男と女の間には深くて暗い溝がある」という歌詞が思い出され、すごく苦しかった!のです」(6章・高木参照)。

男女差別への気づきを生む契機となった判決が、一九七五年の秋田相互銀行事件判決(四月一〇日秋田地裁)だった。地方銀行の男女別の賃金体系は労働基準法(以下、労基法)四条違反であると判断した同判決は、全国の女性労働組合員に大きな希望を与えた。

この判決から勇気を得た闘いとして、多田は、福井県の酒伊織物労組の賃金配分交渉について語っている(2章・多田参照)。これは会社との賃上げ交渉をめぐる闘いのなかで獲得された賃上げの配分を、常に男性優先としてきた労働組合の慣行に対して、女性執行委員が異議申し立てをして、配分率を男女同率にさせたできごとだった(多田二〇〇四:九八)。執行委員一〇人中ただ一人だった女性が、三つの工場の女性組合員七八八名全員から署名を集め、それをもとに執行委員会に要求をつきつけ、同委員会は、議論の末にこれを受け入れる決定をしたのである。この男女同率の賃上げ配分の実例は、女性たちに「そういう解決の方法があったんだ」と思わせ、組合活動に希望が生まれたという。

（多田）「要求は全面的に認められ、男女同率の配分案が決定されました。土屋さんは交渉に失敗すれば組合役員もやめ、会社も辞める覚悟でした。歴史にとどめておきたい運動です」（2章・多田参照）。

この当時から、徐々に男女賃金格差問題に取り組む労働組合も増えてきた。興味深いのは、男女の賃金格差は、企業内部にかぎらず、労働組合の専従役員の間にも存在したことである。

（長谷川）「本部に行ったばかりのころ、他の中央執行委員との間で大きな賃金格差がありました。思い切って中執会議で『本部に来いって言われて来ましたが、職場にいた時よりも賃金が低い。なぜですか。暮らしていけません』と発言しました。会議はザワつきましたが、青年部、婦人部の専従役員は……役員手当が他の担当中執とは違うことがわかったのです。言わなければそのままでした。その後中央執行委員の賃金は改正されました。」（4章・長谷川参照）

さまざまな経験が女性たちによる「雇用平等」を求める立法運動に収れんしていったことがわかる。

（高島）「一九七七年の年次全国大会で、……「初任給の男女格差撤廃」「教育訓練の差別撤廃」「定年退職の差別撤廃」を柱とする基本方針……が決議されます。うれしかったです。抽象的なスローガンですが、同盟が活動方針として（これらを）決めたことによって、……女性が声を上げて活動しやすくなるからです。」（2章・高島参照）

3　雇用平等法を求めて——女性たちの連帯と共闘の経験

国際的な機運にも後押しされて、一九七五年以降、雇用平等法を要求する運動は、盛り上がりをみせた。この運動は、民間の女性団体と労働組合婦人部という、政治的立場も価値観も異なる人々が一堂に会し、男女平等の実現という一つの目標に向かって行動する、かつてない幅広い共闘の経験を生んだ。

国際婦人年は一九七二年に国連総会で決定された、女性の地位向上キャンペーンである。七五年には世界会議が開催されることになり、日本でも国際婦人年日本大会を開くことになった。四一の女性団体全国組織が[1]「国際婦人年連絡会」を発足させ、ここに労組婦人部も結集した。一方、当時参議院議員だった市川房枝と田中寿美子は、「国際婦人年日本大会」を政府主導ではなく民間女性の力で開催することをめざして、より幅広い女性たちに呼びかけを行った。[2]その結果、七五年一月に、従来の女性団体の枠に収まらないユニークな組織として「国際婦人年をきっかけとして行動を起こす女たちの会」が結成された。国際婦人年日本大会の開催は、既存の女性団体と、このために作られた「行動

1——当初の四一団体は、一九八〇年に四八団体へ、八九年には五一団体に発展した(国際婦人年日本大会の決議を実現するための連絡会一九八九：六)

2——市川は女性団体のリーダーたちに、田中は女性の評論家、学者、労働省婦人少年局の後輩や組合の活動家に呼びかけた(行動する会記録集編集委員会一九九九：一四)。

を起こす女たちの会」によって取り組まれ(6章・高木参照)、労働組合の女性たちも、ここに思い思いの立場で参加していった。[3]

一九七五年一一月二二日の「国際婦人年日本大会」(実行委員長は市川房枝)は、のちに日本の女性がうちたてた金字塔といわれる文書、「国際婦人年日本大会決議」[4]を採択した(巻末「資料❶」)。五年後の八〇年一一月二二日には「国連婦人の一〇年中間年日本大会」が、四八団体の参加の下に行われ(実行委員長は市川)、運動はさらに広がった。労働分野から問題提起をした山野和子は、進めるべき重点課題として「雇用における男女平等の確保と差別の是正」をあげ、労基法三条に「性別」を入れると同時に、「募集から採用、雇用全般における差別の禁止と差別からの救済を行うことを目的とした雇用平等法を制定して、男女平等を推進」することを強調した(国際婦人年日本大会の決議を実現するための連絡会一九八九:一一六)。

男女雇用平等法制定要求は、国際婦人年連絡会の中心的な課題であり、労働運動の枠組みを超えた女性たちにより、支えられていた。当時、雇用における男女差別訴訟が次々に提起されて、性差別を禁止する法制度の不存在が問題として意識されたからである。野党と日弁連は、独自の雇用平等法案や法案要綱を次々に公表した。

議員として雇用平等法案策定の中心にいたのは、田中寿美子だった。田中は、一九七七年に、長い間の懸案であった社会党「雇用における男女の平等取扱いの促進に関する法律(案)」を発表した(田中一九七七:三八、四六)。同法案は、田中による労働問題への深い国際的知見を反映し、後に続く各政党法案のモデルとなった。[5]

雇用平等法をめぐっては、「行動を起こす女たちの会」のメンバーを中心に、「私たちの男女雇用平等法をつくる会」(「つくる会」)が一九七九年一月に結成された。「つくる会」は、野党議員らと協力しながら、均等法をめぐる政府動向に対応して、女性たちによる勉強会、討論集会、ハンスト、[6]議会への要請、労働省への抗議活動、マスコミへの働きかけなど、次々に活発な活動を繰り広げた。労組の女性たちは、労働組合としての活動も行いつつ、これら「みんなが平場」の組織のなかの運動からも、数多くの実践を学び取っていったのである。[7]

国際婦人年を契機とする女性たちによる共闘の経験は、労働組合の女性に大きな活力をもたらし

3―坂本も、国際婦人年、メキシコ大会、国連婦人の一〇年、女性差別撤廃条約の採択、コペンハーゲン、ナイロビなどから大きな影響を受けた、という(4章・坂本参照)。

4―決議の中には、政府・自治体への要求として、①労働条件の男女平等のため労基法を改正すること、②ILO八九号条約、一一一号条約などの批准、③母性保障の施策の充実があり、政党や労働組合への要求として、「労働組合は、その一員である婦人労働者に対する雇用、賃金における差別をなくすための活動を強化すること。また、組合の各級機関に婦人の役員を増やすこと」が掲げられていた。

5―社会党に引き続いて、各党からも独自の法案もしくは法案要綱が公表された。共産党「雇用における男女平等の機会、権利の保障に関する法律(案)」、民社党「男女雇用平等法(仮称)要綱」、公明党「男女雇用平等法(案)要綱」、日弁連「男女雇用平等法要綱試案」。

6―一九八四年二月の婦人少年問題審議会の公益委員が発表した均等法の「たたき台試案」に怒りをこめて、女性たちによって、同年三月一七日、労働省前で七二時間のハンストが行われたことは語り継がれている(6章・高木参照)。

7―私たちの男女雇用平等法をつくる会の活動については、さまざまな資料がある(行動する会記録集編集委員会一九九九、中島一九八四)。巻末「**資料❸**」も参照。

た。聞き取りの過程で、この運動に関与した女性たちは口々に、この運動が、総評／同盟／中立労連／新産別という労働運動の路線を超えたものであったこと、女性団体との交流・連携という市民社会／労働界の壁も超えた連帯であったこと、その結果、労組の活動とは異なり一人ひとりの女性が自由に参加し意見を述べるというまったく違う景色を体験できたことなどの喜びを語っている。このような「かつてない経験」が労働組合の女性たちに及ぼした影響は、おそらく労働運動という枠にとどまっているかぎりは経験できなかったものであった。

同盟にいた高島は、男性たちの「労戦統一」議論より一歩先に、組織の枠を超えた女性の労働組合運動の緩やかなネットワークがあったことを評価しつつ、以下のように語っている。

（**高島**）「絶対、分裂しない。決意しました。総評の山野さんと密に連絡を取り、最後まで一緒にやりました。」（2章・高島参照）。

4　雇用平等法と均等法の落差

求めていた雇用平等法とは違った法律

国際婦人年日本大会を率いてきた市川房枝は一九八一年二月に逝去したが、市川の念願であった女性差別撤廃条約の批准は、八五年六月二五日に実現した。同年一一月二二日の「国連婦人の一〇年日本大会」で基調講演をした鍛冶千鶴子（世話人）は、均等法については「不満を残した条件整備と言えますが、それにもかかわらず私たちは、差別撤廃と男女平等実現のための、条約という国際的基準を持つことができたことを、十年にわたる努力の成果として確認し、喜び合いたいと思います」と述べた（国際婦人年日本大会の決議を実現するための連絡会一九八九：一四〇）。

一方、雇用平等法要求運動の先頭に立ってきた山野は、「条約を批准するための条件整備の焦点であった男女雇用平等の法制は、私たちの求める法律とはまったく違った『男女雇用機会均等法』だったとして、運動がめざした雇用平等法と成立した男女雇用機会均等法との落差を批判した。この段階で早くも、均等法の改正や、男女平等を促進するために労働者全体の労働条件を改善する必要性、とくに「労働時間の短縮（とりわけ一日の労働時間の短縮）、時間外労働の規制」が不可欠であることが指摘された（国際婦人年日本大会の決議を実現するための連絡会一九八九：一五二）。

労働運動の枠組を超えて市民運動やＮＧＯと連携し、主要な役割を果たしてきた労働組合の女性たちが一貫して追い求めてきた法制は、「平等法」としてではなく、一九八五年五月一七日に、勤労婦人福祉法の改正である男女雇用機会均等法として、可決・成立した。

均等法制定過程における攻防

均等法の制定過程における公労使の攻防を、簡単に整理しておこう。一九六〇年代後半から、国際競争力を強化するために労基法の女性就業制限（一般女性保護規定）を緩和すべきという要望が、経営者団体から出され始めた。そのような論調の集約が、七〇年一〇月の東京商工会議所「労働基準法に関する意見」であった。

労働組合が経営者団体からの女性保護規定の廃止提案に警戒を強めていたなか、一九七八年一一月二〇日に労働基準法研究会第二小委員会が公表した「報告書」は、男女差別を禁止する新たな立法の必要性にふれる一方、「合理的理由のない保護は解消し、……男女の生理的機能の差等から規制が最小限必要とされるもの」に限定する考え方を示し、一般女性保護規定の見直しを提言した。労働側からはこれに批判が集中した。[8] 婦人少年問題審議会は「男女平等の具体的な姿とその実現の方策」を調査研究するために、大学教授、弁護士、労働組合役員、企業や使用者団体の労務担当責任者等をメンバーとする「男女平等問題専門家会議」を設置した。[9] 同会議は八二年五月八日、「雇用における男女平等の判断基準の考え方について」とする報告書を労働大臣に提出し、男女平等のためには女性の妊娠出産機能を考慮に入れた実質的平等が必要、とした。[10] このとき労働側委員は公益委員の田辺照子と連名で「『雇用における男女平等の判断基準の考え方』に対する見解」をまとめて提出した（2章・松本参照）。

ところが婦人少年問題審議会の公益委員による「たたき台」（一九八四年二月二〇日）は、募集・採用を事業主の努力義務とし、一般女性保護規定の部分的緩和を含む提案であった。したがって労働側の反発はなお強く、同年三月一六日の審議会の「建議」は三論併記という異例のものとなった（労働側委員の見解については、巻末「**資料❺**」を参照）。

労働省はこの「建議」を受けて、法律案要綱（案）をとりまとめ、一九八四年四月一九日から二五日にかけて、関係する労働関係の諸審議会に諮問を行った。労使の攻防はこの法律案要綱（案）をめぐって山場を迎えた。最大の問題は、同要綱案が独立の立法形式ではなく、勤労婦人福祉法の改正という形式をとったことであり、労働側委員はこれを「背信行為だ」と憤った。労働側委員は最後まで審議拒否をするか否か、迷ったあげく、苦悩の決断の末、審議の土俵に乗った、と山野は以下のように回想している。

(山野)「審議会では、新しい法律をつくるということでずっと議論してきたにもかかわらず、それはなんと、勤労婦人福祉法の改正案であったわけです。」これは背信行為だとして、審議拒否を決めました。ただこのまま審議を拒否すれば、法律はできず、「女性差別撤廃条約が批准できないということ」でした。「私は、女性差別撤廃条約の批准は、日本の女性にとっては婦人参政権獲得に匹敵する、第二の夜明けといえる価値のあるものだと思っています」。だからこそ「苦悩の決断をした」のです。(2章・山野参照)。

一九八四年五月九日の婦人少年問題審議会「答申」は、労働側委員の意見と経営側委員の意見をそれぞれ別紙に付す形にしたうえで、「必要がある場合には法改正を含む所要の措置を講ずべき」とし

8—聞き取りにおいて、坂本は、「労基研報告が出た直後、山野さんから連絡があり、二人で労働省に向かいました。当時の労働省婦人局長は森山真弓さん。労働現場の実態が度外視されている、……と大抗議をして、総評の考え方を明らかにしてきました」と述べている(4章・坂本参照)。

9—この専門家会議の一五名の構成員のうち、労働組合から参加したのは、多田とよ子(ゼンセン同盟・常任執行委員)、塩本(高島)順子(同盟・青年婦人対策部副部長)、松本惟子(電機労連・婦人対策部長)、山野和子(総評・常任幹事)であった。

10—この報告書が「結果の平等を志向するものではない」と述べたことに、当時、大阪総評は危機感をもち、「求めるべきは結果の平等である」と反論したという(4章・伍賀参照)。巻末「**資料❷**」参照。

た。その後、国会に提出された法律案は、審議会で審議拒否を回避してくれた労働側に対する若干の譲歩を含みつつ[11]、いったん継続審議となったものの、八五年の第一〇二国会において可決・成立した。

持てる力は出し切った

女性たちが理想として掲げていた「雇用平等法」制定要求は、労使の妥協の産物として成立した均等法によって後退を余儀なくされ、女性労働運動は挫折を経験した。とはいえ、大きな闘いをやりとげた後、山野は、「議論をはじめてから足かけ九年を要した取り組みは苦難の連続……でしたが、……もてる力は出し切った、その結果生まれたのが均等法だった」と述べている（2章・山野参照）。

制定された一九八五年均等法は、女性たちが求めた「雇用平等法」とどこが異なっていたのか。改めて整理すれば、①「福祉法」的性格のゆえに、女性の特別扱いが規制対象から外れ、その結果、低賃金・不安定な非正規職への女性の就労機会拡大も違法ではないと解釈されていたこと、②募集、採用、配置、昇進に関する均等が事業主の「努力義務」とされたこと、③調停制度の開始に他方当事者の合意が必要とされたこと、であった。

同時に、女性たちが直面した一層の難問は、均等法と抱き合わせで提起された女性保護規定の改訂提案にどのように対応すべきか、という問題であった。

5 一般女性保護規定廃止をめぐる苦悩

一九四七年制定の労基法は、女性労働者について、①時間外・休日労働の制限、深夜業の禁止などに関する「一般女性保護規定」と、②産前産後休業の保障、妊娠中の軽易業務転換などの「母性保護規定」をおいた。これらの規定は、成人男性労働者に比して女性労働者が体力において劣り、かつ、家事・育児負担を多く負い、母性機能を有していることに配慮しておかれたものであった。

一九七八年の労働基準法研究会第二小委員会「報告」を契機に、労使の間では「保護と平等」をめぐる激しい論争がおきた。大阪の女性たちは、労働と暮らしの実態からの反証として、「女性も長時間労働で、未組織の正社員では妊婦の作業軽減ですら七割近くが対応してもらっておらず、家事育児の負担の大きい既婚者では八時間以上眠れる人は七%という実態」を明らかにし、「現場を見る時間がなかった」と述べた専門家の姿勢を批判した(4章・伍賀参照)。

国際社会の動向を考慮すると、理論的には、以下のように「一般女性保護」規定と「母性保護」規定は区別して理解されるべきであろう。①女性が心身ともに劣るという偏見に基づく保護の根拠は否定されるべきであり、②女性特有の妊娠・出産機能に基づく保護は、母性保護として手厚く充実させる

11―この譲歩部分とは、時間外労働の制限について、工業的業種は、諮問において二週一二時間であったのを週六時間とし、非工業的業種は、諮問では制限の廃止とあったのを、一定範囲で省令をもって時間外労働の制限を定めることとした点であった(赤松二〇〇三：一二六、一二九)。

べきだが、「母性」を強調しすぎて母親としての役割を固定化すべきではなく、③女性にとって危険有害な業務は男性にとっても危険で有害であり、④家族的責任は男女が平等に担うことを前提として、法システムは構築されるべきである(浅倉一九九九：一二七)。このような理解に基づくかぎり、選択されるべき立法政策は、一方で強い実効性をもつ男女雇用平等法を制定し、他方で、従来の「一般女性保護規定を男性にも拡張する」こと、すなわち男女共通規制を実現すること、であった。

しかし残念ながら現実の立法政策は、理論的な道筋をそのままたどることはなかった。当時は、労使双方の合意をとりつけるために、「平等」と「保護」のそれぞれを犠牲にして「妥協」をはかるしかなかった。一九八五年の均等法制定と同時になされた労基法改正時には、原則として一般女性保護規定はなお維持されたが、例外的に、部分的規制緩和が行われた。緩和された主要な内容は、①非工業的業種の事業に従事する女性について、従来の時間外労働の規制を緩和し(労基法六四条の二)、②一定の管理職・専門職、品質が変化しやすい食料品加工業務、本人の申出と行政官庁の承認による一定の事業に従事する女性について、新たに深夜業を解禁する(労基法六四条の三)というものであった。

この経緯のなかで、組合の女性リーダーたちは、それぞれの現場でまことに厳しく苦しい判断をせざるをえなかった。当時の苦しい判断についての率直な語りには胸をうたれるものがある。しかし、語られたのは「苦しかった」という感想だけではない。それぞれが、次の一歩へと踏み出すための反省と展望にふれていることを見逃すべきではない。

女性への深夜業解禁をめぐる攻防については、渦中にいた長谷川の「聞き書き」に詳しい。一九八五年改正の労基法六四条の三は、基本的には深夜業禁止規定自体を維持したものの、新たに適用除外対象となる各種の業務が追加された(同条一項第三号から第五号)。八六年には「女子労働基準規則」が改正され[12]、例外の対象となる具体的業務が詳細に規定された。三年後をめどに措置するとされた業務については、八九年四月一日の女子労働基準規則改正によって、六四条の三第一項第二号の対象業務に、従来からの例外業務(航空機の客室乗務員、寄宿舎の管理人、映画撮影業務、放送番組制作の業務、警察業務)に加えて、新たに、旅行業法の添乗員業務と郵政事務Bが規定された。

当時、全逓中央執行委員だった長谷川は、郵政職場の門戸開放と深夜業規制廃止をめぐる攻防を語っている。郵政外務員(郵政(乙))はかつては男性のみの職だったが一九八一年にようやく女性にも門戸が開放された。しかし郵便の区分・運搬業務である郵政事務Bは深夜業務があるためにあい変わらず男子限定だった[13]。ところがこの郵政事務Bについて、女性たちにも採用枠を広げると同時に深夜業が解禁されることになったのである。

(長谷川)当初、婦少審で「郵政Bもふくめた三業種が深夜業務禁止解除の対象職種として議論されているとは知りませんでした。……そもそも婦人部は郵政Bの門戸開放と深夜業務禁止解除とがセットになるような議題は上がっていなかったのです」。その後、運動で巻き返しをはかって、一九八五年に「郵政B

12—昭和六一年一月二七日労働省令第三号。
13—国家公務員採用Ⅲ種試験の試験区分のひとつとして、人事院規則八‐一八は「郵政事務B」の職務を定めていたが、これは「郵便物の区分、運搬等の業務」であり深夜業従事を必須としていたため、「男子」限定の職務であった。一九八九年の人事院規則改正によって、「男子」限定の規定は削除された。

の解禁と女性の深夜労働禁止規定解除はいったん見送られ、三年後に先送りされることになりました」。「一九八八年、均等法の見直しが行われ、……郵便の区分・運搬作業の深夜労働禁止規定は解除。それにともない……採用差別は解消されることになりました」。しかし、深夜業解禁後に「男性による女性職員へのハラスメントが起きたのです」。これを契機に「女性の深夜勤務は複数勤務にする、駐車場に照明を取り付ける等の改善を勝ち取りました」。「女性は過渡期の苦しみを経験しました」が、徐々に「女性職員が戦力になっていきました。女性の職域は広がり、……定着していきました」。（4章・長谷川参照）。

6 「男女共通規制」という方針――男女ともに人間らしい労働と生活を

一般女性保護規定の廃止と激変緩和措置

一九八九年には、日本労働組合総連合会（連合）が結成された。女性リーダーの多くは、連合の組織下で、均等法施行後の雇用平等要求運動にかかわってきた。一般女性保護規定の改廃をめぐる問題は、九七年と九八年に再度の山場を迎えることになった。というのも、八五年均等法制定時には部分的改正にとどまった労基法の一般女性保護規定が、九七年の均等法改正時には、時間外・休日労働の制限（労基法六四条の二）および深夜業に関する制限（同法六四条の三）のいずれも廃止されることになっていたからである。

一般女性保護規定の廃止を目前にして、女性たちからは、「男女共通規制」を設けることによって従来の女性保護基準を男性の労働条件にまで拡大すべきだという声があがった。しかし、「女性保護撤廃＝男女共通規制の実現」という要求が労働組合運動全体の現実的な課題と理解されるには、かなり高いハードルがあった。当時の組合員の意識はまだそこに到達していなかったからである。

一九九五年の調査によれば、労基法における女性の時間外労働等の規制について、「従来の規制を現行通り存続する」は、女性の一七・六％、男性の一九・一％の賛成にとどまっていた。一般女性保護規定の廃止については、当時、すでにある程度の合意が生まれていたことがわかる。一方、「男性の時間外規制を女性なみに」という「男女共通規制」については、女性の三二・七％が賛成だったが、男性の賛成はその約半分の一七・二％にすぎなかった（連合一九九五：三四）。自分たちの労働時間を女性水準にまで短縮しようという男性労働者の意識は、きわめて希薄であった。

そのような状況下で、一般女性保護規定の廃止時期が到来した。当時、審議会のメンバーだった熊崎は、以下のように苦しい胸のうちを語っている。

（熊崎）「（女性保護規定の）撤廃には男女双方から強い反対意見がありました。一方、……（育児や介護の法制度化など）女性が働く条件整備は前進しました。……連合加盟の産別のなかには女性の職域拡大の趣旨からすでに女子保護規定撤廃を主張していたところもありました。連合の組織機関として男女共通の法的規制の強化……を前提に、労基法の時間外・深夜業等の保護撤廃を決定しました。苦しい決断でした。……出身労組のゼンセン同盟から厳しい意見が出されました。……『保護撤廃は賛成しかねる』。……ここに来るまでの間に、ゼンセン同盟に対しもっとていねいに説明すべきだったと今も反省しています」。（4

章・熊﨑参照）。

一九九七年改正均等法においては、女性を深夜業に従事させる場合の「指針」が策定され、女性労働者の通勤や業務遂行時の安全確保措置について規定がなされた（均等則一七条、「就業環境指針」）[14]。また、九七年に育児介護休業法も改正され、家族的責任をもつ男女労働者の深夜業免除請求権が規定された（同法一六条の二、一六条の三）。さらに、翌九八年九月に行われた労基法見直しにおいて、一般女性保護規定の廃止をカバーするために、二つの法改正が行われた。第一に、労使協定で延長しうる労働時間の上限基準を設定する根拠規定がおかれた。すなわち八三年以来、労働省はいわゆる時間外労働の目安時間指針を出して行政指導をしてきたが、この改正ではじめて、目安時間に相当する「上限基準」を労働大臣が策定する根拠規定が設けられたのであった（三六条の二）。第二に、いわゆる激変緩和措置が設けられた。改正労基法附則一三三条が、育児介護による時間外労働の免除を申し出た「女性労働者」については、一般より短い上限基準をおくと規定したのである。

「男女共通規制」方針の登場

しかしこの段階での激変緩和措置は女性に限定されており、男性労働者の時間外労働の免除請求を認めるものではなかった。そこで、「ポスト激変緩和」として、育児介護をする男女について年間の時間外労働を一五〇時間以内とする上限規制の実現をめぐって、議論が生じた。当時、山野は次のように主張した。

（山野）「運動の視点について申し上げます。キーワードは男女の問題にするということです。つまり、男性も女性も、ともに仕事と家庭責任を両立させるということを基本にして、男性の働き方、役割を見直すことが大切だと思います。……この際、いいにくいことをはっきりいわせてもらいますけれども、時間外労働についてみますと、女性は……四週について三六時間です。男性は労働省の目安時間で四週四三時間なんです。……七時間しか違いがない……だから、……男女の問題として取り組んでいけば、一致点はつくれると思います。……この際、原則的にも女子労働基準規則の規制を外すことを決断すべきではないかと……その時期にきているのではないかと思います。」（2章・山野参照）。

この段階に至って、連合本部はついに、「男女共通規制」に向かって大きく舵を切るという決断をした。当時の連合の運動方針を整理しておこう。一九九五年秋以降、連合中央執行委員会の下に、専門委員会として女性委員会が設置され（委員長：原五月副会長）、そのなかに「男女雇用平等小委員会」と「女性政策小委員会」が設けられた。その検討を経て九六年六月四日には、第二二回連合中央委員会で、「男女雇用機会均等法改正要求案と今後の取り組みについて」が賛成多数で決定された。連合は、労働時間につき「男女共通の法的規制」を加える選択肢をとり、将来的には年間一五〇時間規制を男性にも適用するが、当面はこれを目標としておき、スタートは目安制度年間三六〇時間に法的根拠を与える、という方針を採用したのである（連合・女性局一九九八：三二－三四、連合・時短センター一九九六：五四）。

14 ――「深夜業に従事する女性労働者の就業環境等の整備に関する指針」一九九八年三月一三日労働省告示第二一号。

これは連合にとって苦渋の決断だったと、吉宮聡悟（当時の連合時短センター局長）は以下のように語っている。

（吉宮）「中執提案を採決で決定したのは、連合結成以来はじめてのことだったと思います。電機・自動車を中心として（女性保護規制を）解禁すべきだという意見がある。一方、『女子保護規定を解消して男女共通のルールを作るといっても、実態は女性のほうが家庭責任を負っているのだから、結局女性を退職に追い込むことになる、女性が働き続けられなくなる』という実態論からの意見が根強くあったなかでの連合としての苦渋の判断だったのです」（連合・総合労働局時短センター一九九九：一〇六）。

たしかに苦渋の決断という側面もあったが、同時に、この方針は、共闘を可能とする「男女共通規制」に男女労働者がともに到達した歴史的な決断だったといえるのではないだろうか。[15] これは男性労働者の時間短縮意識を変えるだけではない。従来は時間外労働協定の内容に無関心だった女性労働者もまた、男女共通規制という枠組みによって、労使協定の締結に関心をもたざるをえなくなったのである。[16] 労働組合による労働時間短縮をめぐる議論は、ここから本格的に始まるはずであった。[17]

しかし男女共通規制をめぐる動きは、これ以降、ほとんど進展していない。労働組合による労働時間短縮への取り組みはたしかになされてきたはずだが、それが法制度の改正に反映することはなく、労働政策審議会は、もっぱら経営側が主導権を握る規制緩和論議に終始してきた。

一方、一九八五年の均等法が、雇用平等法としてはきわめて脆弱なものであったことから、女性たちは裁判や立法闘争など、法改正の運動に取り組み始めた。均等法にもとづく初の訴訟提起は、沖縄バス35歳定年制をめぐる事案だった。バスガイドの三五歳定年制は「職種別定年制」であって女性差別ではないと会社側は主張して制度を改正しようとしなかった。これに対して、果敢に訴訟を提起して、多くの女性たちからの支援を得ながら和解を勝ち取った経緯のなかで、城間は語っている。

（**城間**）「仮処分の審尋が平行線をたどっていた一九八八年五月、沖縄のガイドの女性たちが裁判支援に向けて企業を越えた交流の場を立ち上げました。会の名前はゆんたく会。『ゆんたく』とは沖縄の言葉で『おしゃべりする』ことです。……沖縄の女性は労働組合、市民運動の別なく、女性の問題となるとつながります。沖縄は革新統一でやってきたという歴史的な背景もあるかもしれませんが、女性は総評、同盟、社会党系、共産党系という組織の違いがあっても、地域でつながっている。バスガイドの仲間、市民運

15―浅倉は、連合「男女雇用平等法を実現するフォーラム」（一九九六年一〇月二五日設立総会）の活動を振り返って「九六年六月四日に決定されたこの連合要求は、日本の労働組合の考え方を基本的に変えたという歴史的な文書だったと思う」との感想を述べたことがある（連合・総合労働局時短センター一九九九：一〇九）。「男女雇用平等法を実現するフォーラム」は、浅倉が代表世話人、赤松良子、佐藤洋子、中島通子が世話人となり、事務局は、熊﨑清子（副事務局長）、高島順子（女性局長）、吉宮聡悟（時短センター局長）が引き受けていた。

16―連合・総合労働局時短センター一九九九：一一一（片岡千鶴子による発言）。

17―一方、深夜業の議論は不十分だった。女性たちは男女共通のルールができれば深夜業禁止は全面解消でよいと考えたが、男性にはその意見は少なく、あくまでも男性にとっては「女性は保護の対象」だった。この問題は現在もなお十分な取り組みに至っていない。

動の女性ネット、私鉄総連青婦協、日本婦人会議……。いつの間にか私の周りには労働運動と市民運動とが一体となった女性の支援が広がっていたのです」(6章・城間参照)。

女性たちは、賃金をめぐる裁判闘争にも果敢に取り組み、めざましい成果をあげた。全石油昭和シェル労働組合委員長の柚木は、職能資格制度の格付けをめぐって野崎光枝が起こした賃金差別訴訟を全面的に支援して裁判所から男女差別の認定を勝ち取り、さらに、自分を含む労働組合の女性一二人で格付けの男女差別を争う訴訟を提起し、勝訴した(**コラム❽**も参照)。

(**柚木**)「会社の昇格管理のありかたを記す社内資料『職能資格滞留年数』表の存在、野崎さんの一審判決、さらに現職による裁判提訴。会社はアリバイ作りとはいえ、女性の処遇を変えてきました。二〇〇三年に一人、〇四年に一人、〇五年には五人の女性をF1……に昇格させました。……裁判に提出された会社の準備書面には『F1の女性労働者が七名出現』という書きぶり。まるで珍しい生き物かのように『出現だって』『本当、やりたくなかったんだ』と大笑いしました。」(6章・柚木参照)。

また、均等法を変える運動としては、一九九六年の「変えよう均等法ネットワーク」の発足、二〇〇〇年の「均等待遇二〇〇〇年キャンペーン」の展開があり、さらに海外にもその舞台は広がっていった(6章、柚木参照)。均等法制定によって女性たちの運動は終わったわけではなく、幅広い共闘はさらに広がりをみせたといってよい。

均等法は、その後、一九九七年の改正[18]、二〇〇六年の改正[19]、さらに二〇一三年の指針・省令の改正[20]、二〇一六年の改正[21]を経て、まだ課題はあるものの、現在は曲がりなりにも性差別禁止立法としての内実を備える法律になった。ただし、女性保護規定廃止をめぐって労働組合が求めた男女共通規制は、なお実現のきざしをみせていない。

7 私たちの手に「生活」を取り戻そう

「働き方改革法」——労働時間短縮政策の貧困

二〇一八年一月に召集された第一九六回通常国会では「働き方改革法案[22]」をめぐる攻防があった。労基法など計八本の法律を一括で改正するこの法案の柱の一つは「長時間労働の是正」だったが、こ

18—一九九七年均等法改正で、①「婦人」が「女性」に統一され、②法の名称から「福祉の増進」という表現が削除され、③努力義務規定は禁止規定となり、④事業主の同意なしに調停委員会が開始し、企業名公表制度が設けられることになり、⑤セクシュアル・ハラスメントの配慮義務、⑥ポジティブ・アクション規定が新設された。

19—二〇〇六年均等法改正で、①男性も含む「性」差別が禁止されるようになり、②間接差別禁止規定が新設され、③セクシュアル・ハラスメントは措置義務となった。

20—施行規則の改正によって禁止される間接差別の範囲が若干拡大し、指針の改正によって同性間のセクシュアル・ハラスメントも予防・事後対応の対象になった。

21—二〇一六年には、均等法一一条の二により、妊娠・出産にかかるハラスメントの防止について、事業主の措置義務が設けられた。

22—「働き方改革を推進するための関係法律の整備に関する法律案」。

こには、時間外労働の上限規制という「規制強化」部分とともに、高度プロフェッショナル制度という前代未聞の「規制緩和」が含まれており、最後まで議論は紛糾した。労働時間のデータに大量の異常値が含まれていたことなどが発覚したものの、十分な審議は尽くされないまま、同法案は、二〇一八年六月二九日に参議院本会議で可決成立した。

同法によって、労働時間に関しては、①時間外労働の労使協定の限度時間を法律に明記する、②「通常予見される」時間外労働の限度時間は、月四五時間および年三六〇時間とする、③「通常予見することのできない業務量の大幅な増加」に伴う必要がある場合（特例）の限度時間は、年間七二〇時間、一月一〇〇時間未満、複数月平均で一月八〇時間未満とする労基法改正が行われた（三六条三項―六項）。一方、高度の専門知識等を必要とし、時間と成果との関連性が高くない業務である「高度プロフェッショナル」労働者は、労働時間関連規定から適用除外されることになった（同法四一条の二）。

前述の「特例」の場合には、過労死認定基準が時間外労働の上限規制であり、きわめて低水準である。これでは現実的な時間短縮効果がないばかりか、長時間労働をかえって助長するのではないかと懸念された（浅倉二〇一八：八―九）。法案はほとんど修正されずに国会を通過したものの、参議院厚生労働委員会では四七項目の附帯決議がなされた[23]。

今、労働組合に求められるのは、労働時間短縮の取り組みへの本気度であろう。法規制による労働時間短縮に期待できないのであれば、労働組合主導で真の労働時間短縮を実現してゆくしかない。長時間労働がなぜ批判されなければならないのか、その理論的な根拠についても、組合内部で納得度を高めなければならない。

そもそも労働時間の法規制の根拠としては、①働く人の健康と生命を保持するため、②ワーク・ライフ・バランスのため、③仕事の分かち合い（＝ワークシェアリング）、つまり他人の雇用を奪わないため、という三点が考えられる。「働き方改革法」が貧困な時間規制にとどまったのは、①のみを見ていたからであろう。生命・健康の保持を考えれば、過労死基準を時間外労働の上限に設定することにも意味があるかもしれない。しかし、それだけでよいのだろうか。根本的な疑問がある。

生活時間アプローチ

注目したいのは、労働時間短縮への「生活時間アプローチ」である。二〇一五年にスタートした「かえせ☆生活時間プロジェクト」[24]は、「生活時間」確保の観点から、労働時間のあるべき姿を考えようと呼びかけてきた。「労働時間」短縮を「生活時間アプローチ」によって捉え直すことは、職場の時短意識の希薄性に警鐘を鳴らす。実際、日本のような性別役割分業社会では、労働組合は男性中心になりがちで、その関心事は時間短縮よりも賃上げに向かいやすい構造にある。そのような社会では、労働者も「生活時間」を奪われていることにあまり痛痒を感じず、時短への取り組みが期待できない状況

23―参議院厚生労働委員会「働き方改革を推進するための関係法律の整備に関する法律案に対する附帯決議」（二〇一八年六月二八日）。

24―「かえせ☆生活時間プロジェクト」は、二〇一五年に、数人の労働法研究者と弁護士が呼びかけ人となってスタートした集まりだが、これまでにいくつかのシンポジウムなどを通じて「生活時間アプローチ」の普及につとめてきた。（毛塚二〇一八、浅倉二〇一七、シンポジウム二〇一七）。

となりかねない。

これに対して「生活時間アプローチ」は、時間短縮が「生命・健康」にとってのみならず、日々の「生活」にとって不可欠だという発想を強める。一日の時間から職場に奪われている時間を差し引けば、残りの生活時間の確保こそが重要だということを気づかせるからである。家族生活・社会生活・文化生活を大切にする「生活者目線」をもってはじめて、労働者も、長時間労働によって貧困化している「生活」を取り戻せるのではないだろうか。

「生活時間」アプローチによる労働時間短縮問題の基本コンセプトは、以下のようにまとめられる。第一は生活時間の「公共的性格」である。生活時間において人々が行う諸活動（個人としての自己啓発や家事・育児などのケア活動、地域活動）は、社会を基本において支える公共的な性格をもつ。したがって生活時間の確保は、職場のみの問題ではなく、家族や地域住民などすべての人々を巻き込んだテーマとなる。

生活時間アプローチの第二のコンセプトは、時間外労働の時間清算原則である。労基法は、時間外労働に割増賃金を支払う「金銭的な清算」を前提とするが、生活時間アプローチでは、奪われた時間は、本来、「時間」自体によって清算されるべきとする。この考え方は、使用者にも労働者にもドラスティックな発想転換を迫る。使用者は、一定期間内に休日・休暇で清算できない時間外労働を命ずることを禁止され、労働者も、長時間労働の負の側面を認識せざるをえなくなる。長時間労働は、生活時間に行われるケア活動や地域活動を他人任せにし、他人の雇用機会を奪うことだという認識である。

生活時間アプローチの第三のコンセプトは「労働時間のモニタリング」である。時間短縮が労働者だけの問題ではない以上、労働時間の短縮を行政まかせにせず、幅広い市民の目線でモニタリング活動に取り組む必要がある。制度としては、女性団体、労使団体、学校・福祉関係者などが関与する地域ごとの「モニタリング委員会」を作り、一定規模以上の事業場の労働時間実態のモニタリングを提案する。

男女共通規制と生活時間アプローチ

では、女性たちが長らく求め続けてきた「男女共通規制」と生活時間アプローチは、どう関係するのだろうか。

生活時間アプローチは、毎日の生活が一日単位であることから、当然ながら、一日の労働時間規制を基本とする。弾力的な労働時間制度をとる場合であっても、時間外労働を行う場合でも、一日の最長労働時間規制こそが重要である。そして、この発想こそ、一九九七年に一般女性保護規定廃止によって失われた一日二時間の時間外労働の上限規制を、男女共通規制として取り戻そうという要求と同じといえるだろう。

（松本）均等法の成立後に、労働側は「男女が共通の基盤に立つことが必要であるという見解をもって……深夜勤務の禁止や時間外労働の規制を解消し」ました。しかし、一連の議論では、『『一日単位の生活時間の確保』を求める女性の経験の意味や、生活時間の観点から男女共通の労働時間の課題をとらえる意味がまったく理解されていなかった」。安川電機の闘いを振り返ると、「一日の労働時間を長くして土日を休みにする提案」について「男性は土日連休大歓迎、ゴルフや麻雀ができると賛成しましたが、女性の多くは反対しました。『一日の労働時間が長くなれば、買いものや保育所の送り迎えの時間が確保できない。人間の生活時間はまとめ取りできない』。……既存の男性型労働時間にあわせれば、人としての暮らしの再生産は置き去りになる。……労働時間規制を手放したことが現在の男女ともの長時間労働の要因になっているのではないかと思います」（2章・松本参照）。

もし労働組合が一日単位の労働時間規制を求めて運動をするのであれば、これは間違いなく、生活者の立場にたつ時間短縮運動として評価しうるだろう。そのことは、労働組合が、企業内部から、家庭を含む地域へと、活動の場を広げることでもある。労働運動が自らの手に「生活」を取り戻すという発想は、労働組合の「男性中心主義」も変えることになるだろう。地域に開かれた労働組合には、女性も若者も、組合員の家族も、必ずや大きな期待を寄せるに違いない。

（伍賀）「組合員が調査の意義を共有し、調査を通して組合員だけでなく、広くその地域の人々の労働権、市民の権利を代弁することができる。私たちは調査を現場からの告発・提言であると重視してきました」。専従の女性オルグは、「運動を企画し、各労組の人材を発掘し、横のネットワークや地域の市民団体との連携をつくり上げ」てきました。「それが今こそ求められている気がします。労働組合は誰を代弁しているのか。これからも問い続けたい」（4章・伍賀参照）。

8 おわりに――労働運動の未来を描く夢

男性も女性も、正規も非正規も

労働組合運動の長期的衰退傾向が指摘されて久しいが、[25] 女性組合員数は緩やかな増加傾向を示し、[26] パートタイム労働者である組合員数は急速に拡大している。[27]

一九八八年になのはなユニオンの事務局長に就任した鴨桃代は、一貫して、非正規労働者の実態把握と差別解消運動に取り組んできた。非正規と正規労働者の要求には差異があり、非正規は、職務(ｊｏｂ)を性中立的な基準に基づき評価し賃金を決定することで、差別の解消を要求する。一方、正規労働者の場合は、職務が流動的であるため、ペイ・エクイティの実施は難しいといわれていた。両者の要求は折り合わないとされてきた。

しかし連合が二〇〇一年に「21世紀連合ビジョン」を発表し、パートの時給引き上げ方針を出した

25―二〇一七年六月現在の労働組合数は二万四四六五組合、労働組合員数は九九八万一〇〇〇人であり、前年に比べて労働組合数は二一七組合(〇・九%)の減、労働組合員数は四万一〇〇〇人(〇・四%)の増だが、推定組織率は一七・一%で、前年より〇・二%低下している(厚生労働省二〇一七)。

26―二〇一七年の女性労働組合員数は三二六万八〇〇〇人、前年に比べて七万六〇〇〇人(二・四%)の増、推定組織率は前年と同じで一二・五%である(厚生労働省二〇一七)。

27―二〇一七年のパート労働者の労働組合員数は一二〇万八〇〇〇人で、前年より七万七〇〇〇人(六・八%)の増、推定組織率は七・九%で前年より〇・四%上昇している(厚生労働省二〇一七)。

ことに、鴨は注目した。外からの批判だけではなく、連合に加盟して非正規労働者の実態と思いを代弁したいと考えた鴨は、二〇〇二年に全国ユニオンの会長に就任し、二〇〇五年には、連合の会長選に立候補した。

> (鴨)「(選挙には)負けましたが、連合のなかで組織拡大のためではなく非正規労働者のために均等待遇を実現しなくてはならないという認識が広がるきっかけにはなったと思います。……私は連合会長選のスピーチでこう言いました。『私には夢があります。正社員やパート・派遣、雇用形態にかかわらず、あらゆる働き方の労働者が生き生きと、安心して働きたいと連合に集まってくるのです。男性も女性も自分の生活と調和を図る、働き方を選択したいと連合に集まってくるのです。働く仲間と一緒に力を合わせて均等待遇を実現させていく、そういうふうに私は夢を持っております』」(6章・鴨参照)。

連合は、二〇〇七年一〇月に非正規労働センターを発足させ、この一〇年の間に、各種の非正規労働者の処遇改善のための活動に取り組んできた。[28] 連合の構成組織のなかでは、UAゼンセン、JP労組、全労金が、主として非正規労働者の組織化という課題に取り組んできている。ただし、この問題に積極的に取り組んでいる組合は、連合の構成組織全体の一部にすぎない。[29]

非正規労働者の圧倒的多数は女性である。女性労働者はこれまで企業内だけの存在であったわけではなく、企業という組織やユニットから排除されつつも、共有する社会的課題の解決を掲げて、企業単位とは別の場でも運動を続け、つながりを拡げようとしてきた。女性労働者と労働組合の関係を

「貧困なる関係」という山田和代は、男性を標準とした雇用制度の下では、性差別的処遇格差が避けられず、企業別組合はジェンダー化した組織となり、企業別組合中心の運動展開はどうしても女性差別に対する取組みが手薄となる、と批判的である(山田二〇一一:二五五)。その「貧困なる関係」を解消する転換の軸は、企業外のグループと接点を結びながら、これまで労働者を隔ててきた壁を壊し、変革のための扉を開けることであろう。そのための苦闘の数々を、私たちが本書で聞き取りをした女性たちの実践に見出すことができる。

よりよい社会を創造する「共存関係」をめざして

連合が第一次男女平等参画推進計画を策定したのは一九九一年であり、どこよりも先んじて女性参画促進を宣言し、取り組みをスタートさせた。第二次計画は二〇〇〇年、第三次計画は二〇〇六年、そして、二〇一三年には第四次計画を策定している(5章・井上執筆部分参照)。

28—非正規労働者のための具体的な取組としては、①連合「なんでも労働相談ダイヤル」、②「職場から始めよう運動」、③「取組み事例集」の策定、④労働教育・ワークルール教育などがある。これらは非正規労働者の処遇格差の是正に直結するものではないが、個々の労働者の孤立を防ぎ、集団的な発言へつなげていくうえで欠かせないという位置づけである(佐藤厚・連合総合生活研究所二〇一七:二一六-二一七)。

29—中村によれば、一九八〇年代に七割の労働組合が非正規の組織化の意向はないと述べていたとのことだが、その理由としては、①非正社員の間に組合を結成するニーズが弱い、②正社員の組合の負担が大きくなる、③組合に加入するメリットをアピールできない、④非正社員の中に組合活動の担い手がいない、を挙げていた(中村他一九八八:一四五)。

この間、連合における女性参画の取り組みは着実に広がり、女性組合員比率は緩やかに上昇してきた(二〇一七年：三六・二％)。連合本部の女性役員比率も、二〇一七年には五六名中一九名(三三・九％)に増えた。構成組織や地方連合会における女性執行委員の比率は、少しずつ増えてはきたが、なお女性組合員比率を大きく下回っている(構成組織一三・二％、地方連合会九・三％)(連合・男女平等局二〇一七：八、四三)。

連合の第四次男女平等参画推進計画は、①働きがいのある人間らしい仕事(ディーセント・ワーク)の実現と女性の活躍の促進、②仕事と生活の調和、③多様な仲間の結集と労働運動の活性化という三つの目標を掲げ、その達成度をはかる数値目標を設定した。また、連合本部役員、大会代議員、傍聴の女性比率を高めるために、クオータ制の導入とポジティブ・アクションの強化を打ち出している。労働組合の活動のなかに女性の視点を導入するには、政策決定の場における女性比率の向上は不可欠である。

連合の構成組織のうち、女性執行委員の複数選出組織、女性専従選出組織では、労働組合における男女平等参画について多くの取り組みが実施されており、また、雇用管理上の男女差別解消への取り組み項目も多く、比率も高いことがうかがわれる(連合・男女平等局二〇一七：三四、三五)。上記の三つの目標は、女性の視点から生み出されたものであるが、同時に、すべての労働者に幸せをもたらす目標でもあり、労働組合は自信をもってその実現に取り組むべきである。

二〇一七年に、地方連合会で初となる女性会長二人が誕生した。連合奈良の西田一美は奈良県の村役場の村職の組合員(自治労)、連合宮崎の中川育江は旭化成の労働組合の専従書記の出身である。二人とも、職場の仲間と連帯した闘いの経験が、自分たちの力の源だと述べている。また、地方連合会の女性委員会は、単組の組合役員や組合員が連合に出会う第一ステージであり、人材育成にも重要な役割を果たしてきた。

（長谷川）「労働組合と女性との関係にも変化の兆しはあります。……二〇〇〇年代後半から松屋労働組合委員長の山口洋子さん、京王百貨店労働組合委員長の横山陽子さん、NHK労連議長の岡本直美さんらが出てきました。現連合副会長の芳野友子さんはJUKI労組組合委員長、総合労働局長の冨田珠代さんは日産自動車労働組合書記長、総合男女・雇用平等局長の井上久美枝さんは政労連（政府関係法人労働組合連合）書記長の経験者です。その経験が次へとどう引き継がれるのか今から楽しみです」（4章・長谷川参照）。

このような流れをみると、労働組合と女性の関係は、冒頭に示された「敵対」関係を乗り越えて、いまやよりよい社会を作るという一つの目的に向かう「共存」関係を築きつつある。労働運動の未来は、まさに組合内部の男女平等参画にかかっているのかもしれない。

〔**引用文献**〕

赤松良子（二〇〇三）『均等法をつくる』勁草書房。

浅倉むつ子（一九九九）『均等法の新世界』有斐閣。

浅倉むつ子（二〇一七）「『かえせ☆生活時間プロジェクト』がめざすもの」女も男も一二九号。

浅倉むつ子（二〇一八）「安倍政権の労働法制『改革』を批判する」法と民主主義五二六号。

大河内一男＝磯田進編（一九五六）『講座労働問題と労働法　第6巻　婦人労働』弘文堂。

毛塚勝利（二〇一八）「労基法労働時間法制からの脱却を」日本労働研究雑誌六九〇号。

行動する会記録集編集委員会編（一九九九）『行動する女たちが拓いた道――メキシコからニューヨークへ』未来社。

厚生労働省「労働組合基礎調査」（二〇一七）。

国際婦人年日本大会の決議を実現するための連絡会編（一九八九）『連帯と行動――国際婦人年連絡会の記録』財団法人市川房枝記念会出版部。

佐藤厚・連合総合生活開発研究所編（二〇一七）『仕事と暮らし10年の変化　連合総研・勤労短観でみる２００７～２０１６年』。

シンポジウム「取り戻そう生活時間」（二〇一七）労働法律旬報一八九三号。

多田とよ子（二〇〇四）『明日につなぐ　仲間たちへの伝言』ドメス出版。

田中寿美子（一九七七）「社会党の『男女雇用平等法案』について」婦人問題懇話会会報二六号（田中寿美子さんの足跡をたどる会『田中寿美子の足跡――20世紀を駆け抜けたフェミニスト』Ｉ（アイ）女性会議、二〇一五年、一八九頁以下に再録）。

中島通子（一九八四）『私たちの男女雇用平等法――働く女が未来を拓く』亜紀書房。

中村圭介＝佐藤博樹＝神谷拓平（一九八八）『労働組合は本当に役に立っているのか』総合労働研究所。

山田和代（二〇一一）「ジェンダー雇用平等と労働運動」藤原千沙・山田和代編『労働再審3巻　女性と労働』大月書店。

連合（一九九五）『10年目を迎えた均等法調査報告』。

連合・時短センター編（一九九六）『めざせ1800時間　1800時間到達確認調査最終報告』。

連合・女性局編（一九九八）『つくろう！男女雇用平等法』。

連合・総合労働局時短センター編（一九九九）『連合要求実現「応援団」活動まとめ（1997-1999）』。

連合・男女平等局（二〇一七）『構成組織、地方連合会における女性の労働組合への参画に関する調査報告書』。

column

1

婦人から女性へ

外務省は「婦人」という言葉をかつて公的に使ってきました。たとえば、「婦人参政権条約」「婦人の地位委員会」「国際婦人年」というように。本書では、歴史的な用語として使用するときは、そのままの当時の表現を使います（例「国際婦人年」）。

他方、法制では、「女子」という言葉を使ってきました。そこで1979年に国連総会で採択されたConvention on the Elimination of All Forms of Discrimination against WomenのWomenをどのように訳すのかが問題となりました。法務省の主張により、外務省は、Womenを「女子」と訳し、「女子に対するあらゆる形態の差別の撤廃に関する条約」（略称「女子差別撤廃条約」）と訳しました。

「婦人」の「婦」という言葉は、「箒を持つ女性」という意味であり、また対になる男性を表す言葉もなく、「既婚女性」のイメージがあります。「女子」という言葉は、「女・子ども」というニュアンスがあり、男尊女卑につながります。それに対し、「女性」という言葉には特殊な意味はなく、「男性」という対になる言葉もあることから、「女性」という言葉が適切であると主張されてきました。

1990年代に入ると、政府も徐々に「女性」という言葉を使うようになりました。97年から労働省（当時）は、法制において「女性」という言葉を使うようになり、労働基準法なども「女子」から「女性」に変わりました。

本書では、上記条約については、「女性差別撤廃条約」という略称で表示しています。

［神尾真知子］

第2章

高度成長期からオイルショックへ

［聞き書き］男女雇用平等法を求めて①

萩原久美子

男女雇用機会均等法が施行されて三〇年が過ぎた。立法・行政の立場からみれば、均等法は雇用における男女平等法制のひとつの到達点であり、改正の積み上げと女性活躍推進法の制定等によって日本における男女雇用平等法制は前進したと総括しうるのかもしれない。しかし、男女不平等という人権侵害とその痛みは今なお私たちの経験のなかにあり、働く女性・男性にとっての「男女雇用平等法」は未完のプロジェクトである。

政府における本格的な男女雇用平等法制の準備過程には二つの背景があった。ひとつは女性の地位向上を求める国際的潮流である。国連は一九七五年を国際婦人年とすることを宣言し、第一回世界女性会議で固定的な性規範と性分業の変革を中心理念とする「世界行動計画」を採択した。七六年から八五年の「国連婦人の一〇年」の中間年にあたる八〇年、コペンハーゲンで開催された世界女性会議で七九年に採択された女性差別撤廃条約の署名式が行われた。日本も同条約に署名し、八五年の批准に向けて国内法の整備の一環として法制化議論が進められることとなった。[1]

もうひとつは一九七八年一一月、労働基準法（以下、「労基法」と略す）の改正の方向性等の課題を議論していた労働省「労働基準法研究会第二小委員会」が提出した報告書である。この「労基研報告」は労基法において広く一般女性保護を目的として定められた時間外・深夜業等の規制、生理休暇等の撤廃を前提として、雇用全般にわたる性差別を「明文をもって禁止すること」を提言していた。労基法の女性に対する特別保護措置については日経連、東京商工会議所等、使用者側から「過保護」として撤廃要求が強まっていたこともある。

雇用平等法のありかたについての直接の審議は一九七八年五月、労働側・使用者側・公益委員の三者構成からなる労働省婦人少年問題審議会から始まった。しかし、雇用平等法制をめざす労働側、保護撤廃を主張する使用者側、労基研報告を土台としたい労働省事務局側との隔たりが大きく、七九年一二月、同審議会のもとに「男女平等問題専門家会議」が設置された。まず「男女平等の具体的な姿や実現の方策」でのコンセンサスを形成するためである。その検討の後、まとめられた報告書をもって八二年、婦少審婦人労働部会での審議が再開された。その後、婦少審では八四年三月、労働側・使用者側の対立を残したまま三論併記ではあったが、建議を提出し、これをもとに同年四月、労働省は勤労婦人福祉法(七二年制定、施行)の改正法として「男女雇用機会均等法」という名称での法案要綱を諮問した。これをもって婦人少年問題審議会での審議は終了し、その後、国会に提出、八五年五月、男女雇用機会均等法が可決成立した(均等法制定経過の詳細とその論点、理論的整理については第1章、雇用平等法制の制度化過程における女性保護と平等の議論、その理論的整理については第3章を参照されたい)。

1—国内法の整備として均等法以外に、国籍法の改正(父系血統主義だった国籍を父母両血統主義へと改正)、家庭科の男女共修が行われた。

図1—女性の年齢階級別労働力率の推移

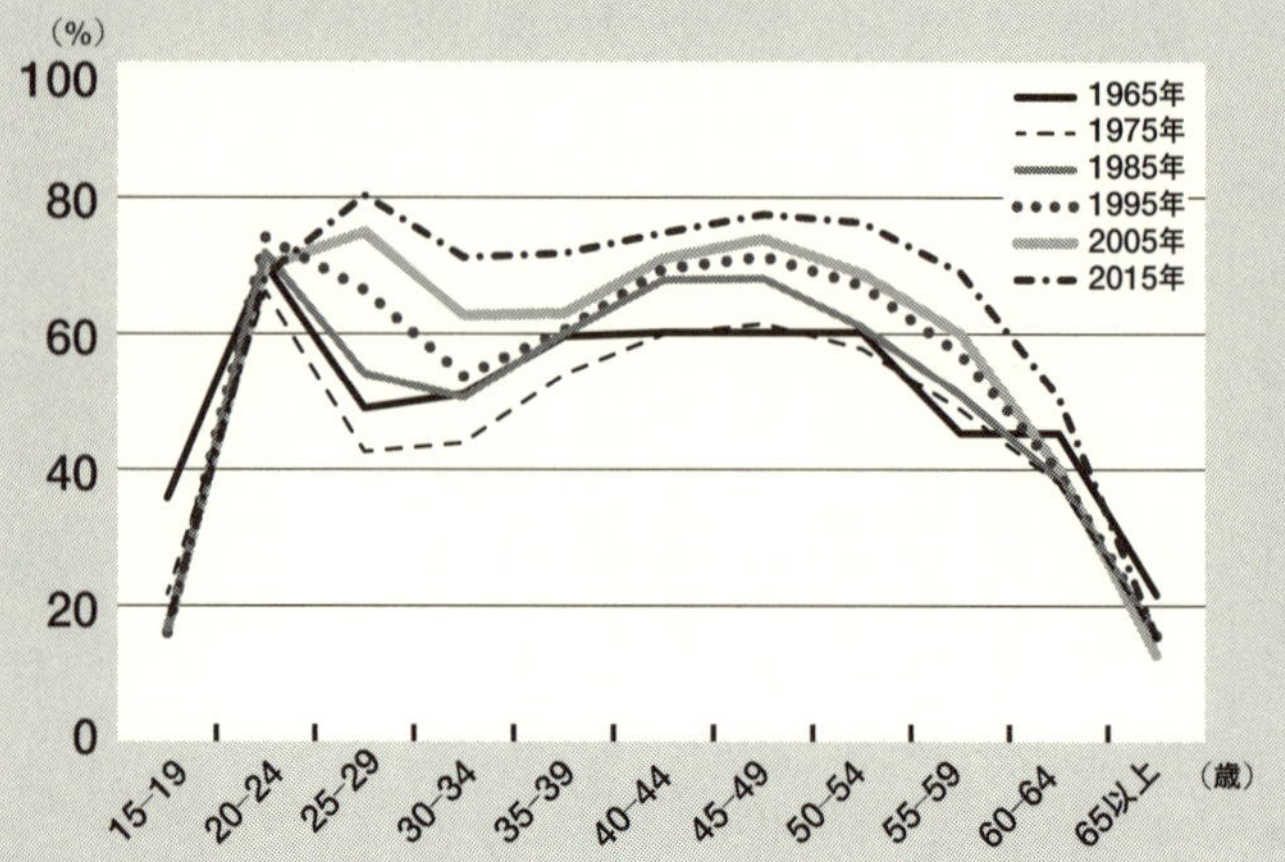

出所：労働力調査。

しかし、その内容は働く女性が求めた「男女雇用平等法」とはほど遠いものだった。そもそも男女雇用平等法制のありかたをめぐって働く女性、労働組合が一貫して求めていたのは労基法三条（使用者は、労働者の国籍、信条又は社会的身分を理由として、賃金、労働時間その他の労働条件について、差別的取扱をしてはならない）に性差別を加えることであり、賃金や家族的責任をも含めた雇用全般における男女差別を禁止する「男女雇用平等法」の制定であった。その要求は今現在も労働組合の全国組織（ナショナルセンター）である連合の政策要求として引き継がれている。[2]

男女雇用平等法制の議論が本格化する一九七〇年代後半から八〇年代は、いわゆる三歳児神話、性分業に基づく家族規範の浸透とともに、減量経営下で量的にフレキシブルな労働力としてパート雇用が日本型雇用システムに組み込まれていく過程でもあった。女性の労働力率は七五年、底を打ち、M字型カーブの底は最も深く落ち込んだ（**図1**）。これは育

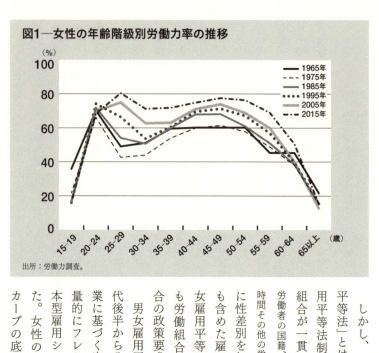

児期の女性の離職者数が増加する一方で、有配偶者の女性雇用者数が伸びたことによる。女性の労働力構成は未婚若年労働者から二〇代を中心とする未婚者へ、七二年には有配偶者が過半を占めるまでとなり、大きく変化した。八〇年段階での正社員の既婚者比率は三四・七%。[3] 有配偶者の労働力率の上昇はパート雇用の増加と不可分なものとなった。

本章では労働側が求めた「雇用における男女平等」を「男女平等問題専門家会議」に集結した労働組合の女性リーダーの体験からひもといてみたい。多田とよ子(当時ゼンセン同盟婦人局長)、松本惟子(同・電機労連・婦人対策部長)、高島順子(同・同盟青年婦人対策部副部長)である。いずれも当時のナショナルセンター、産業別労働組合(産別)で男女雇用平等法制定運動を率いた人たちである。

彼女たちはいかなる思いを背負って審議に臨んだのか。約九年にわたる議論の結果としてある「均等法」とその後を見つめるまなざしは働く女性の戦後の歩みとも重なる。

多田とよ子は戦後労働組合運動における女性オルグの草分け的存在である。繊維産業の労働者を中心に結成された全繊同盟に戦後まもなく採用された。一九五〇年、製品出荷額に占める繊維・衣服の割合は二三・二%、綿製品輸出は世界一となった(工業統計)。戦後復興を支えた繊維労働者だけでも約

2—男女雇用機会均等法を「男女雇用平等法」に改正すること、労基法三条(均等待遇)に「性別」を差別的取り扱い禁止の理由として加えること、同四条(男女同一賃金)に同一価値労働同一報酬を義務づけることを政策要求として取り組んでいる(連合(二〇一七)『2018-2019年度　政策・制度　要求と提言』七四-七六頁、二三三-二三五頁)。

3—労働省婦人少年局(一九八二)『婦人労働の実情』一一頁。

一二六万人。その約六五％が女性、一〇代、二〇代を中心とする年少女子労働者だった。[4] 多田は寄宿舎を丹念に歩き、その話を聞いた。

繊維産業には従業員五〇〇人に満たない中小零細企業が多い。全繊同盟は地方繊維部会（地織部会）を通じてそれら企業で働く人たちを組織化し、多田はそこで働く既婚女性とともに活動を作り上げていった。一九七四年、産前産後休暇の延長、育児休業の制度化をめざしてゼンセン同盟が組織を挙げて取り組んだ母性保護統一闘争は戦後労働運動史に残る闘いである。

松本惟子は重電メーカーで労働組合活動を開始した。日本の高度成長の機軸となった産業であり、低成長期から一九八〇年代の日本経済を率いるメカトロニクス、産業用ロボットのリーディングメーカーである。七〇年代、二度にわたるオイルショックがあった。減量経営のもとでの雇用調整は希望退職の募集という形で行われたが、実態は男性の長期安定雇用を維持しながらの雇用調整であり、行われたのは既婚女性への退職勧奨だった。

結婚しても、子どもをもっても働き続ける。産前産後休暇の延長、保育所作り、賃金格差の是正要求を通じて、定着し始めた女性たちがターゲットになった。彼女たちが職場を去り、その後、パート化していく現実を松本は目の当たりにしている。後に民間連合・連合副事務局長に就任する松本は育児休業法成立に取り組むこととなる。

高島順子は労働組合の中にある女性差別に挑んだ。育児を抱える女性の就労継続の困難は女性の組織化の困難と同義であり、組織化できなければ女性の声は届かない。製造業の現場から一九六四年に民間企業の労働組合を中心に結成された同盟に専従オルグとして入局した。組織を超えた女性のネットワークを駆使しながら、「全国婦人の集い」を通じての地方組織の立ち上げ、女性委員会の設置など女性の組織化と意思決定への参画に尽力した。その過程はそのまま高島自身の仕事と育児の両立の闘いの物語でもある。

この三人の物語にある「母性保護」という言葉にも着目していただきたい。女性は役員になれない、大会での議決権もない。そうした労働組合活動において男性が残した女性の領域は「母性保護」だった。その封じ込めのなかにあって「母性保護」を活動のキーワードとして徐々に労働組合での意思決定過程に食い込み、国際的な潮流をバックに職場の男女平等の問題を提起していった様子が見えてくるだろう。

男女雇用平等法制の審議過程では使用者団体、官僚による労働運動の分断、切り崩しも試みられた。労働四団体（総評、同盟、中立労連、新産別）の労働運動路線の違いや、総評・社会党ブロック、同盟・民社党ブロックという政治路線をも含めた対立を利用してのことだった。しかし、一九七〇年代末から八〇年代初頭、民間先行での労働戦線統一（労戦統一）の動きが活発化していた。また男女雇用平等法制定運動は女性差別撤廃条約批准運動をリードした国際婦人年連絡会をはじめとする女性団体との共闘のなかにあった。これらを追い風に、また労戦統一という枠組を利用しながら、労働四団体の女性は共闘し、男女雇用平等法を婦人部から組織全体の政策要求へと押し上げていった。八四年四月、労働四団体と全民労協による労働大臣の申し入れ書はその成果のひとつである（巻末「**資料❻**」）。

4——総理府統計局（一九六二）『昭和三五年および昭和三〇年国勢調査による産業・職業別就業者の比較』。

本章には「均等法の山野」と呼ばれた山野和子の講演録「均等法制定の経過とこれからの課題」（一九九五年）を全文収録した。山野は全電通（現ＮＴＴ労組）出身で、当時約四五〇万人を擁する日本最大のナショナルセンター、総評の常任幹事・婦人対策部長である。トップリーダーとして労働四団体、女性団体のとりまとめに手腕を発揮し、男女雇用平等法の審議に臨んだ。[5] 山野と労働省婦人少年局長赤松良子との均等法成立直前の審議会をめぐる緊迫した攻防は今なお語り継がれている。赤松らの「均等法」への評価、労働側が審議会終盤で下した決断への評価は現在も分かれる。この四人の物語を土台に読者にも議論していただきたい。

5—山野を中心とする総評婦人局の動きについては山田和代（二〇一一）「労働運動に見る男女雇用平等実現への課題」『大原社会問題研究所雑誌』六三四・六三五号が整理している。

表1—第2章関連年表

女性差別撤廃条約をめぐる動き	年	男女雇用平等法制化をめぐる動き	労働戦線統一の動き
国連「女性差別撤廃宣言」	一九六七		
	一九七〇	東京商工会議所「労働基準法改正に関する意見書」女子労働者の時間外労働、深夜業など就業制限の緩和、生理休暇の廃止	統一世話人会発足（民間単組委員長有志の会）
	一九七一		労働戦線統一民間単産連絡会議発足（七三年七月頓挫）

国連女性の地位委員会決議・男女平等に関する包括的条約の採択	一九七二	勤労婦人福祉法制定	
国際婦人年、第一回世界女性会議（メキシコシティ）	一九七五	特定職種（教師、保母、看護婦）の育児休業法制定	
「国連婦人の一〇年――平等・開発・平和」（一九七六―一九八五）	一九七六	婦人少年問題審議会「雇用における男女の機会の均等と待遇の平等の促進に関する建議」を労働大臣に提出	政策推進労組会議発足
婦人の一〇年国内行動計画策定	一九七七		
	一九七八	労働基準法研究会（労基研）「労働基準法研究会報告（女子関係）」提出 婦人少年問題審議会での審議始まる	
国連総会で女性差別撤廃条約を採択	一九七九	婦人少年問題審議会のもとに男女平等問題専門家会議を設置	
第二回世界女性会議（国連女性の一〇年・中間年世界大会・コペンハーゲン）。日本政府代表、女性差別撤廃条約に署名	一九八〇		労働戦線統一推進会発足
	一九八一		労働戦線統一準備会発足
	一九八二	男女平等問題専門家会議「雇用における男女平等の判断基準の考え方について」報告書提出 労働省・男女平等法制化準備室設置 関西経営者協会、「男女平等法制についての意見書」を労働大臣に提出	全民労協結成

女性差別撤廃条約をめぐる動き	年	男女雇用平等法制化をめぐる動き	労働戦線統一の動き
	一九八三	日経連「男女平等法制定に反対」の意見表明（その後態度留保）	
	一九八四	婦人少年問題審議会「雇用における男女の機会の均等及び待遇の平等のための法整備について」（公益・労働・使用者の三論併記）建議	
女性差別撤廃条約、日本政府批准。第三回世界女性会議（ナイロビ）開催	一九八五	男女雇用機会均等法および改正労働基準法参議院本会議可決、衆議院本会議可決成立	
	一九八六	男女雇用機会均等法施行	
	一九八七		民間連合結成
国連女性差別撤廃委員会（CEDAW）で第一回日本政府報告書審議	一九八八		総評解散
	一九八九		連合結成
	一九九一	育児休業法制定	

生きることと地続きの労働運動とともに

元ゼンセン同盟婦人局長　多田とよ子さん

［略歴］ただ・とよこ。一九二五年、千葉県生まれ。明治学院大学文学部社会学科（二部）卒。一九四九年、全繊同盟書記局に入局。寄宿舎対策部長を経て、婦人対策部長（一九六五－）、組織行動部門婦人対策部長（一九七五－）、婦人局長・婦人委員長（一九八一－八五年）を歴任。男女平等雇用法制の審議過程では労働省婦人少年問題審議会委員、総理府婦人問題企画推進会議委員等を務めた。著書に『輝き――ゼンセン女性運動史』『明日につなぐ――仲間たちへの伝言』。

草の根の民主主義の実践者として

私の人生の大半は労働運動、女性運動とともにありました。ゼンセン同盟（現ＵＡゼンセン）での三六年間は絶えず自分の価値観が揺さぶられ、よりよく生きたいと願う女性労働者とともに自らの生き方が問われる密度の濃い日々の積み重ねでした。そのなかで、私にとって労働組合で働くことは単なる職業ではなく草の根の民主主義の実践者であることだと思うようになりました。

決定的な影響を受けたのは一九五四年の近江絹糸闘争[6]です。自由と人権に目覚めた若い女子労働者たちが命をかけて闘ったその強さはどこから生まれたのか。労働組合とは。深く考えさせられました。

もうひとつは男女雇用平等法制の闘いです。世界的なウーマンリブの潮流を受けて一九七〇年代半ばから日本国内で女性差別撤廃、男女雇用平等法を要求する運動が大きく盛り上がりました。そのお話をしたいと思います。

全繊同盟での第一歩——機関誌編集者として

戦時中、調布市にある軍需工場・東京重機工業（現ＪＵＫＩ）で働いていました。すべてが軍隊式の規律のなかで体調を崩し、終戦直前に私は帰郷することになりました。戦後、自宅で休養していた時に、寄宿舎時代の先輩が繊維労働者でつくる全繊同盟を紹介してくれました。当時、総同盟は京橋にあり、その建物の七階に全繊の事務所がありました。一九四九年、二四歳の私は書記局に配属され、最初は機関誌『友愛』、その後は『全繊新聞』の編集担当として働き始めました。繊維産業の主力は一〇代の少女、二〇代の若い女性たち。労働組合は寄宿舎に入りこんで活動をするため、加盟単組から出向してきた専従オルグの女性たちが活躍していました。『友愛』の小山諄積編集長のもとには佐藤美恵子さん、労働問題担当では吉田順子さん。企業別組合中心の日本では、他組織との連携やさまざまな運動との交流が維持しにくいので専従オルグはその点でも重要な役割を担っていました。

わからないことばかりでしたが、編集の仕事はおもしろくてすぐに夢中になりました。仕事柄、戦前から労働運動に携わってきた方々と出会う機会にも恵まれました。仕事をご一緒したわけではありませんが、全繊同盟の設立に尽力された赤松常子先生は印象に残っています。一九五一年の定期大会でのこと。開催地が石川県の山中温泉だったので、「芸者さんに踊ってもらおう」と発言した男性役員を赤松先生はやんわりと「そういう楽しみもあるでしょうが、それは別の機会にどうぞ。こういう場ですするものではありませんよ」とたしなめられました。女性の人権・人格に敏感に凛として対応されていた姿を覚えています。

女性労働問題の原点としての寄宿舎制度

一九五〇年代、繊維産業で働く女子労働者にとって寄宿舎制度は切実な問題でした。「寄宿舎があるので親御さんは安心してください」「会社が責任持ってお預かりします」「貯金ができます」「併設の学園で勉強や花嫁修業もできます」。中卒女子を募集するときの宣伝文句です。でも、その寄宿舎は一部屋一五畳。一人あたり一・五畳という設計(労基法九五条・事業附属寄宿舎規定)は工場など生産施設に

6——一九五四年六月、大手紡績企業、近江絹糸紡績で起きた争議。会社側の前近代的労務管理に対し、「組合の承認」「外出の自由」「仏教の強制反対」「信書の開封・私物検査の即時停止」「結婚の自由」など二二項目の要求を掲げて無期限ストに入った。会社側は団体交渉、中央労働委員会の斡旋などにも応じず、争議は一〇〇日を越え、九月、組合側が全面勝利、会社役員は全員更迭された。

おける面積基準に基づくものでした。そこに人間関係などで傷付きやすい年頃の少女たちが暮らし、午前五時から午後一〇時までの操業時間を二交代で勤務するのです。

休日には外出できるとはいえ、会社にとって、寄宿舎とは女性労働力を二四時間管理し、早朝から深夜まで低賃金で働いてもらう施設。その本質は戦後になっても変わっていませんでした。労基法で「寄宿舎生活の自治」が規定されていても、一九五四年に起きた近江絹糸争議で明るみになったように、信書の開封、私物検査、宗教の強制など人権侵害の悪弊を戦前から戦後へと当たり前のように続ける企業もあったのです。

全繊同盟は一九四六年の設立と同時に寄宿舎問題に取り組んできました。一九五一年には寄宿舎対策部を設置、寄宿舎民主化方針のもと第一回の寄宿舎自治会代表者全国大会を開催し、寄宿舎に生活する一〇代の少女たち、二〇代の若い女性が発言する場をつくっていきました。富士紡績小山工場の寄宿舎での自治活動を取り上げた映画「少女たちの発言」が撮影されたのもこのころです。

私は編集の仕事で職場、寄宿舎の実態を目の当たりにします。中小の職場にも行きました。食事のこと、お風呂のこと、目の前の労働実態を自分の寄宿舎時代、工場勤務時代の経験と重ね合わせながら記事にしていきました。遠州織物（静岡）の工場では、皆あせもで悩んでいました。織布には湿度が必要なので、夏でも風通しの悪いところで働くので汗びっしょりです。ある工場の寄宿舎では「母性保護を守ろう」という不思議な標語を見ました。労基法の生理休暇の項には「就業が著しく困難な女子が請求した場合」という文言があります。法は大切な成長期にある一〇代の少女たちにそんな判断を迫っていた。制度はあっても生理休暇を利用させてもらえない――少女たちの思いから出た標語でした。

労働運動で見てきた問題を深く考えたくて、全繊同盟で働きながら明治学院大学二部で社会学を専攻しました。卒論は「寄宿舎女子労働者の生活と意識」。カネボウの長野・丸子工場の寄宿舎と急成長で注目されていたソニーの厚木工場の寄宿舎で調査をしました。一九六〇年代になると部屋もきれいで、テレビや二段ベッドなど新しい設備も入っていました。でも、明らかになったのは寄宿舎制度による労務管理、構造は同じだということでした。地方からの出稼ぎ。低賃金、短期雇用、家計補助という女性労働力の位置づけ。それらが寄宿舎という形で制度化され、女性労働の基本的な構造をつくっていることがわかりました。

女性のための活動組織の復活――寄宿舎対策から婦人対策へ

実は一九五四年から六四年まで全繊同盟には婦人部がありませんでした。そもそもは結成とともに婦人対策部が設置され、赤松常子先生がおられたこともあり、活発に活動をしていました。五一年から五三年にかけ朝鮮戦争による特需後の景気の落ち込みから繊維産業は大打撃を受け、操業短縮で一時帰休という名のもとに大量の首切りが行われたことがあります。この時、ニッケ出身の専従役員で婦人対策部長の末吉ユキヱさんらは事態を重く見て、婦人対策部、青年部、寄宿舎対策部が合同で執行部に対し一時帰休になった女性たちの実態調査と実効性のある対策を実施すべきだとの意見を提出しています。そのためか単組を介して経営側から圧力があったのかもしれません。本部執行部提案で五四年、寄宿舎対策部だけを残して、婦人対策部は廃止になりました。

その後、婦人対策活動は組織局と教育宣伝局が分担して行い、女性の活動基盤はもっぱら寄宿舎対策部の自治会活動に置かれるようになりました。とはいえ、一九五七年一〇月には特例として繊維産業に認められていた午後一〇時以降の女子の深夜業撤廃を求めてオルグ、ストで大きく前進（3章参照）。女性の運動は強かったのです。

しかし、一九六〇年代に入ると高校進学率が上昇し、自治会活動の担い手だった若年女性労働者も減少します。寄宿舎には空き部屋も出る一方で、通勤する既婚女性が増えました。この変化を受け、一九六五年、組織教宣局に婦人対策部が復活することになりました。私は前年、寄宿舎対策部長の船山登美さんが五八歳で急逝され、部長職を引き継いだばかりでしたが、組織改革で寄宿舎対策部が廃止となり、復活した婦人対策部長に横滑りしました。副部長は一瀬幸子さんでした。

婦人対策部の復活によって全繊同盟は寄宿舎中心の女性活動から既婚女性をも含めた女性労働者全般を対象とする運動へと重点を移していきます。早速、従来の寄宿舎自治会代表者ブロック会議を青年婦人活動家ブロック会議に改編。一九六五年には初めて既婚婦人アンケート調査を実施しました。六六年、全繊同盟は歴史的に侮蔑的な響きのある「女工」という呼称を廃し「女子社員」「女子従業員」に改めるようマスメディアに要請文を出しています。繊維産業で働く女性たちはブロックごとの集会、代表者会議で出会い、情報交換を通して活動に自信をもつようになっていきました。

全繊同盟には力強い仲間も新しく加わっていました。一九六三年、郡是（現グンゼ）、片倉という主力組合が総評傘下の繊維労連を脱退し、全繊同盟に加盟。郡是は職場に女性の少人数グループをつくり、職場の意見交換を活発化し女性を組織化していくグループ懇談会(グル懇)という活動を積み上げてきた労組です。郡是には吉田止久子さん、片倉には熊崎清子さんというすぐれた女性リーダーもいました。総評系の繊維労連の婦人部活動も筋の通った運動で、専従オルグだった塩沢美代子さんからはいろいろと学ばせていただきました。

一九六九年には長崎屋、ジャスコ、ニチイなど流通部門が新たに全繊同盟に加盟します。女性の賃金もそれまでの寄宿舎を前提とした賃金政策から通勤者の賃金政策へと移行し、男女の賃金格差の議論が本格化していきました。

アファーマティブ・アクションでいこう

女性が六〇%を占める全繊同盟で、一九五〇年以降、執行委員の女性はたった一人。婦人対策部が復活したのに単組から派遣される担当者の半分が男性。会議では男性が発言し、女性は聞き役。定期大会に出る代議員約五〇〇人のうち女性は三人しかいません。なんとしても女性だけで意見をまとめ、企画し実行に移す場と経験が必要でした。

女性の発言を組織全体に反映させていくにはどうしたらいいのか。第一歩が一九六七年度の定期大会で、全国執行委員会に特別執行委員制度を導入させました。これは会長の指名制で女性三名の特別枠を確保するのです。中村春木さん(日清紡)、千葉きみよさん(大東紡)、吉田止久子さん(グンゼ)が就任し、これで執行委員は本部の私を含めようやく四人。それでも執行委員六〇人ほどが集まる会議の空気が変わるんです。私の発言に女性三人がうなずいているのを見ると緊張するのか、退屈そうな顔で聞いていた男性が姿勢をただすので、おかしかったです。「初任給から差があるのはどうしてか」など女性全国執行委員の会議での発言が全繊新聞に掲載される効果もありました。

定期大会の女性代議員枠の確保はひょんなことで始まりました。一九七二年度の大会開催中のことです。NHKから「女性が少ないですね」と取材され、「これはおかしいと思うんです。女性の代議員を出すにはどうすればいいか、苦心してるんです」と私が答えている映像がニュース番組で流れたのです。それを見た男性代議員が大会で「多田婦人部長の発言をどう思うか」と質問し、宇佐美忠信会長が「来年からなんとかします」とはっきり言っちゃったんです。一挙に話が本格化しました。

でも、代議員は単組の委員長か役員でないとなれません。かといって急に女性の役員を増やすことは困難です。思いついたのがアファーマティブ・アクション。アメリカの民主党が党大会代議員に黒人や女性の特別枠を確保する制度を導入したことをヒントに、執行委員会で女性の特別代議員制度を提案しました。「逆差別ではないか」「女性だけに特権を与えるのはおかしい」「理屈にならない」という男性の発言もありました。でも育児や介護で女性は役員を引き受けられない場合もあり、労働組合への参加を後押しする特別制度は不平等にはならないと主張しました。代議員の一割を女性が特別オブザーバーとして参加するアファーマティブ・アクションが導入されました。

議決権はないけど、発言権はある。一九七三年の定期大会には代議員約五〇〇人のなかに特別代議員の女性五五人の姿がありました。定期大会前日に全国婦人代表者会議を開き、要求を確認。作戦を練って臨んだ女性たちは大会で活発に発言をしました。

翌一九七四年、「ゼンセン同盟」への改称にともない、女性活動にかかわる組織全体の見直しも行われました。組織教宣局婦人対策部から組織行動部門・婦人委員会へグレードアップが行われたのです。委員会のメンバーは全員女性とし、女性による女性のための活動組織の整備が決定されました。新組織である女性委員会発足は国際婦人年の一九七五年。全国地域ブロックの各代表と、産業別部会(綿紡、生糸・のちに衣料、化繊、麻毛、流通)と地方繊維(県支部)の各代表をあわせ一八人。グンゼの吉田止久子さん、東洋紡の高井美代子さん、クラレの吉田茂子さん、旭化成の秋元かおるさん、東京都支部の熊﨑清子さん、富山県支部の牧野昭子さん、福井県支部・市村哲子さんらがいました。婦人委員会は幹部会だけでなく、職場、県支部、ブロックの各級機関で設置されていきました。

歴史に残る成果——ゼンセン「母性保護統一闘争」

一九七〇年代初頭、日米繊維交渉の決着と二度にわたるオイルショックにより、日本の繊維産業は壊滅的打撃を受けます。七三年の第一次オイルショックの時には中小企業がバタバタと倒れ、中小企業の男女組合員が遠いところから日比谷公園までムシロ旗を掲げ徒歩で来るような状況でした。組合は防戦するしかない状況でしたが、それでも書記長の山田精吾さんは「なんかやろうや」「なんかやろう」と言っていました。

その時、婦人対策部長として提案したのが母性保護統一闘争です。一九六五年の婦人対策部発足以降、既婚婦人アンケート調査を手始めに、実態調査を繰り返してきました。この実態調査を通じて、出産給付金の問題、つわり休暇の必要性、保育所設置等、女性の要求や期待は明らかになっていました。「お金が取れないなら権利を伸ばしてはどうか」。労働組合としてやるべきことは権利の積み上げである。今こそ労基法以上の労働条件を獲得していく時ではないか。産み育てることを個人に返すのではなく、母性保護を社会的機能の一つとして認めさせていくということです。

一九七二年に勤労婦人福祉法が施行されていましたが、努力義務ばかりで何のしばりもない法律です。けれども、この法律を根拠に労働組合が権利を実体化させる。婦人少年問題審議会でこの法律を審議した労働側委員の一人として、この努力義務を今こそ実現させたい。全繊同盟が闘争の伝統としてきた統一要求方式で積み上げたいと考えたのです。

統一闘争は全繊本部が各単組の賃上げ闘争にしばりをかけ、十大紡績、新紡の大手がパターンセッターとなって獲得目標で妥結にもちこみ、次に中小企業労組がそこを目標にして全体を引っ張り上げていくという方法です。中闘の承認がなければ目標額を下回る妥結はできません。カネボウが脱落したときには統制委員会が開かれ、その処分が行われたほどです。これを母性保護要求でやる。産別全体の権利闘争にもちこみ労基法以上の協約を積み上げていくことを狙ったのです。

「それはいい。（経営側にも）銭がかからない要求だ」。山田精吾書記長はすんなり承認しました。しかし、執行委員会では異論が出ました。都市部の大工場ではなお中卒の年少女子労働者が多く、「定時制高校を卒業したら辞めて地元に帰る」「つわり、産休、育児休業を要求しても盛り上がらない」というのです。「寄宿舎にテレビや冷蔵庫を完備する方が組合員は乗ってくる」という提案もありました。

それに対し、宇佐美会長が「それは単組でやってもらいたい。統一闘争は同じレベルに全員をもっていくということだ。結婚しても働きたい人が出てくるのだから、今のうちに取り組むべきだ」と発言しました。すかさず山田書記長が、これが当時の労働組合、執行委員会の雰囲気ではありますが、「みんな、かあちゃんの腹から出てきたんだから」で、座をまとめてしまいました。

その闘争方針を討議する一九七四年度の定期大会。大会議長のひとりに婦人代表の蒲生久子さん（福井・ケーテー労組）が選出され、特別代議員の女性たちも執行部に対し「ストをかけてもやるのか」「男性の協力がないと勝てない」など気迫に満ちていました。母性保護統一闘争が満場一致で決定。女性たちは結束し、現場へのアンケート調査、要求に関する研究も行いました。統一闘争のいいところは男女関係なく学習することです。そのうちリーダー層の男性にも母性保護は社会全体でカバーすべき課題だと考える人が出てきました。

議論を積み上げ第七一回中央委員会で要求内容七項目を決定。「生理休暇」「つわり休暇」「通院休暇」「産前・産後休暇」「妊婦の労働時間の変更」「育児時間」「育児休職[7]」です。五月に要求提出、七月に本格交渉が始まり、九月には産前産後休暇各八週を一一一組合、育児休職制度を一三〇組合、つわり休暇制度を一四七組合が獲得するなど、大きな成果を残しました。

7—一九七三年に育児休職規程モデル案を策定、「期間三年（綿紡・化繊一年）、賃金三ヶ月間六〇％保障、社会保険は会社負担」とした。

もう我慢できない――男女同率の賃金アップを勝ち取る

母性保護という言葉は職場の問題を考える入り口であり、今のイメージよりももっと幅広い活動のキーワードでした。母性保護統一闘争の過程では同一労働同一賃金のスローガンも出され、「賃金格差や昇給昇格の問題など女性に対する差別のカベを打ち破ってほしい」との発言も出ました。闘争が闘争を呼ぶのです。実際、そこに踏み出した労組があります。

秋田相互銀行に対し男女同一労働同一賃金違反の判決が下された日のことだったので、福井県の酒伊織物労組の賃金配分交渉のことは今も記憶に残っています。一九七五年四月一〇日、女性執行委員土谷潔子さんは職場の女性リーダーとともに「賃金の配分は男女同率で」とする署名運動を開始しました。一気に集めた女性八〇〇人の署名をもって翌日、土屋さんは緊急執行委員会で組合執行部に対し「これが受け入れられなければ女性だけでストライキもやむを得ない」と要求したのです。

繊維産業で働く女性にとって賃上げは縁遠い話でした。賃上げを勝ち取っても賃金原資の配分でいつも男性が優先され、女性の給与アップにはつながらないからです。工場では男性は監督、保全・機械工、女性は織工、製糸工という明確な性別職務分離があります。ＩＬＯ一〇〇号条約(同一価値労働同一賃金)を批准してはいても国内法の労基法四条(同一労働同一賃金)は製造業の現場では通用しないのです。労基法四条を持ち出して賃金や原資配分での男女格差を訴えても、「男女で仕事が違う」でおしまい。「男性は家族を養っているから」「女性は生理休暇などで休むから」と賃金格差はしかたのないものとされ、女性委員会は生理休暇、育児、介護、有給休暇などに目を向けるしかなかったのです。

一方、技術革新や大型自動織機の導入で、男女が同じ仕事につく現場も増えていました。化織に続き、紡績、織布でも夜間は男性、午前五時から午後一〇時までを二交代で女性が就く二四時間操が行われました。そうすると「深夜手当は別として、同じ仕事なのにどうしてこんなに差があるの」という疑問が出てきます。朝五時出勤の女性が夜勤の男性から引き継いだ織機の布に織キズを見つけることもあり、仕方がないと思っていた男女の賃金格差への不満が募るようになっていました。

そのひとつが酒伊織物でした。この年、賃上率一三％で妥結したものの、執行部は前例踏襲で男性への配分を優先しました。勤続一〇年以上の男女の賃金格差がさらに拡大する。女性たちが「同じ仕事をしているのにおかしい。男女平等ではない」と行動に移したのです。要求は全面的に認められ、男女同率の配分案が決定されました。土屋さんは交渉に失敗すれば組合役員もやめ、会社も辞める覚悟でした。歴史にとどめておきたい運動です。

生活と地域から生まれる――看護休暇、保育所、定年差別

中小繊維の機業地の福井県では女性組合員は既婚者が中心で、仕事が終わってから夕食を作り食事しながら女性委員会の活動をしていました。彼女たちの運動スタイルは生活ぐるみ、地域ぐるみ。結婚して働き続ける女性が増えると人間らしい生活をしながら働き、組合活動もするにはどうしたらいいのかを考えるようになる。それが活動の原動力になり、運動の広がりを生み出していました。

福井県勝山地区の女性たちは一九五六年、福井県支部などによる職場託児所設置運動をきっかけに公立保育所設置に成功しています。ともに働く仲間の育児の実態を見て、勝山地区の五組合の共闘組織で男女組合員を対象にアンケートによる実態調査を行い、女性が自ら企画し、男性や地域を巻き込みながら要求化を具体化していったのです。

女性差別撤廃条約が国連で採択された一九七九年、ゼンセン同盟定期大会で福井県支部を代表して蒲生久子さんが介護のための看護休暇の制度化を要望しました。東北、北陸では既婚女性労働者が中心で、多くはお姑さんに子どもをみてもらいながら工場で働いてきました。もしお姑さんに介護が必要になれば自分が、また嫁としても引き受けるのが当然だ――。女性は年休を使い果たし介護のため退職、看取りを終えても復職できず、パートになる。その仲間の暮らしをどうにかしたい。

地区の女性委員会は勝山地区共闘に持ち込み討議を続け、福井県支部での積み上げを経て、産別としての取り組みを訴えたのです。男性からも必要だという声が出て、ゼンセン同盟は一九八八年に労働協約改定闘争を行い、各単組で看護休職制度を確立しています。育児休業や介護休業の法制化はこうした地域の女性による運動の積み上げの成果なのです。

福井県の女性たちには本当に力づけられました。一九八一年に日産自動車定年差別訴訟の最高裁判決が出た後、定年延長闘争を行い、「定年まで働くのだから若返りましょう」と作業衣を明るい色のTシャツに変えたり、昼休みに健康体操を取り入れたり。職場を訪ねると女性たちが明るく働いていて印象的でした。こんな風に、ゼンセンの女性たちは職場で、地域で、男女平等への道を開いてきた。女性差別撤廃条約への批准にともなう男女雇用平等法制実現への思いは切実でした。

保護を外せば男女平等？——「労基研報告」の論点

「労基研　深夜業解禁、母性保護撤廃」。一九七八年一一月二〇日の夕刊でした。愕然としました。労働基準局の関係審議会の担当者から深夜業や残業時間の女子保護規定を撤廃する動きがあると耳打ちされ、なんとかしなくてはと思っていたばかりの時でした。七四年、大羽綾子さんから「ＩＬＯ日本の報告書に女子保護撤廃の検討、特に深夜業と時間外労働の規制を廃止する議論が出ている」と連絡があったことを思い出しました。すでに経営側や私的研究会で議論の方向づけがなされていたのです。情報収集を怠った。悔やみました。

私たちの立場から見れば、労基研報告は平等法が必要だとしながら、保護を外せば男女平等だとする議論でした。雇用における男女平等の実現に必要な差別禁止規定や労働条件については具体的に示さず、生理休暇、時間外労働・深夜業の禁止も危険有害業務の規制が過剰な保護だというのです。以降、経営側は女子保護撤廃を男女平等の取引材料にし、「保護か平等か」と女性に二者択一を迫ってきました。「男女平等法」の制定は女子保護規定に関する労基法の見直しにかかっている、時代は保護から平等へ。そんな風にマスメディアも「保護か平等か」という立て方で報道をしていきました。

そもそも繊維産業には労基法の特例措置として午後一〇時半までの女子労働者の深夜業を認めていました。それを全繊同盟は一九五七年に撤廃に成功します。しかし、中小零細では徹底されず、七三年にようやく地方繊維部会が経営者団体との交渉で深夜業廃止を協定化したばかりでした。保護撤廃、深夜業解禁という労基研報告の動きに経営側が敏感に反応することは明らかでした。ゼンセン本部はプロジェクトチームを設置し、七八年年末、ゼンセン全国婦人集会で研究集会を開催しました。七九年、各地方ブロック会議での研究集会を開催、翌八〇年、既婚婦人の生活調査を行って実態把握をし、体勢を整えていきました。

地方の中小機業で働く既婚女性は今でも朝は午前五時、夜は午後一〇時までを二交代で働いているのに、さらに深夜、残業が増えれば正社員としては働けなくなると訴えました。一方、大手アパレルメーカーのデザイナーの女性たちのなかには深夜業、時間外労働の規制のために繁忙期に能力発揮できないと主張する人もいました。

私たちはこの二つの要求を対立するものだとは考えていませんでした。第一に労働規則で時間外、休日、深夜業禁止の適用除外となる職種をリスト化して示すこと。第二に、男女ともに残業規制を強化すること。三六協定無視、残業青天井の男性の働き方を見なおすことです。第三に労基法三条（使用者は、労働者の国籍、信条又は社会的身分を理由として、賃金、労働時間その他の労働条件について、差別的取扱をしてはならない）に、性差別禁止を明文化すること。これで対応ができると考えていたからです。

「平等」は扱わない――政府の審議会

この時期、私は国連婦人の一〇年を受けて設置された総理府婦人問題企画推進会議委員（一九七四―七八年）、そして男女雇用平等法制の議論を行う労働省婦人少年問題審議会の男女平等問題専門家会議

（一九七九－八二年）の委員を務めていました。

総理府婦人問題企画推進会議は国連婦人の一〇年を受けて国内行動計画の策定することが目的です。国内行動計画では若年定年制の解消、結婚・妊娠・出産による退職制度の解消、差別定年の解消が明記されましたが、ここでも女子の特別措置の見直しが盛り込まれました。労働側委員の私と総評婦人局長の山本まき子さん（全逓）は反対の立場から、労働時間短縮や労基法三条による性差別禁止、同四条での男女平等のための同一労働同一賃金を提起しました。しかし、「それは労働省の問題で総理府では扱わない」と取り合ってくれません。

一方、労働省の男女平等問題専門家会議では労働省婦人少年局が「労働基準法は労働基準局の課題なので扱わない」と言い、労働時間、賃金など労基法に関する項目で男女平等に手を付けてくれるなという感じでした。労働側委員の山野和子さん（総評）、松本惟子さん（電機労連）、高島順子さん（同盟）とともに経営側の言う「平等」を明らかにしてもらいたいと繰り返し主張しましたが、経営側はけんか腰で「女子は勤続年数が短く、男性並みに働くのは無理」「日本の雇用慣行は混乱する」と頭から否定し反対します。それほどまでに「平等」に対する経営側の抵抗は強かったのです。

労戦統一と女性

約三年の議論を経て専門家会議報告（一九八二年）が出ました。その過程では、経営側や政府が従来からやってきたように総評、同盟などナショナルセンターの分立を利用して、労働側を個別に落し、分断させようという動きはありました。労働省労働基準局の方が「お話をしたい」と言ってきたこともあります。私たちは労働省婦人局との懇談会ももたなかった。そこは距離を置きました。組織に戻ると男性役員から「総評と一緒に運動しなくても」と言われることもありました。

最後まで労働側の足並みがそろったのは、各団体を代表して審議に関わった女性の強い思いがあったこともありますが、総評、同盟、中立労連、新産別の四つに分かれているナショナルセンターの連携・統合をめざす労働戦線統一（労戦統一）の動きがあったからです。一九七〇年代後半から民間労組を中心とする労戦統一の動きが活発化し、七六年に政策推進労組会議が発足、労働戦線統一推進会（統一推進会）を経て、八二年に全日本民間労組組合協議会（全民労協）が結成されました。そのなかで、女性は男女雇用平等法制を軸にいち早く組織を越えた実質的な労線統一で活動を進めていったのです。

一九八二年からは全民労協、労働四団体の婦人担当者会議も開催されるようになり、労働四団体と全民労協が束になって連携していきました。八四年三月、労働四団体・全民労協で「女性差別撤廃条約批准、男女雇用平等法制定要求集会」を開催し、差別撤廃条約批准と男女雇用平等法制定要求を行っています。同年四月には四団体プラス全民労協のトップの連名で労働大臣に対し男女雇用平等法に関する申し入れ書を提出しています。政府、経営側に対し、労働側の足並みがそろっていることを示す大きな成果であり、その後、四団体と全民労協は組織として男女雇用平等法に関する合同対策会議を設置、女性だけでなく組織を超えた共同歩調が実現しました。

欲しかったのは平等法

一九八五年の女性差別撤廃条約批准を前提に、男女雇用平等法の国会提出のタイムリミットは八四年五月。各労働団体ともに、私たちが求める男女雇用平等法実現の取り組みを強化しました。ゼンセン同盟は同盟、全国婦人の集いと一緒に八三年三月から六月を統一行動デーとし、街頭行動をしました。一〇〇〇人近くがデモをし、一〇〇人の陳情団が街頭演説をしました。繊維・流通では皆、年休をとるのもやっとですが、活動費を工面し、東京までやってくるのです。地方で働く女性たちの訴えは本当に切実なものでした。全国婦人の集い地方集会では地方議会に雇用平等法の要請を行いました。

しかし、国会提出を前に労働省婦人少年審議会婦人労働部会が出した労働大臣への建議は公益・労働・使用者の三論併記という状況で、一九八四年四月、労働省婦人少年審議会で労働省が示した法律要綱には労働側の主張はほとんど入っていませんでした。採用から定年までの雇用の各ステージにおける差別禁止という主張はほとんど努力義務となり、労基法の深夜業の規制緩和、有害業務等は全面撤廃へ。何よりも平等法ではなく、勤労婦人福祉法を改正しての男女雇用機会均等法となっていました。無念、脱力しました。

一九八〇年、コペンハーゲンで開催された第二回国連世界女性会議で高橋展子さんが女性差別撤廃条約に署名、女性差別撤廃条約批准に向け、国内の女性団体はもりあがっていました。男女雇用平等法の要求は女性差別撤廃条約批准運動全体から見れば、あくまでも批准のための国内法整備という一面もあります。労働団体も参加している婦人連絡会も批准を求めているなかで、労働組合がこれを認めなければ条約批准ができなくなるのです。労働側はあと一歩まで迫りながら、女性差別撤廃条約批准か、実効ある法律の放棄かという判断を迫られたのです。

均等法をどう評価するか——これからの労働運動

現時点から均等法をどう評価するか。難しい質問です。経営側は「平等法は日本の雇用慣行を乱す」と保護のみを外す議論だけを展開し、メディアは保護か平等かで労使を色分けする。私たちは男女共通の労働時間規制や労基法の改正という論点も提示したけれど、政府でも審議会でも扱わないと言われる。縦割り行政の弊害と言えばそうかもしれません。個々の行政官のがんばりはあったにせよ、やはり、労働省、政府は経営側を向いていたということではないでしょうか。

どうしても残念なこともあります。一九九七年の均等法改正で、経営側の強硬姿勢に対する組織方針であったにせよ、労働組合がすべての雇用ステージでの差別禁止の実現を最優先し、女性の深夜業、時間外労働の規制撤廃を自ら提案したことです。男女共通の規制強化は実現せず、労働の規制緩和の流れのなかで女性への攻勢は強まり、中小の職場で働く女性たちは現実に追い込まれていきました。

交渉とは知恵比べではありません。職場の草の根の声を背景に組合の交渉力が強まっていく。それを私は現場で学びました。使う側と使われる側の力関係の実態を理解すること。男女平等をなしえていない職場での女性の活動組織の必要性。女性は横のつながりと他の運動の連携のなかで力と自信を得ていくこと。女性は働き、生活ぐるみで活動し、人間的にも成長していく。九〇歳を超えた今なお、私は民主主義の実践者でありたいと思っています。

交渉の主体になる、運動を編み上げる

元連合副事務局長
松本惟子さん

［**略歴**］まつもと・ゆいこ。一九三六年、福岡県生まれ。五六年、安川電機に入社、安川電機労働組合執行委員を経て、七九年　電機労連（現：電機連合）中央執行委員を担当。労働省婦人少年問題審議会委員、総理府男女共同参画審議会、中央環境問題審議会委員を歴任。全民労協・婦人政策委員会副部会長の後、民間連合・総連合結成とともに、同副事務局長。国際自由労連（ICFTU）女性委員会および同アジア太平洋組織（ICFTU・APRO）女性委員会議長、衆議院議員（一九九六-二〇〇〇年）。

「退職はいたしません」

高校卒業後、北九州市に本社を置く重電メーカー安川電機に就職しました。一九五六年、配属先は行橋工場総務課庶務係。工場では既婚女性も働いていましたが、事務職部門では、「女性は補助職」

「若年・短期就業・結婚退職」というのがお決まりのコース。とはいえ、職場では結婚しても働き続けたいと考える女性が出ていた時代です。私も結婚することになり、そのまま働くつもりでいました。ところが、結婚が決まった途端、総務課長から呼びだされました。部屋に入ると「おめでとう。で、いつ辞めるんだ」と聞かれました。課長は家庭と仕事をめぐる男女の役割について話し始めましたが私は共感できませんでした。すぐに返答するのは体が震えるほど怖かった。しかし即答はせず「明日まで待ってください」と言いました。部屋を出て、深呼吸して、母も祖母も先生も「女も職業を持っていた方がいい」って言ってたね、そうだったよねって。職場に戻ると仲間の女性たちに「何だったの」と囲まれ、「明日返事することにしたけど、私、辞めないから」と言いました。

翌日、課長に「退職はいたしません。会社にご迷惑かけないように一生懸命働きますから」と返答しました。課長は嫌な顔をしましたが、職場に帰って仲間に報告したら、後輩の女性たちは「私も辞めない」と眼を輝かせました。

この時、私は先輩のすすめで初めて労働組合に相談に行きました。それまで労働組合員としての自覚はなく、ユニオン・ショップ制なので給料から組合費を引かれるし、義務的に参加する春闘の職場集会の話は難しくてわかりにくいな、その程度でした。労働組合で「これを見たらわかるよ」と言われ、改めて労働協約、就業規則を見るとどこにも結婚退職の取り決めなどありませんでした。単なる職場の慣行だった――と初めて理解しました。職場の問題が見え始めました。結婚で肩たたき、出産で退職に追い込まれる、産休明けで復職したら机がない。人の痛みが自分の痛みになりました。

婦人部をつくろう——私たちのための組合運動を

結婚や子育て、賃金差別、教育訓練の違いなど職場の悩みを抱える女性たちが集まるようになり、一緒に労働協約と就業規則を読みこむようになりました。机にしまい込んでいた就業規則には労働基準法に基づいたルールが書いてある。労働協約を読むと女性の処遇に関して「おかしいよね」というものも見えてくる。学習を積み重ねるなかで、誰かしら「上司に呼ばれた」という話があり、駆け込みの相談も入ってくるようになりました。そんな私たちの様子を見て、数少ない既婚女性の先輩が「個人的に考えるのではなく、労働組合に相談をしたら」とアドバイスをしてくれました。

一九六〇年代、組合には青年婦人部があり、二三歳までの男性組合員と女性組合員全員を一緒にまとめていました。でも、活動はリクリエーションが中心。女性には女性固有の課題があります。「女性のために組合が機能してない」「自分たちがやらなければ何も解決できない」という思いが強くなり、青年婦人部から婦人部の分離要求を出しました。六一年、みんなの力で安川電機労組に婦人部が誕生しました。

婦人部があることで、課題が見えやすくなっていきました。情報も入るようになりました。たとえば工場の女性たちからの「トイレを増やしてほしい」という要求。そこから職場の実態が見えてくる。事務職の職場とは違い、ベルトコンベアの流れ作業では効率とスピードが求められます。トイレに行く度に、管理職に厳しくチェックされ、トイレから戻ってくるまでの時間も決まっている。そのため人が集中すると時間までに戻れない、トイレに行きにくい。女性の経験をきっかけに、職場の労働環境を改善していきました。働き続けようという女性の思いを起点にしながら、「力を合わせれば私たちもやればできる」を合い言葉に経験を積み重ねていきました。

交渉の場に出よう――女性を執行委員に

女性からの相談を受け、勉強し、出てきた問題を集約して、手続きを踏み、組合の方針に入れ込み、大会で決定していく。その過程では手続きを踏むことの大切さや、根回しということも知りました。婦人部は女性の課題を抽出する組織として機能していました。しかし、婦人部には交渉権も執行権もありません。男性執行委員から交渉経過の説明があるのですが、納得がいきません。「どうしてこう答えられなかったんですか」「それならこんな事例があります」と追及するので、男性執行委員ではお手上げ。交渉の場に女性執行委員が必要だという取り組みへと発展していきました。

運動は根気よく地道なものでした。年に一回の大会で女性が発言できるように、男性ばかりだった代議員に女性が立候補することから始まり、大会では入れ替わり立ち替わり発言をし、全体のものとしていきました。こうして女性部の独立と女性執行委員の選出が決定しました。けれども、執行委員には定数があるため、女性執行委員を入れればその分、男性執行委員を減らさなくてはならない。そこで「女性枠」として執行委員(婦人担当)を出すことで決着しました。一九六八年、非専従役員として執行委員を務めることになりました。

まず産前産後休暇延長と育児時間の運用課題に取り組みました。スローガンは「労働基準法を生かして使おう」。法律には実際にどう運用するかまで書いているわけではありません。労基法には育児時間を「一日二回、各々少なくとも三〇分、その生児を育てるための時間を請求することができる」としていますが、その法律を私たちの労働実態にあわせて利用しやすい運用へと肉づけしていかなければ、法律があっても制度は利用できません。

手探りでしたが、運動を組み立てるには何事もまず実態把握から。調査で実態をつかみ、要求の内容を整理し、優先順位を話し合って決定する。とくに個々の女性による具体的な問題提起は協約化の内容を考えるうえで重要な情報です。要求内容を整理する過程では、法律の解釈を確認する作業も必要です。私たちは労働省婦人局に何度も電話をして職場での問題を伝え、条文の疑義解釈をもらい、解釈事例や法律の勉強をし、みんなのものにしていきました。この方法で、労基法の産前産後休暇各六週から労働協約で産前産後ともに八週の引き上げに成功、育児時間は賃金カットなしで一時間のまとめ取りができるようになりました。

男女の賃金格差も問題にするようになりました。同期入社の男性との賃金やボーナスでの格差は退職金、ひいては年金での格差にもつながる。そんな議論を積み重ね、統一要求にしていく戦略を練りました。労働組合の賃金部長に賃金の資料を出してもらい、婦人部独自で男女の賃金を比較しました。表にすれば差別は一目瞭然です。女性は結婚、産休復帰後に査定が下がり、同じ資格等級のまま留め置かれる期間、つまり滞留年数の延長につながっていることがわかったのです。

春闘の統一要求として、産休復帰後の滞留年数の底上げ、人事考課での成績評価基準の明示、結果の公表、女性の職域拡大が盛り込まれました。交渉の場で会社側は「休暇を取得した人としなかった人とでは差があって当たり前」と主張しました。「だったら年次有給休暇はどうなのか」「出産は個々の家庭や個人だけの問題ではない。補完していくのが社会の役割ではないのか」と交渉しました。なぜ出産、育児で休むと賃金は横滑りになるのか。この問題は未だに解決していません。交渉ですべてが勝ち取れたわけではありませんが、女性は男女の賃金格差にも取り組んでいたのです。

女性執行委員が誕生し、女性が交渉の主体としてダイレクトに会社との交渉の場に出る。それによって交渉の場も変化していきました。男性執行委員も会社側も「どうせ女性のことだ」という態度ができなくなったのです。

実際に執行権をもつようになり、組織のなかで交渉の実態を経験したことで、生半可なことでは相手は譲歩しないことを学びました。しっかり調査をして実態把握すること、制度や政策を勉強すること、説得の方法。引く時には引き、次の交渉に向けて相手から次につながる手がかりになる言葉を引き出す戦略。励ましもあれば、家事・育児、介護は女性の仕事だ、個人的なことを職場に持ち込むなという、野次やいじめもひっくるめて、女性は男性社会のなかで交渉の主体になる経験を積み重ね、一目置かれるようになっていくのです。

産休明けの保育所をつくる——地域を巻き込む

産休明けから子どもを預かってくれる保育所づくりにも取り組みました。ゼロ歳児保育は一九六九年にようやく乳児保育特別対策事業として補助金対象事業となりましたが、まだ試験的に実施となったばかり。七〇年代にはほとんどの保育園が三歳以上の児童を対象としていたので、女性は産休中に預け先を探し回り、復帰後、どうやって働き続けたらいいのかと悩んでいました。職場では「無認可保育所に預けたものの、後追いをする子どもの泣き声が耳から離れない」「仕事をしていても気になる」という悲痛な声も上がっていました。

当初、私たちは会社に対して職場保育所の設置を要求しました。会社側は「ゼロ歳児保育は行政が行うべきことだ」というもっともな筋論を出してきました。このままでは説得できないので、行政に要求を出すと「一企業のためだけに行政がゼロ歳児保育をすることはできません」とこれももっともな筋論が帰ってくる。そこで私たちはみんなで児童福祉制度の学習をし、公立保育所でのゼロ歳児保育と保育時間の延長を求めて署名運動を開始しました。

「育児や保育園や、仕事と関係ない個人的なことを職場に持ち込むな」という雰囲気が職場に充満していました。職場で署名をお願いしていると、保育園問題で困っている人たちだけでなく女性はみんな集まってきて「生まれたばかりの首も座らない子をよく人に預けて働けるものだ」「それでも親か」と男性から非難された悔しい思い、つらい経験を口々に話し始めたことを思い出します。

「集団保育なんてとんでもない」。そんな三歳児神話が職場に根強くあるのなら、私たち安川電機労働組合行橋支部で子どもの発達の道筋やその健全な発達が保障できる環境について勉強会を開催しよう。毎土曜日に組合事務所を開き、健康、離乳食や食事のことを、お母さん、お父さん、執行部の男性も一緒に勉強しました。

一方、公立保育所でゼロ歳児保育を実施するには、職場を越えて地域に運動を広げていかなくてはなりません。労働組合の地域ネットワーク組織である地区労（地区労働組合会議・協議会）を巻き込んでいきました。保育時間が勤務時間より短いことを訴えると、自治体公務員でつくる自治労の男性役員が「保育時間延長は保母の労働強化になる。労働時間短縮、育児時間を優先すべきではないか」と発言する一幕もありましたが、民間労組の男性、特に若いお父さんたちが一緒になって頑張ってくれました。

行政交渉では、安川電機労働組合の男性執行委員が地区労に話を通し、市役所での交渉に出席してもらい、自治労も同席しました。議会に質問状も出しました。市議会議員の回答を集約すれば、だれが反対しているのかが一目瞭然です。こうして政治とのつながりも作っていきました。

その結果、市はゼロ歳児保育実施を認めました。国の職員配置基準ではゼロ歳児六人に対し保育士一人ですが、私たちは子ども三人に対し保育士一人という手厚い配置を求め、市は独自予算で対応することになりました。同時に、新しい保育所ができるまで、子ども一人につき保育助成を出すことになり、私たちはこの助成金を元に三歳未満の子どものための保育所を自主運営しようと考えました。会社に「職場保育所」設置を要求したところ、この運動が筋を通したものだと理解し設置を認めました。早速、全電通の職場託児所をモデルに職場に隣接する社宅二棟を改築、一九七〇年、安川電機行橋支部に職場保育所が完成しました。約一〇年にわたる運動の成果でした。労働組合は地域と連携して職場の問題を解決していくことができる。保育所設置運動はまさにそういう取り組みでした。その後、女性社員の減少とともに職場保育所の利用者も減少し、職場託児所は二九年の幕を閉じました。

オイルショックによる整理解雇の中で——既婚女性のパート化

執行委員時代、オイルショックによる未曾有の景気変動を二度、経験しました。景気がよくなればまた元に戻すという条件付きでしたが、労働組合が労働基準法以上に上乗せし積み上げてきた協約、例えば出産休暇の延長部分も凍結され、労働基準法のレベルにまで引き下げることになりました。さらに会社側から七〇〇人の希望退職の提案がありました。組合は最終的に「退職勧奨をしない、退職勧奨があった場合はストを打つ」などの条件をつけ、希望退職募集を受け入れることとなりました。

ところが、実際に希望退職の募集が始まると、狙い撃ちされたのは「有夫の婦」、つまり既婚女性でした。会社は夫や上司を通して、自宅まで上司がやってきて女性への退職勧奨を行うのです。退職勧奨の動きは所構わず、時間構わず、でした。婦人部は退職勧奨をうけた場合の通報ルートを用意し、24時間対応で臨みました。車が運転できる女性社員全員と協力体制を作り、通報があれば、すぐに現場に向かい証拠を取りに行く。夫の上司が夫に向かって「あんたの出世はおぼつかない」「遠くに飛ばす」と脅したり、説得したり、というような場面に幾つも幾つも出会いました。

退職勧奨の実態が明らかになり、組合は通告通りストライキを打ちました。しかし、「ストライキで営業も全部止まった」とばかりに同業他社に仕事を持っていかれるのです。オイルショックを契機に日本社会、労働運動全体が企業あっての労働者——労使協調路線に覆われていきました。そのなかで出てきた言葉が、「自分の首は自分で守れ」でした。

話は戻りますが、一対一だと労働者は弱い。家に上司が来て、圧力をかけられると、辞めていく女性が出てきます。ところが、家計や家のローンを理由に辞めていった女性たちのなかにはスーパーなどでパートとして働き始めるか、会社がパートの採用を開始すると、戻って来る人もいました。企業での既婚女性の扱いはそんなものだったのです。

女性の正社員が減ってパートが増えていく過程で、婦人部では「時給が低すぎるという」パートタイマーの方々からの相談を受け、七〇年代半ばから春闘で毎年三〇円ずつ時給を上げる要求を掲げました。仕事のアウトソーシング、分社化が進む中で、いくら働き続ける条件を整備しても女性は辞めてしまう。私たちは生きること、働くことの意義について考えようと改めて確認し合いました。

産別・電機労連へ

一方、上部団体の産別、電機労連では第二二回定期大会（一九七四年）で初めて専門ポストとして婦人対策部を設置しました。初代専門部長が富士通労組の小島千恵子さん。電機労連初の女性専門部長の誕生です。これを機に電機労連では婦人委員会を立ち上げ、単組の女性リーダーの情報交換の場として婦人代表者会議の充実が図られました。

私も単組をこえてこの会議で多くを学んだ一人です。ですが、小島さんの後任を打診されるたび、躊躇していました。力量にまだ自信が持てていなかったこともありますが、職場から離れたくなかったからです。職場は経済動向の変化がいち早く現れる現場であり、仲間との人間関係のなかで、その問題を直接、交渉で解決し、形にしていける場です。産別が交渉の主体になっているのは今でも民間ではUAゼンセンぐらい。やはり、活動の原点は職場であり、単組にあると考えていたからです。

しかし、二度にわたる人員整理を経験し、単組だけでは限界があり、産業全体で公正な企業間競争の基盤としての労働条件の整備が不可欠ではないかと考えるようになっていました。ちょうどその時、執行委員としての電機労連派遣が打診されました。荒田鉄男委員長に私は背中を押されました。「専門部長ではなく、執行権のある執行委員になる。権限を持つということは自分のしたい仕事ができるということですよ」。労働組合の定期大会で決定した運動方針を実施、遂行するのは執行委員会だから、「あなたが常日頃言っている問題に取り組める場」ということです。夫と相談をし、単身赴任を決意。「だんなはかわいそうね」とあちこちから言われたものですから、「あら、私がかわいそうって言わないの」などと言いながら東京へ向かいました。

一九七九年、「国連婦人の一〇年」のただ中でした。女性を狙ったリストラ解雇の問題を取り上げてほしいと地元の新聞社に駆け込んでも取り上げてもらえず、福島県で結婚退職制の撤回を闘う住友セメント裁判の原告鈴木節子さんの新聞記事に励まされながら頑張っていました。「国際婦人年なんて遠くの鐘の音」「私たちの職場には届かない」。そんな職場の仲間の思いを胸に、私は女性差別撤廃条約の批准の条件の一つとされた、男女雇用平等法制の制定運動、そして後の男女雇用機会均等法制定過程の審議に携わることになります。

男女雇用平等の審議始まる

一九七八年一一月、労働基準法研究会（労基研）が「早い機会に男女平等を法制化することが望ましく、そのためには早急に男女の実質的平等についての国民の基本的合意を得ることが必要であり、同時に保護規定について合理的理由のないものは解消しなければならない」という内容の報告書を提出しました。これを受け、労働省婦人少年問題審議会（婦少審）婦人労働部会で男女雇用平等の法制化への検討が始まりました。

しかし、労基研報告に引き続き、婦少審でも「男女平等」の概念をめぐって、使用者側が持ち出した「保護か平等か」という二者択一の議論に振り回され、コンセンサスはできませんでした。そこで一九七九年一二月、設置されたのが「男女平等問題専門家会議」でした。

この専門家会議に、労働側から四人が参加しました。総評婦人部長山野和子さん、同盟青年婦人対策副部長の高島順子さん、全繊同盟婦人部長多田とよ子さん、そして産別・電機労連からは着任したばかりの私。駆け出しでしたが、賃金や労働時間、パート問題、母性保護の分野で民間企業での経験を生かしたいと思っていました。しかし、会議では賃金格差の具体例を踏み込んで発言すると労働省婦人少年局が「賃金の問題は労働基準局マターです」「パート労働も婦人少年局の担当ではありません」。労働基準法第三条に性差別の禁止をいれてもらいたいと言っても「ここでは扱いません」という調子。議論はずっとすれ違いです。

専門家会議は一九八二年五月に報告書を出しましたが、使用者側との「平等」の考えの隔たりが大きく、私たち労働側委員は公益委員の田辺照子先生と連名で「『雇用における男女平等の判断基準の考え方』に対する見解」をまとめ、提出しました。男女平等は女性差別撤廃条約とＩＬＯ条約で規定されたレベルまで引き上げること、男性を含めての労働時間等の規制、女性が働き続けられる環境整備が必要であることを訴えています。

この専門家会議の報告書を受けて婦少審婦人労働部会での議論が一九八二年五月、再開されました。日経連は雇用平等法反対声明を出そうとするなど平等に真っ向から反対し、審議会が八四年三月に出した法的整備についての建議は公益・労働・使用者委員それぞれの三論併記となりました。

生活時間はまとめ取りできない——労働時間規制と女性の経験

建議を受けて労働省が出してきた法案要綱はこのまま通すべきだというような内容ではありませんでした。男女平等の言葉は消え、「男女雇用機会均等法」となり、募集採用、配置、昇進での差別禁止は努力義務に。時間外労働・休日労働は緩和、深夜業、危険有害業務の問題は積み残し。その限界がありながらも、労働側は目前の女性差別撤廃条約の批准という大きな獲得目標を優先するとして、この時は均等法を容認せざるを得ない立場に追いこまれました。審議にたずさわった人のなかには涙をこぼす人もいました。

その後の第一回改正（一九九七年）で、採用から定年までの「平等」の義務づけと引き換えに、労働側から一般女子保護規定を放棄しました。男女が共通の基盤に立つことが必要であるという見解をもって、労働基準法に定められていた深夜勤務の禁止や時間外労働の規制を解消したのです。果たして「人間らしい働き方」ができる男女共通の労働時間規制を実現する戦略や交渉プロセスを検討した結果だったのでしょうか。

日本社会の実態を考えると、女子保護規定の解消は男女ともの労働時間規制の緩和であり、従来の男性型の働き方に女性をあてはめることになります。均等法の制定・改正の一連の議論において、「一日単位の生活時間の保障」を求める女性の経験の意味や、生活時間の観点から男女共通の労働時間の課題をとらえる意味がまったく理解されていなかった。

安川電機では一九七〇年代、一日の勤務時間は昼休み一時間を含む七時間半ないし七時間四五分という時短を達成していました。恒常的な時間外労働もなく、仕事が終わるとゆったりとした生活時間がありました。ところが、八〇年ごろから週休二日制が検討されるようになりました。当時、週四〇時間労働が法制化されていなかったので、一日の労働時間を長くして土日を休みにする提案が検討されました。男性は土日連休歓迎、ゴルフや麻雀ができると賛成しましたが、女性の多くは反対しました。「一日の労働時間が長くなれば、買いものや保育所の送り迎えの時間が確保できない。人間の生活時間はまとめ取りできない」。

そうした女性の経験にたった労働時間のとらえ方を社会は「保護か平等か」という議論にすりかえたように思います。システムエンジニアのように深夜も含めて対応が求められる職種に女性も就く時代。けれども、既存の男性型労働時間にあわせれば、人としての暮らしの再生産は置き去りになる。

現状、女性は結婚、出産で辞めていかざるを得ない。労働時間規制を手放したことが現在の男女ともの長時間労働の要因になっているのではないかと思います。

産別の女性リーダーとして——人材育成、労働協約闘争

交渉を担える女性リーダーをいかに増やすか。当時も今も課題ではないでしょうか。電機労連では女性リーダーの育成に力を入れました。一九七九年、女性対策部に「女性活動専門委員会」を置き、女性担当者会議に参加する単組の担当者を女性にしてくださいとお願いし、単組の女性の交流や外部講師を招いての運動の理論化に力を入れました。女性差別撤廃条約の理念にそって「婦人(女性)活動ハンドブック」を作成し、男女の賃金格差の統計や国際比較、「働く婦人・一〇年の行動計画」(働く婦人の中央集会決議)などの付属資料をつけ、数年ごとに改訂し、配布しました。

女性の健康、生理、妊娠・出産について理解したうえで、労働基準法に定められた産前産後休業、育児時間、生理休暇との対応関係、一般女子保護としての労働時間、深夜業、危険有害業務の就業制限との対応関係を考える。そんな討議を通して制度要求の背景に何があるのかを呼吸するように感じられる役員になってほしいと願ってきました。

こうしたリーダー育成とともに、電機労連では一九八〇年代から、出産休暇の延長と育児時間の有給化を統一要求に掲げ、加盟単組全体で協約闘争を展開しました。育児時間については一時間のまとめ取りとともに、民間産別としては初めて男女が取得できる制度とする要求を行いました。労働基準

法では育児時間の取得は「生後満一年に達しない生児を育てる女性」の請求による、とされていたからです。八〇年代後半、エッソ石油の田尻研二さんが同社労組の支援を得て約四年、男性の育児時間利用を求め一時間の時限ストを行いましたが、育児時間制度は今も改正されることなく、女性だけを対象にしています。男女ともの育児時間の獲得という協約闘争は今なお有効だと思っています。

労戦統一と育児・介護休業法制化

私が電機労連で活動していた一九八〇年代、労働戦線統一(労線統一)の動きが大詰めを迎えていました。労働組合が幾つものナショナルセンターに分かれていたのでは政策・制度が前進しないという問題意識から、民間労組を中心に七六年に政策推進労組会議(政推会議)が発足、八二年に全日本民間労働組合協議会(全民労協)が結成され、その事務所が電機連合会館に置かれていました。

私たち女性役員は男女平等法制運動で組織を越えて早くから連携し、男女雇用平等法とともに育児休業の法制化を検討していました。一九七二年に制定された勤労婦人福祉法で育児休業は雇用主の努力義務規定として定められ、七五年には人材確保を目的に教員、保母、看護婦を対象とする職種限定での育児休業が法制化されています。確かに、勤労婦人福祉法で努力義務であれ、育児休業が明文化されたことは協約闘争の役に立ちましたが、育児休業制度の法制化が不可欠だと考えていました。

男女雇用平等法制の議論のなかで、労働側は育児休業の義務化を求めていましたが、審議会でも経済団体は時期尚早、政府も時期尚早と取り上げませんでした。社会党が一九八二年に男女全労働者を対象とする育児休業法案を提出し、八四年一月には全民労協と労働四団体で、社会党、公明党、民社党にも個別に要請を行いました。しかし、成立した均等法では育児休業は積み残されました。

育児や介護に対する具体的な制度が次なる課題となりました。均等法の基本理念には「母性を尊重されつつ充実した職業生活を営むことができるようにする」とある。そこで労働側で骨子を作り、議員立法での育児休業の法制化を働きかけることとしました。一九八七年、「民間連合」として労働戦線統一が実現し、民間連合・連合副事務局長として男女を対象とする育児休業法制定を最重要課題として運動を展開しました。「家事・育児は女性の仕事」から「家事・育児は男女ともに」という転換です。

すでに社会党の育児休業法案は五度、廃案。公明党の育児休業法案も廃案。民間連合結成直前の一九八七年三月、労働四団体と全民労協で個別に社会、公明、民主、社民連に対し、四党共同育児休業法案の提出を要請し、八月に参議院に共同法案を提出します。しかし、廃案。八八年一一月にも再提出、これまた廃案です。

このままでは自民党による法案の「つるし」が続いてしまう。一挙に組織全体の取り組みとするために連合にプロジェクトチームを設置しました。実態から推し進めるために加盟組合は八八年春闘で育児休業制度の協約化闘争を開始し、四党共同法案可決成立を求める一〇〇〇万人署名を軸に、地方議会の決議、集会・デモ、国会要請、傍聴行動と組織をあげて取り組みました。その運動は労働組合の枠を超えて広がっていきました。

リクルート疑獄や消費税問題で一九八九年七月の参議院選挙で自民党は過半数割れし、九〇年、四野党共同で再度、育児休業法を提出します。育児休業を求める世論の声が盛り上がるなかで、自民党から共同法案を取り下げ改めて政府案として提出する話が持ち上がります。男女を対象とする育児休業制度を法制化するには「政府から出させた方が早い」との声もあった。これまで合意された内容を後退させないことを条件に、四野党共同法案を取り下げ、政府案として提出するため婦少審での審議を開始。九一年二月、日比谷野音での集会には三〇〇〇人が集まりました。政府案は決して十分なものではなかった。しかし、やっと男女が育児休業制度を手にした瞬間でした。その後、すぐに介護休業の審議につなげ、九五年に育児・介護休業法として成立しました。

未完のプロジェクト——男女雇用平等法制定に向けて

連合では均等法制定後の点検活動にも力を入れました。「均等法施行三年目の調査」(一九八八年)を実施、一九八八年の労基法改正によって変形労働時間制が拡大導入されたこともあり、九三年に「女性の労働・生活時間実態調査」を行っています。連合白書の賃金資料にも企業規模だけでなく、性別でのデータを必ず入れるようにしました。

裁判支援も行いました。連合に着任してまもなく日本私鉄労働組合総連合会(私鉄総連)田中正三青年婦人部長が「均等法ができたのに沖縄でバスガイドの女性が三五歳定年でやめさせられた」とやってきました。すぐに沖縄へ飛び、連合としての支援体制を整え、総評弁護団とともに三五歳定年制裁判を提訴した城間佐智子さんを応援しました。今もなお多くの女性が職場の男女差別裁判闘争をしています。労働組合のない職場や労働組合があっても女性のために労働組合が機能しない、協力的でない職場の人たちです。支援が求められます。

国際的な労働運動は日本国内での運動を作るうえで重要です。国際自由労連（ＩＣＦＴＵ）や同アジア太平洋組織（ＩＣＦＴＵ・ＡＰＲＯ）女性委員会で、また、退職後はＩＬＯ総会で私は大いに学びました。日本の実情を発信し、各国の女性の代表と情報交換をする。新しい課題の発見、方法論は日本での世論の形成、運動の活性化に結びつきます。その意味でも、職場の生身の女性の問題を原点で救ったのは女性差別撤廃条約の批准だったと思います。女性差別撤廃条約の一一条（雇用分野における女性差別の撤廃）やＩＬＯ条約は人間らしい働き方、差別の禁止、男女がともに家庭と仕事の両立ができる働き方に関する国際的な合意、基準です。

たとえばＩＬＯ一〇〇号条約の完全実施や同一一一号条約（差別待遇）の批准が求められます。ＩＬＯ一七五号条約（パートタイムの労働条約）を日本は批准していませんが、この条約に照らし合わせて、政府の同一労働同一賃金を検証してはどうでしょうか。ＩＬＯ一八九号条約（家事労働者条約）も未批准です。家事労働者は個人契約で労働基準法の適用除外であるというのが未批准の理由ですが、国際条約の批准運動は国内法整備のきっかけにもなるのです。外国人家事労働者を部分的に解禁した今、急ぐべき課題です。ＩＬＯ一八三号条約（新母性保護条約）も少子化対策をジェンダー視点から見直す運動に役立ちますのですぐに批准すべきです。男女平等をめぐる課題は山積みなのです。

女性の政策ネットワークの再構築も必要だと思います。女性差別撤廃条約批准が実現したのは日本中の女性のネットワークが超党派女性議員連盟と連携し、国会を動かしたからです。超党派の真ん中には市川房枝さんらがおられ、国際婦人年連絡会、草の根の女性運動と連携しながら条約批准の運動をしました。そのネットワークのなかで総評、同盟、中立労連の女性が組織の壁を越えて労働問題を女性全体の問題として広げていくことができたのです。今、日本には女性の課題を取りまとめて政策交渉ができるシステムやネットワークがもっと必要です。そのネットワークに労働組合がしっかり位置づけば、女性の労働問題をもっと発信し、共有できると思います。

運動を通じて自分の言葉を持つ

企業に就職し、モノ作りの職場に身を置くことで、労働組合に関わるようになりました。心に抱いていたのは「一人は万人のために、万人は一人のために」という言葉。愛読した宮沢賢治の詩にも通じる言葉だと思っていました。労働は商品ではない。ＩＬＯフィラデルフィア宣言にこめられた思いにも通じます。

男性が多い職場でしたが、自分の人生にとって幸いだったのかもしれません。私は労働組合活動を通じて自分の言葉を持ち、自分の言葉で話ができるようになりました。常に現場を見る。社会や経済の動きのなかで今職場がどうなっているのか。最も苦しい職場の現実から、労働者の暮らしの場からなぜと問う。今もそういう生き方しかできませんし、また組合役員はそうでなければならないと思っています。労働運動の原点はやはり職場ですから。

column

2

定年制等をめぐる裁判例

女性労働者は、戦前において短期的補助的労働者であるとされていましたが、戦後においても女性労働者の位置づけは変わりませんでした。企業のなかには、結婚退職制や女性のみの若年定年制や男女別定年制などによって、女性労働者が働き続けることができない制度を設けていました。そして、当時の労働法には、このような性差別的な取扱いを禁止する規定はどこにもありませんでした。

法が沈黙しているなか、住友セメント事件（東京地裁1966年12月20日判決）は画期的な判決でした。裁判所は、国民相互の関係（本件でいうと「企業と女性労働者」の関係）においても性別を理由とする合理性なき差別待遇を禁止することは「法の根本原理」であるとし、この禁止は、「労働法の公の秩序」（民法90条）を構成すると解しました。女性は結婚後労働能率が低下する、女性の仕事内容と賃金との間にアンバランスが生じるなどの企業側が主張する女性のみの結婚退職制を合理的であるとする理由は、ことごとく裁判所により退けられました。

この判決のインパクトは大きく、結婚退職制や男女差別定年制等を争う訴訟が続々と起こされました。その後、「女性30歳」とする若年定年制を違法とする判決（東急機関工業事件・東京地裁1969年7月1日判決）、5歳差の男女別定年制を性別による不合理な差別であるとする判決（日産自動車事件、最高裁第三小法廷1981年3月24日判決）などが出されました。

1985年制定の均等法は、定年、退職、解雇における男女別取扱いを公序良俗に反し無効とする考え方が判例により確立していたことから、これらを禁止する規定にしました。

［神尾真知子］

労働運動のプロとして生きる

元連合総合女性局長 **高島順子さん**

[略歴] たかしま・じゅんこ。一九四一年、岐阜県生まれ。六〇年、カヤバ工業（現：KYB工業）岐阜工場に就職、六五年カヤバ工業を退職。全日本労働総同盟（同盟）書記職として、組織局で男女平等課題に取り組む。青年婦人対策部副部長、婦人局次長を経て、八七年、民間連合女性局次長。九七年、連合総合女性局長、九九年に連合副事務局長。二〇〇三年、退任。この間、旧労働省婦人少年審議会、総理府男女共同参画審議会等委員を歴任。二〇一七年、永眠。

「はい、私やります」——労働組合との出会いは立候補から

高校卒業後、私は油圧機器などの自動車部品メーカー「カヤバ工業」、現在のKYBの岐阜工場で働いていました。本社は東京ですが、生産の主力は岐阜工場。自分たちが会社を支えているというプライドを持って働いていました。当時、従業員は約六〇〇人、女性は二割ぐらいだったと思います。私

の仕事は倉庫の在庫管理、経理でした。

中学時代から生徒会役員に立候補したり、高校時代には「学校新聞作ろう」と新聞部をつくったり。みんなと何か活動を始めるのが大好きでした。就職後も職場で読書クラブをつくり、職場の仲間と一緒に小説を読み、雑誌の発行、別の読書会との交流会をしていました。

こんな風にサークル活動で育ってきた私が労働組合活動に参加することになったのは労働組合の選挙がきっかけです。就職して三年目。労働組合とは何か、労働運動とは何か。そんなことはまったく知らず、誰に相談するわけでもなく、ただ面白そうだなと思って、「はい、私やります」と役員選挙に立候補し、当選。青年婦人対策副部長になりました。

何をすればいいのか。よくわからないながら、副部長なので職場の女性懇談会を開き、「ロッカーが汚い」「作業服が気に入らない」など女性で盛り上がりました。でも、男性の青婦対策部長に伝えても動いてくれない。かといって当時の私には執行部に要求化を求めるという知恵もなく、総務課長に直接、訴えるようなことをしていました。

総務課長はよく対応してくれました。ロッカーを作り替える、鏡を付ける。作業服や事務服の選定委員会もできました。労働組合活動を通じて職場が良くなる。その手応えが女性を元気にしました。失敗もありました。「お茶くみはいやだ」という私たちの訴えを受けて、お茶くみの禁止を総務課長が各課宛に通達しました。でも、職場の上下関係や人間関係、慣習もあり、結局、うやむやになってしまいました。職場全体を巻き込まなければ運動は成功しない。貴重な経験となりました。

同盟本部書記局へ——労働運動のプロになる！

青年婦人対策副部長になって数年たった一九六四年、「東京の同盟本部が婦人対策の人を探している。来ないか」という誘いがありました。この年、全日本労働組合会議（全労会議）、全日本労働総同盟組合会議（同盟会議）、日本労働組合総同盟（総同盟）が合流し、全日本労働総同盟（同盟）が結成されたばかりでした。結成にともない教育局（後に組織局）に青年婦人対策部が設置されたのです。

私の実家は農家、八人きょうだいの大家族です。早いうちに実家を出なくてはいけないとは思っていました。朝から晩まで働いている母の生き方に思うところもありました。倉庫管理や経理の仕事は得意ではなかったし、自分に合っていないこともわかっていました。「このまま倉庫番なのかな」。すでに私の世界は労働組合活動を通じて広がっていました。総同盟主催の研修会に参加し、全繊同盟で活躍する末吉ユキヱさんや多田とよ子さんと出会いました。私の終生の糧となる労働省の大羽綾子さんや労働評論家の渡辺華子さんとの出会いもありました。人権という概念や女性労働の現状、国連の動きやＩＬＯ条約も知りました。

一年悩んで、父に言いました。父はまったく反対しませんでした。「お前がそう考えたんならいいだろう」。私はカヤバ工業を退職し、東京へ向かいました。

労働組合では職場で仕事をしながら組合活動をする組合員を非専従、組合活動にのみ専念する組合員を専従と言います。専従には休職・あるいは離職する人と、労働組合に直接採用され、組合活動を担当する書記職、いわゆる「プロパー職員」がいます。一九六五年一〇月、私はそのプロパー、同盟書記職に採用されました。「君たちは労働運動のプロだ」「プロとしてやってほしい」と言われました。

女性の活動組織を作る——「自立・連帯・行動」の集い運動へ

同盟傘下の産業別組織(産別)は繊維・衣料と小売業の単位組合(単組)を束ねる全繊同盟以外は、男性が過半数を占める組合ばかり。女性の割合は五%、一〇%という組織も珍しくありませんでした。もっとも民間大企業は万単位の従業員を抱えているので、実数でいえば女性は相当数になります。ナショナルセンターとして、全体としてみれば相当数の、しかし各職場では少数の女性をどのようにつないでいけばいいのだろう。それが課題でした。

最初の数年間は全繊同盟に行き、多田とよ子さんらから女性活動や組織化のことを教えてもらいました。実際の会議にも参加しながら女性活動のあり方を模索しました。女性が自分たちの問題を考え、行動に移す、その活動を活性化させる。やはり女性の組織が必要だと思い至り、目をつけたのが「全国婦人の集い」でした。全国婦人の集いは一九六〇年代から民社党が中心になり、東京で開催していた集会ですが、その企画は同盟書記局が担い、単組・産別から七〇〇–一〇〇〇人の女性を動員していました。だったら、これを労働組合の女性が自主的に企画し参加する集会、研修の場にできないだろうか。

「全国婦人の集い」実行委員長は第一回から第四回までが全労会議の船山登美さん、第五回、第六回が当時参議院議員だった赤松常子先生。一九六六年の第七回から幸いにも全織同盟（ゼンセン同盟、現UAゼンセン）の多田とよ子さんが実行委員長になりました。多田さんに協力してもらいながら、自立・連帯・行動をスローガンとする同盟の女性の組織作りの場としての集会をめざしました。

組織化の方針はこうです。「全国婦人の集い」開催に向けて、各地方同盟が単組の女性に呼びかけ、地方実行委員会を結成する。委員は自分の職場の問題や課題を持ち寄り、「全国婦人の集い」でのテーマや運動の目標を議論、学習する。地方集会を企画、開催し、集会に向けて職場の女性をつなぐとともに、「全国婦人の集い」の準備会議にも年二回、参加する。その実行委員会が安定的に活動ができる体制となったら、その地方同盟の婦人委員会に切り替え、職場の労働組合活動に直結させていく。

一方、単組では青年婦人部ないしは青年婦人協議会から女性委員会を独立させ、女性が活動するところも増えていました。同盟本部では年一回開催していた女性の研修会を地方ブロックごとの宿泊研修会に衣替えしました。当初は二泊三日でしたが、三泊四日としました。三泊してようやく女性は職場や結婚のことなど自分の人生について語り始める。どうすれば自分が考える進路を自信を持って進んでいけるのか、女性をどうすれば励ましてあげられるのか。権利という言葉が体験として運動としてどんな意味を持っているのか。たった一泊の違いで気付きの効果は全然違うと思いました。そこから市川清美さん（電力）など多くの女性リーダーが育っています。当時の手帳が残っていますが、ほんとに、よく出張しています。

「全国婦人の集い」のことは機関誌「同盟」「同盟新聞」に毎年書きました。男性の目に入るようにとの必死の思いで書き続けました。婦人の集い地方集会では地方同盟の会長や事務局長に挨拶をお願いしました。その挨拶向けに記事に目を通してもらい、少しでも女性活動の課題や問題意識を理解してもらいたかったのです。

「お産の費用は健康保険で」——母性保障基本法制定運動

研修や準備委員会など集会で出された意見を集約し、それを全国婦人の集いの学習テーマや討論テーマにしていく。その活動の中から早速、出産費用の問題が提起されました。一九六六年当時、正常分娩に対する健康保険の出産一時金(分娩費用)はたった六〇〇〇円(本人)。同盟の推定では一人あたりの出産費用は三万円から五万円かかります。翌年、「お産の費用は健康保険で」をスローガンに運動を開始。署名を集め、園田直厚生大臣(当時)に手渡すなど運動を継続しました。六九年、二万円(本人、最低額)にまで引き上げられました。

その後も分娩費用の全額健保適用をめざし、同盟では母性保障基本法制定運動を進めました。母性保障基本法案は民社党が一九六二年に国会に提出したもので、妊娠・出産・育児に関連する法律や制度の総合的推進を図ることを目的とした基本法です。母性保障の教育、健康管理、妊産婦や出産の給付に関する施策の推進だけでなく、妊娠・出産・育児を理由とする不利益取り扱いの禁止、時間外勤務の制限、育児休業の制度化など雇用における施策推進も盛り込んでいます。同盟は七四年から母性保障基本法制定運動の一環として産前産後休暇の延長、育児休業制度の協約化・法制化を進めていきました。

この当時、育児休業については勤労婦人福祉法（一九七二年）で努力義務になっていましたが、大企業は強制力のない法律を大事にはしてくれません。民間での協約化に大きな役割を果したのがゼンセン同盟でした。七四年、母性保護統一要求による運動を展開し、産休延長、育児休業など多くの組合が協約化を勝ち取ります。後の法制化に大きな影響を与えました。その後のことになりますが、労働四団体と全民労協が一緒になって国会に働きかけ、社会、民社、公明、共産による育児休業四野党共同法案を提出、九一年に育児休業法が成立します。労働組合の積み上げによって男女を対象とする育児休業制度が法制化したのです。

おもしろかったのは育児と介護では労働組合の男性の対応がまったく違うことです。育児休業が法制化されると、同盟ではまだ組織方針にも法制化運動のターゲットにもなっていなかった介護休業の協約化が男性中心の労働組合で進められました。しかも育児休業の法制化の時には「所得保障は必要ない」と言っていた組合の委員長たちが介護休業には所得保障を訴え、協約化していきました。

年金のとらえ方も男女で違っていました。総評の活動家と言われる人でも第三号被保険者問題への反応が鈍かった。六〇年代半ばには労働組合側が「脱退手当金」を要望したことさえあります。結婚などで退職する女性労働者にそれまでの厚生年金の保険料を払い戻す制度です。良かれと思ったのでしょうが、女性の一生にかかわるお金をこんな風に扱うべきではなかった。その後、女性には「脱退手当金は絶対受け取るな」と運動をしました。一九八六年の法改正で制度はなくなりましたが、年金に関して労働組合は女性に良くないことをしたと思います。

民間労組の苦悩――「辞めちゃいけないって教えてるのか」

東京電力が結婚退職制を導入しようとして大反対運動が起きたのが一九五九年。[8] 中本ミヨさんが女子若年定年制で日産自動車を提訴したのが一九六九年。七〇年代になってもなお民間企業の女性は制度や慣行でやめさせられていました。全日空では女性を早期退職させる方法を男性に指南していましたし、電力では縁故採用、社内結婚、退職という女性のコースがあり、ある程度働いた女性には肩たたきが日常的に行われていました。日立造船因島工場では毎年、地元の高校から一定数を採用するので、会社が地元の高校も巻き込んで「次の人に席を譲ってください」と女性を辞めさせていました。

女性が定着しない。それが民間の労働組合活動の苦悩でした。総評は活動に出て来る女性の年齢も高く、公務員労組もあり、女性は辞めない運動を堂々と掲げられる。でも、民間の労働運動では「女性は辞めない」とすら言えず、同盟青年婦人対策部は「働き甲斐のある職場」「働き甲斐のある労働条件を目指そう」という標語で精一杯でした。東北電力労組が女性書記を二五歳で辞めさせるというので、派遣役員に抗議したら「じゃあ、自分で言ってこい」と返されたこともあります。総務局長に呼びだされてこんな注意も受けました。「辞めちゃいけないって教えてるのか」。誰かが青年婦人対策部の研修内容をご注進したのでしょう。

同盟の八二年調査でも女性組合員は一〇代が二五%、二〇歳から二五歳未満が三五%、二五歳から三〇歳未満が一四%。研修を繰り返しても二〇代で女性リーダーが交代し、運動が継続しない。

なんのための苦労なのか。女性を組織化しても女性はみんな二三、二四歳になると辞めていなくなってしまう。賽の河原の石積みたいな運動だと思いました。

戦後労働運動でなぜ女性が母性保護に取り組んだのか。女性活動の促進と組織化の観点から言えば、民間労組の中心だった一〇代後半の少女から二〇代前半の若い女性に一番わかりやすい要求運動だったからです。他の問題を母性保護という名目にひっくるめれば男性の反対にあわず運動を正当化できたという側面もあったのです。

君は自信を持ってやりなさい——女性活動家のサポーター

同盟は一九六七年に「同盟青年婦人活動指針」を決定し、その後も「婦人委員会組織設置促進」の方針を出すなど従来の青年婦人対策という組織形態から青年と女性それぞれに組織を作る方向性は出していました。しかし、同盟が婦人局を設置したのはずっと後の八六年のことです。同盟本部の役員も男性ばかりで、『同盟二十三年史』の歴代役員に登場する女性は熊﨑清子さん（婦人局長、一九八六年一月から八七年一一月）のみです。均等法制定後も連合の会議で私が女性の賃金問題を取り上げると「そんなこと女性集会で言えよ」と男性役員に話を打ち切られるようなこともありました。

8——東京電力は労働協約更新を前に、定年の五年延長と労働時間短縮の労組要求と引き換えに、既婚女性の退職と、結婚後半年以内に退職する結婚退職制を提示。他企業に比べ、女性の平均年齢が高く不経済だというのが提案理由だった。労働組合の反対によって撤回された。

これが労働組合の女性役員、女性リーダーを取り巻く環境でした。求められる運動をつくりたい。そう思って現場の声を聞く。ところが耳にするのは解決がつかないような、苦しい話ばかり。本部の役員には相談できる人もいない。本部に持ち帰って会議で出してもとりあってもらえない。それでも運動に取り組もうとすると「勝手にやっている」「どこで決まったんだ」と冗談まじりに意地悪をされる。

女性活動家を励ましてくれる人の存在がとても重要でした。同盟で副書記長などを務めた川崎堅雄さん。「労働組合は弱い人たちのためにある組織なんだ」「君は自信を持ってやりなさい」「あんたたちのやってることは大事なことだ」といつも応援してくれました。

熱心にやっていると男性の中からも応援する人は出てきます。一九七三年の「全国婦人の集い」でのこと。全繊同盟の活動家から「オイルショックでも男性の家族手当は上がるのに、女性の賃金は上がらない」という怒りの声が上がりました。一緒に聞いていた全食品同盟出身の男性役員が「これは問題だよ。高島君、取り上げるべきだ」と背中を押してくれました。七六年、同盟として初めて女性の賃金問題を検討する婦人労働条件小委員会の設置につながりました。

続く一九七七年の年次全国大会で、「婦人の地位向上を目指す同盟十か年行動計画の決議」とともに、「初任給の男女格差撤廃」「教育訓練の差別撤廃」「定年退職の差別撤廃」を柱とする基本方針「労働条件における男女平等を促進するために」が決議されます。うれしかったです。抽象的なスローガンですが、同盟が活動方針として初任給、教育訓練、定年での女性差別を絶対認めないと決めたことによって、職場の具体的な目標に落とし込まれ、女性が声を上げて活動しやすくなるからです。

仕事と家庭との間で

全金同盟中央青年婦人協議会で知り合った塩本勝治と結婚したのは一九七〇年。彼も同じプロパー職員でした（後ＪＣ事務局次長）。仕事を続けるうえで不便なので夫婦別姓を選択し、「高島」で通しました。七二年に第一子、七四年に第二子が生まれました。ちょうど勤労婦人福祉法で育児休業の努力義務化が行われたときです。率先して実現させるべく産休に続き、組織に相談し「育児休業」として計四か月の休暇を取得しました。

住まいは板橋区高島平団地。当時の高島平団地は若い家族がどっと入居し、地域の親による共同保育や保育所作りがさかんでした。私たちの子どもも共同保育所に一年お世話になってから公立保育園へ入園。その縁で私は共同保育の運営委員会の事務局を務め、公立保育園では父母会会長にもなりました。地域の皆さんに支えられての子育てでした。

保育園の開園時間の朝八時半に合わせ、朝は遅刻ぎりぎり、閉園時間の午後六時に間に合うよう夕方五時半には職場を出る生活です。出張の時は夫が引き受け、ＩＬＯ総会など海外出張の時には双方の母に面倒をお願いする。夫婦で出張が重なったときには一人ずつ連れて出張したこともあります。市川清美さんや渡辺喜代さんら仲間が泊まりがけで面倒を見てくれたこともあります。それだけに出張のない時は早く帰宅する。組合活動は夜の飲み会で決まることが多いのですが、私はほとんど出ませんでした。昼間働き、それでも間に合わない仕事は、家へ持って帰ってやっていました。

一九八四年七月一七日、均等法の審議で参議院社会労働委員会に参考人として呼ばれたとき、私は国会議員を前に自分の体験を話しています。保育所の入園・送迎のたいへんさ、産休期間の延長や育児休業制度の必要性。「男性も女性も仕事と家庭の両方を大切にしながら幸せに生きていきたいという、人間としての最低限の欲求がなぜ生かされないのか」と訴えました。

一九七〇年代から八〇年代半ばの時期は育児のさなかでもあり、迷いや悩みの多い時期でした。労働組合の活動家には既婚者が少なかったので、私が結婚、子育てをしながら労働組合で活動を継続すれば、後輩にいい影響を与えられると考え、がんばる決意で仕事をしてはいました。でも、あまりにいろんなことが重なると、「私にももっと違う生き方もあるのに」と落ち込むことも多かった。民社党にいた女性に「お前さんが言うからみんながんばってんのに、そのお前さんが辞めてどうすんだ」って激励され、「そうだ、責任があるんだ」と思い直しては、でも、なかなかうまくはいかず、いら立つ――という時期でした。

女性のネットワークができた――婦人労働研究会、国際婦人年連絡会

この時期、私にとって息抜きとなり、また活動の上での人脈を広げてくれたのが「婦人労働研究会」でした。同盟に入った一九六六年から婦人労働研究会が幕を閉じる二〇〇一年度末までずっと参加しました。女性にとって組織を超えて横断的に学び合える場は大切です。

婦人労働研究会が発足したのは一九六五年。国際労働運動や労働行政、労働組合、ジャーナリスト、

研究者など女性の労働問題に関係ある仕事をする女性たちが集まり、女性労働を取り巻く国内外の情勢を一緒に勉強しようというのが趣旨でした。渡辺華子さん、原田貞さんら当初は二十数人。日本ILO協会に事務局を置き、その後は労働省を退職された大羽綾子さんを会長に二か月に一度ぐらいのペースで研究例会を開いていました。

研究例会に行けば、みんなに会える。ILO条約のこと、国連婦人の一〇年をめぐる各国の女性の動向、アメリカのウーマンリブ運動……。渡辺華子さんがイギリスから送ってくれた同一賃金法の資料を同盟資料シリーズ『男女同一労働同一賃金の実現をめざして：英国の1970年男女同一賃金法』（一九七三年）として翻訳、発行したこともあります。

国際組織とのつながりも深まっていきました。一九七一年に東京で国際自由労連アジア太平洋地域組織（ICFTU・APRO）の女性セミナーが開催されました。同盟が主催し、全逓の秋山咲子さんや全繊の多田とよ子さんが会議に参加しています。事務局を担当した私は国際自由労連本部の女性局長とも親しくなりました。七五年にはメキシコで開催された国際自由労連の世界会議に参加し、日本で感じていた運動のもどかしさが世界の女性のエネルギーに触れて吹き飛びました。

そしてなんと言っても一九七五年、市川房枝さん、田中寿美子さんが呼びかけ人となってできた国際婦人年連絡会です。日本政府の女性差別撤廃条約に署名、批准が実現したのはこの連絡会の運動があったからです。

労働組合の女性は国際婦人年連絡会を通じて国内のさまざまな女性団体とのつながりができ、その中で労働問題を発信する機会を得ました。異なるナショナルセンターや産別の女性同士がつながるきっかけともなりました。総評の山本まき子さん（全逓出身）、山野和子さん（全電通出身）との出会いもこの連絡会でした。男性たちの「労線統一」議論より一足先に、組織の枠を超えた女性の労働組合運動のゆるやかなネットワーク、女性運動との連携態勢ができあがっていったのです。

男女雇用平等法制定運動——絶対に分断させない

一九七五年の国際婦人年をきっかけに、女性が男女平等を主張できる雰囲気がようやく生まれました。その矢先、七八年に労働大臣の私的諮問機関である労働基準法研究会から報告書が出されます。この、いわゆる労基研報告は男女雇用平等法制の整備を提案した。それはいい。しかし、それと引き換えに労働基準法に定められた深夜業禁止などの母性保護規定の撤廃を主張した。女性差別撤廃条約の趣旨はまったく活かされておらず、私たちが考えていた平等ともまったく異なるものでした。そもそも女性の労働実態を知らない学者だけで議論するのは間違っていると思いました。将来的にめざすところはいいとしても、当時の社会状況や労働実態に対して保護規定撤廃は無理のある提案だと個人的には思いました。

賃金、定年、昇進昇格、教育訓練、職場での差別禁止。戦後ずっと取り組んできても軌道に乗らなかった男女平等の扉が女性差別撤廃条約の登場で開かれようとしている。そこに平等は保護撤廃と引き替えだという労基研報告です。女性の怒りはそのまま労働基準法改革阻止、男女雇用平等法制定運動の盛り上がりにつながっていきました。

総評、同盟、中立労連、新産別。ナショナルセンターの壁を越え、女性は力をあわせて運動をしました。その過程で経営者も政府も絶えず同盟と総評を分裂させようとしました。同盟は民間企業の労組が中心です。「男女平等など認めない」「日本の雇用慣行が崩れる」という経営側の主張をもって各単組に干渉する。労働省は個別に同盟の幹部に接触する。同盟の中でこの問題を議論していくのはたいへんでした。

同盟の主体的運動であることを明確にするために民社党にも働きかけました。「平等法要求の方針を立て、立法化をしてください。同盟が支持して運動します」。一九七九年に民社党が男女雇用平等法要綱案を策定、それを同盟の執行委員会へ持ち込んだことで組織として法制化運動が承認されました。「お前は総評と運動をやっているのか」と批判はされましたが「同盟の方針に基づいて運動をやっている」と説得できました。踏ん張れたのは組織にとっていい意味でも悪い意味でも女性の運動だったからです。絶対、分裂しない。決意していました。総評の山野さんと密に連絡を取り、最後まで一緒にやりました。

改正均等法——雇用の全ステージの差別禁止をめぐる苦悩

最初の均等法の成立は女性差別撤廃条約批准を優先せざるを得なかった。募集、採用、配置、昇進という大事なところはすべて努力義務規定で法的効力は弱い。これでいいとはまったく思っていませんでした。連合は女性が働き続けるための条件整備である育児休業、介護休業の法制化を進めた後、実効性のある改正、つまり男女雇用平等法としての改正に取り組む方針でした。

最大の獲得目標は募集・採用から定年・退職・解雇に至るまですべて差別禁止とすることです。この法律は民間労働者のために必要な法律だと思っていました。公務員は国家公務員法、地方公務員法でも賃金、定年についての性差別を禁止しています。民間にこそはっきりとした規程で差別を禁止しなくてはいけないと考えていました。

婦人少年審議会で政府、経営者団体は女性に活躍してもらいたくても労基法の女子の時間外労働、深夜業禁止規定が足かせになっていると主張してきました。労働側はこの条件をのまないだろうから雇用における差別禁止規定は流れるだろうという戦術です。連合全体での議論となりました。自動車総連では女性を工場のラインに入れるために撤廃方針を出していました。電機連合傘下でも製造現場への女性参入を前提に撤廃へと動く単組もありました。一方、交通系労組や自治労、深夜業規制に取り組んできたゼンセン同盟は反対でした。

連合は雇用のすべての段階に禁止規定を入れること、労基法での男女共通の労働時間規制の強化を条件として、女性のみの時間外、深夜業規制の撤廃を組織として自ら決断しました。これで審議会での雇用ステージすべてにおける禁止規定の議論に決着がついたのです。しかし、男女共通での労働時間規制の強化は見送られた。その後、労基法の労働時間規制が緩和され、非正規雇用が増加し、均等法はだれに有効なのかが見えにくくなってしまった。労働時間が課題だったと思います。

女性役員の数値目標達成に取り組む——「連合女性参画推進計画」

私は同盟で約二〇年、組織づくりを手がけてきましたが、連合でも組織作りの仕事が待っていました。労働組合で女性の発言力を高めるには女性役員の増加が不可欠です。一九九一年段階で女性の中央執行委員がいる組織はたった五%。それも一名という組織がほとんどでした。

一九九一年に「労働組合の意志決定機関への女性の参加推進をめざす二〇〇〇年に向けての連合行動計画」を策定し、女性役員を二〇〇〇年までに一五%に増やす数値目標を掲げました。男性役員からは「一五%なんて数字は無茶だ」「無理やり役員にするのではなく実績を積ませろ」「活動で示せ」と反対されました。でも、いつまで女性に実績を求め続けるのか。いつになれば実績を積める取り組みに踏み込むのか。女性委員会を各地方連合につくり、女性委員会の委員長は肩書きではなく、意志決定に参加できる執行委員にするよう呼びかけました。しかし、九九年の中央執行委員の女性比率は七%。組織の壁はそれほどまでに厚かったのです。

国際的にも女性の役員増は課題です。国際自由労連の二〇〇〇年大会で「大会参加者の半数を女性にする」という方針提案に対し、カナダの委員長が「労働組合は民主的な組織だ。女性役員を増やすなら立候補すればいい」と猛反対をしました。民主的な組織なんだから民主的手続に従えばいいというのは男の主張です。経団連も農協も商工会もそう言う。政治家も「立候補して出てくればいいじゃないか」と言う。でも、そこには女性が出て来られない条件がいっぱいあるんです。

私は女性委員会副委員長でしたが、頭にきて反論しました。「労働組合は民主的な組織だからこそ女性役員を増やさなくてはならない。増やせないなら民主的な決定のためにも強制的に入れるべきだ。国連もそうしている。民主的手続に従って選出すればいいというなら、女性が参加できる大会はいつ実現するのか」。これは女性だけでなく、障害者やマイノリティの問題でもあるんです。押し切って「半数を女性」で決着しました。

余談ですが、単組からの派遣、あるいは選挙で選ばれて産別の本部やナショナルセンターに来た役員が書記職、いわゆる「プロパー職員」を自分の下請けのように扱うことがあります。書記職は執行部が代わっても運動を継続しているので情報や経験の蓄積もあり、交渉や方針策定に欠かせない存在です。でも組織からの派遣、選挙で選ばれる方が上だという意識がどうしてもあるのです。自分の置かれた立場よりも出身単組の都合を優先する役員もいました。労働組合はたいへんな権力組織です。役員がそれを自認し、組織の中の非民主的な課題に目を向けないなら労働組合は形骸化します。

男女差別に労働組合は組織を挙げてたたかってきたか

一九二一年、戦前の総同盟はその第一回大会で母性保護と同一労働同一賃金を決議として採択しています。一方、戦後労働運動を見渡した時、労働組合が組織を挙げて職場の男女差別を是正しようとした事例はどのぐらいあるでしょうか。私の考えでは一九五〇年代の日教組の男女同一賃金同一労働運動、六〇年代の全電通の育児休職協約化闘争、七〇年代のゼンセン同盟の母性保護統一闘争ぐらいです。

同盟では一九七五年年次全国大会での「国際婦人年に対する決議」、八一年の「国際婦人の一〇年後半の活動に関する決議」、八四年の「婦人(女性)差別撤廃条約の批准、雇用平等法制定要求に関する決議」を出しています。いずれも国際婦人年というきっかけがあったから出せたのです。連合でも、そう多くありません。私が退任する二〇〇三年までの間、男女差別に関する大会決議は改正均等法と男女共同参画基本法が施行された九九年に出した「セクシュアルハラスメントを防止し、男女共同参画を促進する決議」ぐらいでしょうか。

運動が弱くなると、平等や権利という言葉への支持が衰えていく。たとえば男女共同参画基本法の立法過程で、当時の担当事務次官は「平等を名称に入れた法律は作れない。法制局が絶対に許可しない」と力説しました。でも、法律ができあがると内閣府は男女共同参画基本法を英訳ではBasic Act for Gender Equal Societyとしており、イコール(equal)という言葉を使っているのです。均等法と同じ、「平等」をごまかしたのです。「男女共生社会」という言葉も出てきました。男と女はもともと共生しており、問題なのはその共生のあり方。平等という言葉を避けるための言葉にすぎません。

運動をしていて苦労をしたのは、平等という言葉の意味が共有できなかったことです。平等とはみんな同じになることではなく、違っていても人間としての価値は同じだということ。それが理解されず、同じなら同じことをすべきだ、女性だけ得している、男性だけ損しているという議論になる。権利という言葉もそう。権利はわがままで、義務が先だと。「権利」「平等」という言葉が労働運動から遠くなっていることに危惧を覚えます。

思いを理論化できれば運動は強くなる

同盟の源流である友愛会の綱領は識見の開発、徳性の涵養といった人格の陶冶や技能向上、人間的な成長を組合運動の原点として掲げています。戦後、労働組合は「民主主義の学校」だと言われました。では、今、労働組合の活動の根っこはどこにあるのでしょうか。それが見えない。今、痛切に感じています。

かつて鉄鋼、電機、造船の組合活動は養成工や現業の男性たちが支えていました。家庭の事情や経済的理由で高校進学できず養成工になった人や大学進学を諦めた人たちです。私の姉たちももう少し勉強させてもらっていたら違う人生があったのではないか。年老いた母が本を手に取る姿を見て苦労してきた人間の思いに触れました。

非常に優秀なのに、もっと豊かな家に生まれていたら、という人たちが、自分の経験を原点に「働くとは何なのか」「なぜ働くのか」と問い、活動のなかで学んでいった。自分の思いを理論的に語ることを模索した。そういうのを体得した人がいれば運動は強くなる。

その意味で労働組合にとって一九八〇年代は節目でした。日本は豊かになり、労働組合は男女ともに優秀な人を引きつけられなくなった。労働組合の活動の柱は政策要求になった。政策は大事です。でも、要求の原点にあるものは何なのか。原点がなければそれは作業であって運動にはならない。原点が見つからないなら運動に関わらない方がいい。

役員になる人がいないという。しかし、労働組合がその人の思いの原点に立って「志」というものを考えさせてくれる組織であるならば、若い人は必ずやってくると思います。

均等法制定の経過とこれからの課題

フォーラム「女性と労働21」代表

山野和子さん

［略歴］ やまの・かずこ。一九二七年、三重県生まれ。四八年、電電公社東海支社（現NTT東海支社）入社。全電通名古屋支部副委員長、同書記長を経て七六年から八九年まで総評婦人局長（七七年まで婦人対策部長）。男女雇用平等法制に関する婦人少年問題審議会に参加、労働者側代表として尽力。一九九二年、「フォーラム『女性と労働21』」を結成、同代表。二〇〇三年、永眠。

＊本稿は、一九九五年六月九日、東京グランドホテルで開催された「均等法施行10年をふりかえって」（連合本部、連合東京主催）における講演記録である（連合本部・連合東京「均等法・育児休業法施行記念集会（その2）報告書」（一九九五年）所収）。収録にあたっては、原文の誤字脱字を修正したほか、西暦年を「一九・・」と表記、［ ］は補筆。

はじめに

こんにちは。ご紹介をいただきました山野でございます。きょうは学習会的な性格の集会ですから、講演などといわないで、経過を報告するというような形で少し話をさせていただきたいと思います。

均等法が施行されまして一〇年目を迎えました。労働省は、すでに一九九二年六月、第二次女子労働者福祉対策基本方針を公示し、当面する五年間の施策の方針を明らかにしています。これによると次の五つの課題が提起されています。

①均等法の見直し②女子労働基準規則について、男女同一の枠組みの整備を視野に入れて見直す③育児休業者に対する経済的な援助措置④介護休業制度の普及、法制化⑤ＩＬＯ第一五六号条約の批准について、可能性を検討する。

これを受けて、一九九三年の四月から婦人少年問題審議会での審議が開始されています。このうち、育児休業の経済的援助措置と介護休業の法制化については、連合の要求は容れられなかったが、一定の決着がつけられました。ＩＬＯ第一五六条約の批准も実現しました。

労働省の方針からしても、手がついていないのは均等法の見直し、ということになります。第二次女子労働者福祉対策基本方針の仕上げは、均等法を抜本的に見直すということです。ちょうど一〇年目に見直すことになるわけですから、私たちは、これを加速させていかなければなりません。

これから、婦人少年問題審議会で本格的な審議が行われることになると思いますので、これに対応していくために、均等法が成立するまでの経過・攻防戦というともいえると思いますが、これをしっかり皆さんに知ってもらって、実効性のある平等法をつくるための態勢をつくっていただきたいと思います。

男女平等を推進する運動の国際的背景

まず、男女雇用平等法を制定する運動の背景ですが、一九七五年から婦人少年問題審議会で審議がはじまったわけですけれども、法律の成立までのポイント、ポイントにおける背景について経過的にお話することにしたいと思います。

まず背景ですが、男女平等を推進する議論、運動を呼び起こしたのは国連だと私は思います。一九七五年を国連女性年とすることを決めて、国連の目的とする基本的人権の尊重に基づいて、男女平等の推進、それから政治、経済、社会、文化の発展への女性の参加、そして、国際友好と協力への女性の貢献、つまり、平等・発展・平和を目標にしてこれを達成するために、世界的な規模で行動しようということを国連は提起しました。

一九七五年六月一九日から七月二日まで、メキシコで国際女性年世界会議が開催されました。一三三か国の政府代表、国連の関係機関、NGOの代表が一堂に会して、世界史上初めて女性問題を世界的な問題として討議しました。そして、女性の平等及びその開発と平和に対するメキシコ宣言、それから国際女性年の目標を達成するための行動指針として世界行動計画が採択されました。この運動を達成するためには一年や二年の短期ではだめということから、継続した長期の運動が必要だということで、翌年の七六年から八五年の一〇年間を国連女性の一〇年とすることが決められたのです。その年の一二月に、国連総会は世界会議の決定を承認しまして、世界行動計画に基づいて、加盟各国が女性の地位向上のための施策を緊急課題として取り組むことを要請したわけであります。

これとあわせてＩＬＯにおきましても、国連の世界女性会議と呼応して、一九七五年六月の総会で女性労働者の機会及び待遇の均等に関する宣言、女性労働者の機会及び待遇の均等を促進するための行動計画、雇用及び職業における女性及び男性の同等の地位、機会の均等に関する決議、この三つの国際文書を採択しております。

このように、国際女性年を契機として、性差別を撤廃して女性の地位を高める運動が地球規模で取り組まれるようになったということです。ご承知だとはおもいますが、ヨーロッパの先進国では、このころから男女平等を基盤としていろんな法律や制度、さらには社会の習慣なども見直して、雇用平等法だとか、同一賃金法だとか、性差別禁止法などが制定されています。

これらの取り組みに際しては、国連は、性別役割分業の社会制度や習慣がそれぞれの国で依然として残っていて、平等促進の壁になっていることを重視して、一九七九年一二月の国連総会において、女性に対するあらゆる形態の差別の撤廃に関する条約、『女性差別撤廃条約』を圧倒的多数で採択したのであります。そして、女性に対する差別撤廃をさらに促進することを加盟国に義務づけたということです。日本の政府もこの条約の採択には賛成をしております。

この女性差別撤廃条約は、後でゆっくりみていただきたいと思います。時間の関係もありますから、かいつまんでいいますと、人権を基本理念として、性による一切の差別を禁止し、男女平等を確立しようということであります。「家事、育児は女の本来の仕事だ」という男女役割分業の固定観念、制度、習慣を変えることを基調にして、学校教育、職業訓練などの男女同一教科・教程の実施義務、雇用機会と待遇の均等、家庭責任の男女の共有、母性や保育の社会的な保障などを含めて、政治、社会、経済、文化、その他あらゆる分野で男女平等を確立するために、法律をつくることをはじめ、有効で適切な措置をとることが規定されています。このことを加盟国に義務づけているわけであります。

その翌年の一九八〇年にデンマークのコペンハーゲンで、国連女性の一〇年・中間年世界会議が開かれました。この会議で女性差別撤廃条約の署名式が行われ、条約のキャンペーンが効果を予想以上に盛り上げたといわれています。このときに、日本政府は、当初、条約に署名するという決断はまだしていませんでしたが、国内のNGOの女性たちの連帯による圧力によって、急遽、署名国の仲間入りをしました。八〇年に署名するということは国連女性の一〇年のうちに批准しますということを内外に表明したということになるわけであります。

この年に、ILOでも同じように男女平等を促進する観点から、家族的責任は男女が共有することを基本とした新しい国際基準として、家族的責任を有する労働者条約(一五六条約)が提起され、二年間の討議を経て一九八一年の総会で採択されております。これら国連、ILOの条約の採択は、国連女性年を契機にして、各国の女性解放運動にいっそうの弾みをつけることになったと思います。

そして、国連女性の一〇年の最終年の一九八五年に、ケニアのナイロビで開かれた世界会議では、それぞれの国の一〇年間の行動を総括して、『二〇〇〇年に向けて、女性の地位向上のための将来戦略』が全会一致で採択されました。いわゆる『ナイロビ将来戦略』です。この行動計画にもとづいて、女性が世界平和と各国の開発、発展の担い手として、男性と平等に参画する新しい時代をつくろうという運動が現在もずっと引き続いて推進されているわけであります。

それからちょうど一〇年たつわけですが、ご承知のように、ことし〔一九九五年〕の九月に北京において世界女性会議が開催されます。アジア地域で初めて開催される世界女性会議ですが、この会議がわが国にも与えるインパクトを多くの人が期待していると思います。私たちの行動も、この会議をきっかけにしてもっと弾みをつけることが必要ではないでしょうか。

以上、国際女性年以降の世界の運動の流れを申し上げましたが、この間の日本政府の取り組みは、ひと口にいって、非常に遅れているということであります。日本の場合には、国際女性年の一九七五年九月に女性に対する総合的な国の施策を推進するということで、総理府に婦人問題企画推進本部が置かれました。本部長が内閣総理大臣で、副本部長がそれぞれの省庁の事務次官という構成です。このときに総理府に婦人問題担当室が置かれました。

そして、一九七七年に国内行動計画が策定されました。これは先ほど申し上げたように、世界行動計画をそれぞれの国が推進していくという立場からつくられたものです。この国内行動計画をごらんになった方があるかどうかわかりませんけれども、これを発表したときは非常に評判が悪かったわけです。男女平等を実現する具体的な施策に乏しいという世論の批判を集中的に浴びたわけです。例えば、この計画の雇用の分野における施策ではどういうことが取り上げられていたかというと、「雇用における男女平等を徹底するためには、男女が同じ基盤で就労できることが前提条件になるので、女性に対する現行法制上の特別措置を見直して、合理性のないものは解消しなければいけない」というものでした。

この計画の内容がそれ以降の男女平等の法制をめぐる政・労・使の厳しい攻防戦のスタートになるわけです。

女性差別撤廃条約批准は、戦略目標

日本政府は、国内法の改正には非常に及び腰でありまして、慎重でした。しかし、一九八〇年の中間年世界会議で女性差別撤廃条約に署名をしているので、残り五年間の重点課題として、条約を批准するためには、この条約と矛盾する国内法制については改正、もしくは整備することが必要であったわけです。だから、私たちにとっては女性差別撤廃条約を批准するということはそのための戦略目標だったのです。

当時の問題としては、国籍法の改正、日本の場合には父系優先主義ですから、お父さんが日本人でお母さんが外国人の場合には、生まれた子供は日本国籍をとれますが、お母さんが日本人でお父さんが外国人の場合には、国籍がとれない。つまり、父系優先の国籍法を父母両系の国籍法に改正することでした。それから、女子のみ家庭科必修の教育制度の改正、民法の見直しと改正です。そして、最大の課題であったのが雇用における男女平等の法制であります。これらの課題に取り組んで、一九八五年五月一七日に男女雇用機会均等法を成立させて、同年六月二五日に女性差別撤廃条約を批准したという経過になっております。

欧米の先進国に比べて、男女平等を推進する日本政府の姿勢は、残念ながら非常に積極性に欠けているのが実態でもあります。トラックのレースに例えてみますと、先進国よりも一周も二周もおくれています。企業も国際社会の変化がまったく頭になく、わが道を行くということで、こういう問題についても外圧ぐらいにしか考えていないというのが実態であろうと思います。

男女雇用機会均等法が成立するまでの経過と問題点

国際的な運動の流れはそれぐらいにして、次に申し上げたいのは、男女雇用機会均等法が成立するまでの経過と問題点についてです。足かけ九年、非常に長いんですが、婦人少年問題審議会の審議にポイントを置いて申し上げたいと思います。

国際女性年の翌年の一九七六年一〇月、労働省に設置されておりました就業における男女平等問題研究会議が労働大臣に報告書をまとめて提出しております。雇用平等法制定に向けての議論の出発点になる文書ですが、この報告書にどういうことが挙げられているかというと、「女子についての就労制限、特別扱いは三〇年近く固定されたままのものが多く、実態に即したものとはいえない、この保護の範囲が合理性をもたないまま存在する場合、このことがかえって職場における差別扱いを生み出すことになる。また、それ自身が差別となる性格をもつものである」という内容のものでした。これを受けて、婦人少年問題審議会が審議をやったようでもありますが――「やったようでありますが」

と無責任にいっていますけれども、私はこのころはまだ総評にいなかったわけです。一一月から任務についたのですから。この審議会は、雇用における男女の機会均等と待遇の平等の促進に関する建議を労働大臣に提出しています。

これは審議会として初めて出された審議の結果の内容ですから、その内容を申し上げておきたいと思います。「男女平等を徹底するためには、男女が同じ基盤で就労できることが前提条件である。女性労働者には法制上の特別措置があるが、これは、科学技術の進歩に伴って必要性を再検討すべきである。科学的根拠が認められず男女平等の支障となるような特別措置は終局的には解消すべきである。しかし、これらの措置は、それなりの歴史的背景をもっているので必要性が認められない場合であっても、これを直ちになくすことはさまざまな問題を提起することが考えられるので、摩擦を避けながら、男女平等の実効を着実にあげるために、実情に応じた無理のない方法で漸進的に解決するよう努めるべきである」というものでした。

このころから妊娠、出産に関わる母性保護の問題、つまり、直接的保護と間接的保護ということをはっきり分離して考えるようになってきたと思います。今、私がお話ししているのは、「労働基準法の女子保護規定の改正の変遷」〔「**表1―第2章関連年表**」参照〕です。一九七五年以降は男女雇用平等法の問題とセットになるわけですが、それを年代別に私が整理してまとめてあります。これのポイントを話していますから、後でまたゆっくりみていただくとよく分かると思います。

いわゆる「労基研報告」＝労働省の考え方

いま申し上げました一九七六年の審議会の建議の二年後、七八年の秋に労働基準法研究会が基準法の女子に関する基本的な問題について検討結果をまとめて報告書を労働大臣に提出しました。古い方はおわかりだと思いますが、いわゆる「労基研報告」として非常に注目され、各界から意見が続出しました。とくに、働く女性の間で問題になった報告書であります。

この報告は、男女雇用平等の法制に対する政府の考え方が労働基準法研究会報告という形で示されたものであります。これを機会に、男女雇用平等について世論が非常に盛り上がっていくことになりました。報告のポイントを集約して申し上げますと、ひとつは、男女平等についての考え方ですが、男女平等を徹底させるためには、男女が同じ基盤にたって就業することが必要である。したがって女性に対する特別措置は母性機能等男女の生理的諸機能の差から規制は最小限必要とされるものに限ることとし、それ以外の特別措置については、基本的には解消すべきであるということで、時間外労働、休日労働、深夜業は男性と同一化する。生理休暇は廃止。危険有害業務の禁止は母性機能の保護に限定、坑内労働の禁止は解除するとしています。これが保護規定の関係です。

そして、平等法制の問題については、就労の場における性別による差別的取り扱いを解消していくには、明文をもって男女差別を禁止し、司法上の救済だけではなく、迅速かつ妥当な解決がはかられるような行政上の救済が必要であるとしています。そして、募集・採用から、定年・退職・解雇に至るまで、雇用の機会と待遇の全般にあたって法律で規制をし得るものであること、としています。また、労使の自主的解決を促すなど、弾力的な方法によって差別の救済がはかられるようにすること、このために行政機関が指導・あっせん・勧告などの方法を十分活用できるような法的根拠をもたせること。そして、弾力的な方法によって差別が解消されない場合には、行政機関が命令を出すなどによって、是正することを担保する、としています。

また、男女平等を確保するためには、これはしっかり覚えておいてほしいのですが、ここだけはすっきりした形で書かれています。「男女平等のガイドラインを策定するとともに、新たな立法を行い、雇用の機会と待遇の全般にわたる性差別を禁止することが必要である」ということです。このように労基研報告という形で、労働省の考え方が出されているわけです。

男女平等法制化準備室の設置——本格的な審議のスタート

このあと、審議会では基本的には労・使の主張が違うわけですから、審議が進まないので労働省は、議論を具体化するために男女平等問題専門家会議を設置することを提起、審議会の委員と学識経験者を構成員として、男女平等とは具体的にどういう姿をいうのか、また、何が差別なのか、具体的な議論をしたわけです。この会議は一九七九年に設置されて、八二年に報告書をまとめるまで、足かけ三年かかりましたけれども、労使の意見は違いますし、学識者の意見も違うわけですから、かんかんがくがく堂々めぐりを繰り返した末、まとめたのが、「雇用における男女平等の判断基準の考え方について」というあまりぱっとしない抽象的な内容のものであります。

その後、労働省は一九七九年〔正しくは一九八二年〕七月に「男女平等法制化準備室」を発足させました。担当者は労働省の現婦人局長――今度労働基準局長になるんですが、松原さんが主査として仕事を仕切ったのです。男女平等法制化準備室を置いて、本格的に労働省が法制の問題に、取り組み出したということになります。行政がやる気になって審議会の審議が本格的にはじまったような気がします。どういう法律をつくるかということでヨーロッパの先進国の実態を調査をしようということで、審議会の公益側、労働者側、使用者側の三者の代表が調査団を組んで調査を行いました。このころから本格的な議論がはじまったのです。

この年一九七九年一二月、国連は女性差別撤廃条約を採択いたしました。国際的にも女性差別撤廃条約ができたということで、運動が非常に広がったし、国内でも労働組合の運動がうんと盛り上がったと思います。実効性のある男女雇用平等法をつくれ、そして、労働基準法の保護規定については、全体の労働時間の短縮をすること、女性労働者の家事、育児の負担を軽減するためこれを支援するシステムを整備したうえで議論をしようということで頑張ったところであります。

経営者団体の動き

このころから経営者団体の「平等法制反対、平等とは、保護規定をなくすこと」という主張が非常にエスカレートしていったと思います。東京商工会議所の時間外労働の制限解除とか、深夜労働の禁止の緩和などの意見書、当時問題になりましたが、関西経営者協会からも男女雇用平等法についての意見書が労働大臣に出されております。労働条件は労使自治の決定が原則ということを言い出したのは多分これが初めてだったと思います。労働条件は労使が自主決定するのが原則だから行政は要らんくちばしを出すなということで、行政指導は必要最小限にとどめるべきである。それから、国際条約や勧告に準拠するという考え方は時期尚早、男女平等とは、妊娠、出産などの母性保護を除いて、女子を有利に扱うことを禁止することであり、労働基準法を見直せといって、時間外労働の規制緩和、深夜労働は労働協約によって認可をすること、監督・管理的な地位にある女性の深夜労働の規制の削除、生理休暇の対象は、ちょっと変わった言い方をしていますけれども、有害業務に受持する女子だけを対象にせよ、といっています。このように、非常に強烈なキャンペーンをやりはじめました。

日経連は婦少審の審議のヤマ場をむかえた一九八三年の秋、国の内外の運動が高まってどうしても男女平等の法制は避けられないということに危機感を持って、男女雇用平等法制定に反対の意見を表明し［ようとし］ました。審議会のなかでは、法律なんていわずに男女雇用平等の宣言くらいでいいのではないか、外圧を利用して、男女平等なんて革命的なことをいうのはけしからんというような発言を繰り返しておりましたけれども、ついに、日経連が反対声明を出すという動きが表面化してきました。最終的には、反対声明を出さずに、一応態度は保留されました。これは労働省がどうやって説得をしたのか、させたのかわかりませんけれども、反対声明は出なかったわけであります。

公益委員の「審議のための試案」・経済界の総抵抗

こういうことを繰り返しながら、いよいよ最終場面を迎えるわけですけれども、労・使の意見が対立して審議がすすまないから、外側から審議会の議論がみえない、何をやっているのかわからない、密室の議論だ、という批判が集中しました。これに対して、社会的なコンセンサスをちゃんと求める必要があるということで、本格的な議論をするため、検討に当たっての問題点を整理いたしまして、一二月には「審議の状況」を公表しました。

このような経過を経て、一九八四年二月公益委員が「審議のための試案（たたき台）」を提示しました。この内容は、これからの皆さんの取り組みに関係がありますから、覚えておいてください。

①雇用平等を確保する法制は、募集・採用から定年・退職・解雇まで雇用の全ステージを対象とすべきである。

②募集・採用は事業主の努力義務とする。（これは雇用契約以前の問題）

③配置、昇進・昇格、教育訓練、福利厚生、定年・退職・解雇については、合理性のない差別は廃止する。

④女子の保護規定については、時間外労働、休日労働は、工業的な業種・職種は現行の規制を少し緩和して存続する。管理職や専門職は除外、その他の者については規制を廃止する。深夜労働は、工業的な業種・職種以外のものは規制を廃止する。

という内容です。

日経連はすぐにこのたたき台に反論しました。そういう法律をつくるのは反対というつよい拒否反応を示しました。

問題は、このころからが平等法の制定をめぐる動きが微妙になってくるんです。日経連は、総理大臣、労働大臣、外務大臣に対して、「女性差別撤廃条約を批准するための雇用における平等法制の最低条件は何か」という質問書を提出しました。労働省はこの質問に対して、次のように回答をしているんです。①妊娠などを理由とする解雇②既婚・未婚による差別的解雇。先ほど私は労基研報告で労働省の考え方をはっきり出したと説明しましたが、あの報告の内容と、いま説明しました公益委員のたたき台の内容と比べるとこの回答は、非常にトーンダウンしているわけです。労働省の考え方はしぼんでしまったということになるわけです。

日経連のこの動きとあわせて、経済同友会とか東商とか、企業側は業界を挙げて平等法制、なかんずく差別的な取り扱いの禁止に総抵抗をしました。私たちの運動もかつてないほどもりあがりましたが、経営者側の抵抗もすごかったです。

三論併記の建議

こういう状況が三月上旬から下旬にかけて続きましたが、法律案を国会に提出するリミットもあるので、三月二六日に、審議会は、公益、労働者、使用者のそれぞれの意見を、つまり三論を併記して異例の建議をまとめました。余りこれはいいことではありませんけれども、三者構成の委員会で三論併記なんていうのは、まとまりませんでしたということなのです。

ここが一番のヤマ場になる話ですから、三論併記の内容を、それぞれの主張を紹介しておきたいと思います。

①男女平等の法規制の範囲と強さについて

労働者側は、募集・採用から定年・退職・解雇にいたるまですべて禁止規定とする（罰則つき）。使用者側は、定年・退職・解雇については禁止規定。そのほかは当分の間、すべて努力義務規定にすべきである。公益側は、募集・採用を除いてすべて禁止規定とする。

②女子保護規定について（時間外労働、休日労働、深夜業）

管理職、一定の専門職の規定解除については、その範囲は別途検討したうえでおこなう。その他の労働者については、労働者側は、規制は存続する。使用者側は、規制は廃止する。公益側は、工業的業種・職種は時間外労働の規制は若干緩和して存続。その他は廃止、深夜業は工業的業種・職種以外の者は規制を廃止する。

③女子保護規定について「その他」管理職、一定の専門職の規制解除については、その範囲は別途検討したうえで行う。その他の労働者については、労働者側は規制は存続、使用者側は規制は廃止、公益側は工業的業種・職種は規制を若干緩和して存続する。その他は廃止する。

この前代未聞の三論併記の建議を受けて、労働省がどのような法案をつくるのか注目されていました。

均等法を蹴るか、女性差別撤廃条約を批准するか――瀬戸際の決断

翌年の四月一九日、審議会に法律案要綱を諮問することが予定されていました。この開催の前々日の一七日、労働者側は、諮問案を実は手に入れたわけです。それをみて私たちは、あっと驚き、息をのんで言葉も出ませんでした。審議会では、新しい法律をつくるということでずっと議論してきたにもかかわらず、それはなんと、勤労婦人福祉法の改正案であったわけです。審議会の経過をまったく無視して枠組みの違う勤労婦人福祉法の改正では、とてもでないけれども納得できない、背信行為ではないですか。しかも内容をみますと、使用者側の主張が全面的に入っているではありませんか。公益側の募集・採用を除いて禁止規定とするという試案も無視されて、どこかへ消えていってしまっています。私たちの主張もまったく配慮されていません。なぜそうなったのか、説明のないまま現在にいたっています。このことはいまだに霧のなかです。

労働者側は、このときはまだ連合になっていませんでしたから、労働四団体、全民労協でしたが、審議会での審議の段階から一体となってずっと取り組んできていましたが、この背信行為に対して審議拒否を決めました。

そこで、私ども審議会のメンバーで頭を痛めたのは、審議の土俵に労働者側が乗らなかったらどうなるかということです。そうすれば、先ほどからいっておりますように、使用者側は法律をつくりた

くないわけですから、これはもっけの幸いです。つくろうと思ったけれども、労働者側が拒否したから法律はできなかったということになるんです。問題はその法律ができないと、女性差別撤廃条約の批准ができないということになるんです。それで審議会の開会ぎりぎり五分前まで、どうしようかということで、みんなで頭を寄せ合って相談していたわけです。結果的に決断したのは法律ができないと女性差別撤廃条約が批准できないということで、女性差別撤廃条約批准の道を選ぶということにしたということであります。

だから、正直にいいまして、あのときに労働者側が審議拒否をすれば均等法はつぶせたと私は思っています。そのかわり、女性差別撤廃条約は批准できませんでした。私は、女性差別撤廃条約の批准は、日本の女性にとっては婦人参政権獲得に匹敵する、第二の夜明けといえる価値のあるものだと思っています。均等法をつぶしてしまうと女性差別撤廃条約を批准する時期を失うということですから、苦悩の決断をしたということでもあります。

均等法案を拒否、国会での決戦へ

ということで、四月一九日の審議会には、開始の五分前に決断をして、審議の土俵に乗りました。諮問された法律案要綱は、先ほどいいましたように、勤労婦人福祉法を改正して、法律の名前を「雇用の分野における男女の均等な機会及び待遇の確保等女子労働者の福祉の増進に関する法律」いわゆる均等法です。

募集・採用、配置、昇進は事業主の努力義務、具体的な内容については、指針で決める。教育訓練と福利厚生については、一定のとつくのですが禁止規定とする、その範囲は労働省令で決めるという内容になっています。定年・退職・解雇は禁止規定です。女子保護規定は、労働時間の関係だけを紹介しますと、時間外労働、休日労働については、管理職、専門職はこの範囲を省令で決めて制限を廃止、工業的業種については、時間外労働の制限を二週一二時間、休日労働は現行どおり規制する。その他の業種については、制限を廃止する。そして三六協定の上限を指針で決めるという内容です。年間の時間外労働の時間ですけれども、一五〇時間以上三〇〇時間以内で、別途省令で決めるということになっています。深夜労働は、管理職、専門職は別途省令で決めて、それは認める。業務の性質上、深夜の仕事が必要な短時間の仕事に従事する労働者については、省令で決めて認める。女子の健康、福祉に有害でない業務に従事する労働者、これも省令で決めて外そうということです。この法律案要綱は労働者側は反対、同意はしないということで、五月九日「おおむね妥当という意見が多かった」ということで答申がだされました。

このときには、労働者側は国会に提案されてから、国会の審議のなかで労働者側の意見を提起して、これを成立させようということで答申に意見を付したというように覚えております。

もてる力を出し切って、生まれた均等法——女性差別撤廃条約批准を達成

政府は、五月一四日に法律案を国会に提出しました。労働者側は、これも画期的な取り組みをした

わけですけれども、労働四団体、全民労協が一致して、社会、公明、民社、社民連の四野党に対決案を作成してほしいと要請、労働者側が主張する内容を野党側の対案ということでまとめていただいて、七月三日だったと思いますが、男女雇用平等法案を衆議院に提出いたしました。

国会は多数決でありますから、残念ながら最終的には、政府案で決まるわけですけれども、国会審議の段階で傍聴者は全国から集まって、審議を注目しました。当時、国会の衛士(衛視)さんたちに、こんなに傍聴の人たちが来て、審議を見守るというのは、国会始まって以来のことだといわれましたけれども、それくらいみんなが注目をして、最後の最後まで国会の審議を見守ったということです。しかし残念ながら、七月二七日、衆議院では賛成多数で可決、翌一九八五年五月、参議院で一部修正をして可決、最後に五月一七日に衆議院の本会議で成立しました。それに伴って、女性差別撤廃条約批准の承認案が衆・参本会議で承認をされました。

ちょうどその年の六月二五日に、来日中のデクエアル国連事務総長に批准書を寄託して、一か月後の七月二五日にこの条約は発効しました。日本は七二番目の批准国だったと思います。

均等法が成立した後、もう一つのヤマ場がありました。それは均等法の指針と省令、改正された労働基準法の省令を決めるための審議です。皆さんのお手元にありますが、組織された女性労働者たちが改悪されてはならないということで集中してこれを阻止する行動をしました。

その結果、時間外労働については工業的業種の場合は二週について一二時間、非工業的業種は四週二四時間、年間については一五〇–三〇〇時間以内で決めるということですが、最下限の一五〇時間で押し込んだということになっております。また、深夜業については原則禁止、規制を除外する専門職については職種を限定したということです。ここまで押し込んでいくのもたいへんなことだったわけですけれども、みんなが頑張ってやったということであります。

以上、審議の経過、それぞれの主張のポイントを申し上げましたので今後の対応のために覚えておいていただきたいと思います。議論をはじめてから足かけ九年を要した取り組みは苦難の連続で息を抜くことができずたいへんでしたが、お互いの組織でやるべきことはすべてやった、もてる力は出し切った、その結果生まれたのが均等法だったと理解していただきたいと思います。

労働者側が求めた法律とはちがった、努力義務を基調にガイドラインをつくって、行政が指導しながら差別を是正していくという緩やかな法律ではありますけれども、女性を差別してはいけないということを国の法律で決めさせたということは、私は前進だと思います。そして、男女平等を社会のテーブルに乗せる役割を果たしたと思っています。波及効果はかなり出ていますけれども、冒頭ごあいさつにもありましたように、この緩やかな均等法ではもう律し切れない問題もたくさん出てきているわけです。

均等法が成立したときに、「小さく産んで、大きく育てよう」ということを労働省は盛んに発言しておりましたが、この一〇年間をみて、果たして大きくなったでしょうか。

今後の課題——時代の変化を直視して均等法の抜本的改正に挑むとき

そこで、これからの課題でございますけれども、これからどうするかということです。これは私の私見になりますけれども、かかわってきた経過からして、現状をずっとみてどうしらたいいかということを提起しますので、議論の参考にしてほしいと思います。

婦人少年問題審議会において、これから均等法と女子労働基準〔規則〕見直しの本格的な議論に入るわけです。これにどう対応していくか、目標をどこに置くかということです。女子労働基準規則〔労基法に基づき、坑内・危険業務に関して女性労働者の就業制限の範囲を定めた厚生労働省令のこと〕を守るのか、守るということに重点を置くのか、均等法ではだめだからもっと強い法律にしろということに重点を置くのかということです。私は、均等法は抜本的に改正すべきだと思います。

均等法の見直しについては、政府は積極的にものをいいません。使用者側もいいません。というのは、使用者側はもともとが法律をつくりたくなかったのですから、やりたくないということです。だから、労働者側から積極的に提起して、道を開いていかないと、土俵はできないと私は思います。そのために長々と前段で経過を説明したわけです。しかし、抜本的に改正をしろといえば、必ず女子労働基準規則の緩和、ないしは廃止が出されてくると思います。妊娠、出産に関わる母性保護は別にして——これを回避していると均等法の抜本見直しの議論は進まない、具体化ができないと思います。これがひとつの問題です。

もうひとつは、均等法の制定当時と、その後の状況の変化を直視した取り組みが必要だということです。均等法をつくるときに労働者側が主張してきたのは、全体の労働者の労働時間の短縮、当時は週四八時間労働制ですから、日本の世間並みではなくて、世界の世間並みにしろということをいってきました。それから、家事、育児の責任を背負っている女性労働者の仕事と家庭生活を調和させる、これをサポートするシステムをつくれといってきました。たとえば、保育施設の拡充だとか育児休業法や介護休業法の制定などを要求してきました。これらが整備されてから保護規定について議論しようではないかということで押し込んできたわけです。

これらについて、労働時間の短縮は一九九七年に全体の労働者が週四〇時間労働制になるということが明らかにされています。

保育施設の問題についても、事業所内に託児施設をつくる助成事業や各県に育児の相互援助、つまりファミリーサポートセンターを設置、育児休業法は男女を対象にして、一九九二年四月に施行されました。三〇名未満の事業所は三年間猶予期間がありましたけれども、ことし〔一九九五年〕から全部適用になりました。

問題は成立をした介護休業法ですけれども、内容は連合の要求からすると問題が残されておりますが、曲がりなりにも法律にしたということになるわけです。また、厚生省では、育児、介護の社会的支援システムを整備することが大きな課題として取り組まれています。このように整備されてきていますから当時のように議論を拒否する根拠はくずれてきたということです。また、国際的な動きにも変化がありました。一九九〇年、ＩＬＯは新しい夜業条約を採択しました。すべての労働者を対象としています。

ＥＣ〔一二か国〕は女性の夜業規則を廃止しました。最後まで残っていたのはフランスとドイツですけれども、すべて禁止を解消したということです。

さらに大きな変化として考えなければならないのは、産業の構造的な変化です。女性が働く職場、働き方が変わってきている現実にどう対処していくかということです。私は、この変化の現実を視野に入れて、どうするかということを考えなければいけないと思います。

いま、経済の悪化が女性を直撃しています。バブルがはじけてリストラで、雇用調整がどんどん進んでいます。女性がこの矢面に立たされているということです。まず、パートを切る、正規の職員をパートにかえる、それと、中高年の賃金の高くなっている層、四〇歳代後半の女性労働者への肩たたきです。つまり、割増退職金を出すから辞めないか、再就職するための支度金を出すから辞めないか、ということがかなり行われています。

それから、夫の昇進・昇格に伴う妻への退職勧奨です。従来から地方公務員の職場でこれがやられていましたが、いまは大企業でやられているのが実態です。さらに、新規採用のストップ、手控え、これは男子優先ということになるわけですけれども、いうならば効率主義、男子優先主義という企業の論理が浮き彫りになっていると思います。ホンネがむき出しにされて、均等法などまったく無視されています。女子学生の就職難、この三、四年はどしゃ降り、去年は氷河期といわれましたが、今年は何というのかなと思ったら氷づけといっていますけれど、氷は解ければいいですが、私は凍土かなと思うんです。

これに対して労働省は、日経連や業界団体などへ、女性をもっと採ってほしい、女性の採用枠を広げてほしいということを要請しています。お願い行政をやっていますが、これには限界があると思うんです。東京ドームに学生を集めて面接をやったり、各県に特別相談窓口を設置して相談にのっているけれど、そんなことでこの問題はクリアできないと思います。

また差別の救済についても、調停の制度がありますが、男性との昇進・昇格の差別の是正を求めた大阪の住友金属の調停が、一〇年間で初めて調停の事案としてとりあげられました。また、東京都の苦情処理委員会の苦情処理の問題も均等法の限界が浮き彫りになったと思います。調停制度をつくったって、当事者双方の合意を前提とした制度ですから、均等法の条文は有名無実なんです。差別の是正を求めるのは、使用者側ではないわけですから、労働者からの申請ですから、私は、均等法の限界を一番知っているのは労働省ではないかと思うんです。限界が浮き彫りになってきたと思います。

したがって、このような実態からみれば、抜本的に見直して改正をせよと、打って出なければいけないと思います。女子学生の就職難を氷河期だといっていますけれども、私は女子学生だけの問題ではなく、女性労働者の前に立ちふさがっている氷河だと思います。

男女を対象とした差別禁止法を

あと、時間があまりありませんから、では、どうするのかを簡単に申し上げます。均等法の抜本的改正ですが、いまの法律は女性を対象にした法律ですから、これを男女を対象にした法律に改めることが必要だと思います。男女雇用平等法にするのか、性差別禁止法にするのか、皆さんが討論して決めてもらえばいいと思いますが、男女双方を対象にした法律にするということです。

この法律のポイントですが、性差別、それから、家族的責任を理由とする差別、コース別雇用などどのような間接的差別を含め、すべてを禁止する。セクシュアル・ハラスメントについても禁止する。

それから、差別を積極的に是正していく措置を法律に盛り込むということです。そして実効性のある救済制度として、行政機関から独立した救済機関を設置すべきだと思います。

具体的には、当然のことですけれども、募集・採用、配置、昇進・昇格、賃金、教育訓練、福利厚生、定年・退職・解雇、その他の労働条件についてすべて禁止するということです。

均等法の改正と運動の視点

次に取り組みにあたって、どういう視点で取り組むか、運動の視点について申し上げます。キーワードは男女の問題にするということです。つまり、男性も女性も、ともに仕事と家庭責任を両立させるということを基本にして、男性の働き方、役割を見直すことが大切だと思います。女性労働者の問題としてとらえないということです。いままでは女性の問題として取り組んできましたから、組織全体の問題として、労働組合を挙げて取り組むという構図になっていなかったと思います。私は、女性の問題として、家庭責任を前提とした対処の仕方は誤りだと思います。労働のあり方、家庭生活のあり方について、男女の共通の課題としてとらえて対処すべきだと思います。

保護か平等か、平等を主張するのであれば、男性と同じように働け、という議論の繰り返しでは、前進はないと思います。この議論の土俵にのせられないことです。家庭責任は男性も女性もともに担うということですから、男性を会社人間から解放しなければいけない、そういう働き方をしなければいけないということです。このような議論をしていけば、結論を見出せるんではないかと私は思います。

この際、いいにくいことをはっきりいわせてもらいますけれども、時間外労働についてみますと、女性は今年四月から四週について三六時間です。男性は労働省の目安時間で四週四三時間なんです。そうするとどれだけ違いますか。七時間しか違いがないわけです。そういうところまできているわけです。だから、いま私が申し上げたような視点で、男女の問題として取り組んでいけば、一致点はつくれると思います。この考え方を前提にして、差別禁止の法律をつくるということになれば、この際、原則的にも女子労働基準規則の規制を外すことを決断すべきではないかと思います。もう、その時期にきているのではないかと思います。このことについてはいろいろ意見があると思いますけれども、この際、打って出るべきだと思います。

当然のことですけれども、仕事と家庭を両立させるために、育児中の人、介護の必要な病人を抱えている人、健康上の理由、妊産婦、働きながら就学している人などは除外することを考えなければなりません。このように歯止めをしながら、きちっとした基盤整備をしていくべきだと思います。

雇用の分野における男女平等法制の総合的な整備

最後になりますが、もうひとつの問題に触れたいと思います。労働省は、昨年介護休業法制をめぐる審議の過程で、現行の育児休業法に介護休暇を加えて、さらに、高齢化、少子化への対応が今後ますます社会的な課題となっていくことを考え、男女労働者がその能力を十分発揮できるような条件整備をはかるという観点から、職業生活と家庭生活との両立をはかるための環境整備の事業を体系的、総合的に取り組むことが必要であるとして、職業と家庭の両立支援法(仮称)を制定するという考え方を提起しています。

男女の雇用平等を確保することと、男女の仕事と家庭の両立を支援することは、クルマの両輪、コインの裏表だと思います。ＩＬＯの家族的責任を持つ労働者条約(第一五六号)批准が国会で承認されました。この条約の内容を両立支援法のなかに生かしていくべきではないかと思います。

男女を対象とした育児休業法もできました。介護休業法も男女を対象としています。均等法もこれから男女を対象とした法律に改めていく、そして、仕事と家庭の両立支援法も男女を対象としていくということで、雇用の分野における男女平等の法制を総合的に整備していくことが必要だと思います。

男女平等の推進は、ＩＬＯ第一五六号条約の批准によって新しいステップを踏み出しました。

みんなで要求づくりをして、実現するために力を合わせて頑張ってほしいと思います。大変ですけれども、こらから二一世紀を働いて生きる女性たちのために基盤をしっかりつくってほしいということが連合のみなさんへの私の願いです。そのために皆さんのご健闘を期待しまして、私の問題提起を終わりたいと思います。ありがとうございました。

column
3

労働組合の組織について

労働組合には、①会社単位に組織され、雇用や労働条件の維持向上を求めて会社と交渉する「企業別組合」(総称:単組《たんそ》)」、②同じ産業に属する単組が加盟し、産業全体に共通する労働条件や産業政策に取り組む「産業別組織」(総称:産別)、③単組や産別がさらに大きくまとまり、全国の中央組織として労働運動の一体的な推進をはかる機能・役割を果たし、個別の産業や地域では解決が難しい課題や政策実現に取り組む「ナショナルセンター」があり、それぞれの活動を行っています。

また、組合への加入形式には、組合に入るかどうかは労働者自身が選択し、活動に同意したうえで加入する「オープンショップ制」と、従業員として採用されたら必ず労働組合に加入することが義務づけられている「ユニオンショップ制」があり、「オープンショップ制」は主に公務分野の組合、「ユニオンショップ制」は主に民間企業の組合にみられます。

労働組合の運動方針、決算および予算、役員の選出などは、組合の最高決議機関である「大会」で決定され、「大会」には組合員全員、あるいは組合員から選ばれた代議員が出席します。「大会」で決定した方針にもとづき、日常的な活動を行う機関を「執行委員会」と言い、執行委員長、副委員長、書記長または事務局長(組合によって役員の呼び方が違うケースもあり)、執行委員などで構成されています。また、執行委員長、副委員長、書記長や事務局長を「三役」と呼び、労働組合の中心的な役割を担うトップリーダーとして、会社側との交渉や政策制度の実現に取り組んでいます。いずれの役職も、組合員全員に立候補の資格があり、「大会」の役員選挙で選出されます。

[井上久美枝]

連合の組織構成図

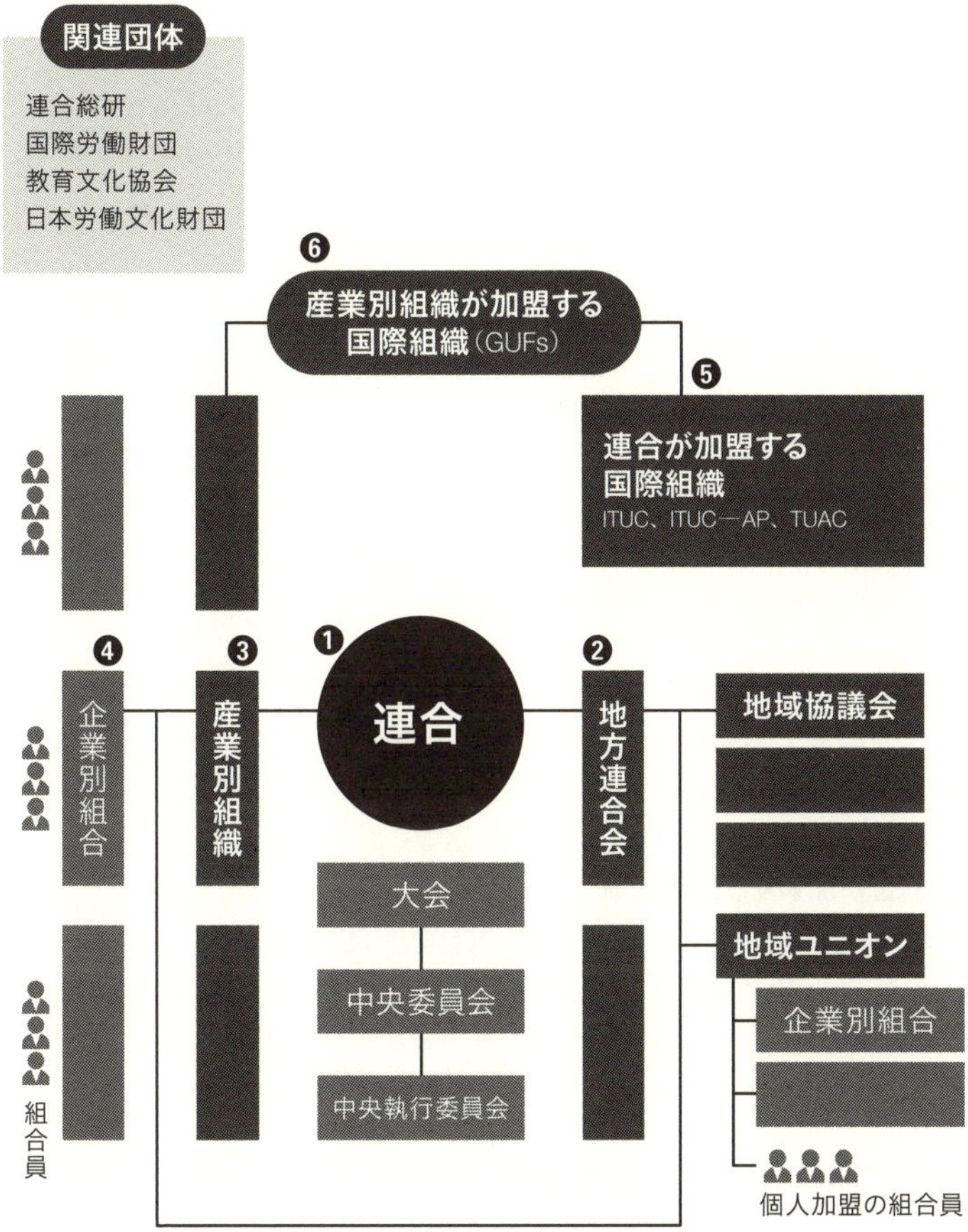
関連団体
連合総研
国際労働財団
教育文化協会
日本労働文化財団
❻
産業別組織が加盟する国際組織(GUFs)
❺
連合が加盟する国際組織
ITUC、ITUC－AP、TUAC
❹
❸
❶
❷
企業別組合
産業別組織
連合
地方連合会
地域協議会
大会
中央委員会
中央執行委員会
地域ユニオン
企業別組合
組合員
個人加盟の組合員

❶連合

日本最大のナショナルセンター。全国中央組織として労働運動の一体的な推進をはかる機能・役割を果たし、個別の産業や地域では解決が難しい課題に取り組んでいます。

❷地方連合会

全国47都道府県にあり、地域で働く人たちのよりどころとして、地域政策の実現や労働相談、組合結成の支援などの取り組みを行っています。地方連合会の下には地域協議会が設けられています。

❸産業別組織（構成組織）

同じ産業に属する企業別組合（単位組合）が加盟し、産業全体に共通する労働条件や産業政策などの課題に取り組んでいます。

❹企業別組合（単位組合）

職場内の労使交渉・協議を通じて、労働条件の改善、企業の行動チェック、組合員へのサービス活動を行っています。

❺連合が加盟する国際組織

国際労働組合総連合会（ITUC）　163カ国／331組織　2億800万人
ITUCアジア太平洋地域組織（ITUC-AP）　34カ国／59組織　約2300万人
OECD労働組合諮問委員会（TUAC）　31カ国／59組織　6600万人
アメリカ、ドイツ、イギリスなどの組合とともに主要な位置を占めています。

❻産業別組織が加盟する国際組織

ITUCと緊密に連携し、国際的に活動を展開。現在9の国際産業別労働組合があります。

GUFs（Global Union Federations）

第3章

男女雇用平等に立ちはだかった「保護と平等論」

神尾真知子

1　はじめに

今から約三〇年前、男女雇用機会均等法（以下「均等法」という）制定をめぐり、労使間で激しい議論があった。その議論の中心にあったのは、「保護と平等論」である。「保護と平等論」は、経営側から提示されたものであり、男女平等を徹底するためには、男女が同じ基盤で就労することが前提条件となるので、男女雇用平等法の制定には、労働基準法（以下「労基法」という）の一般女性保護の廃止が必要であると主張した。そして、労働側に対して、保護を選ぶのか（そうすると平等は得られない）、平等を選ぶのか（そうすると保護は廃止しなければならない）という二者択一を迫った。本書におさめられているインタビューにおいて、女性組合リーダーたちは、経営側がつきつけてくる「保護と平等論」に苦渋の思いをしたことが伝わってくる。

本章では、均等法制定をめぐって展開された「保護と平等論」に焦点をしぼって、次のことを検討する。①一九八五年以前の労働組合運動はどのように「母性保護」を闘ったのか。②「保護と平等論」で何が議論されたのか。③「保護と平等論」は、男女雇用平等を論じる上で不可欠の議論だったのか。④女性に対する保護はどうあるべきか。

2 一九八五年以前の労働組合運動はどのように「母性保護」を闘ったのか

労働基準法の女性保護規定の立法趣旨

なぜ一九四七年施行の労基法は女性保護を定めたのかを確認しておこう。女性保護規定の多くは、戦前の工場法を受け継いだものである（渡辺章一九九八：五九五）。[1] 労働省婦人少年局（当時）は、女性労働者は男性労働者と異なる以下のような「特殊の立場」にあるとしていた。

①女性労働者は次世代国民の母であり、また母となるべき人たちであること
②女性はその身体的特質に基づき、労働より受ける影響が男性より大きいこと
③女性労働者は職場労働と家事労働の二重負担をよぎなくされていること

1——労務法制審議会総会（第一回）議事速記録（昭和二一年七月二二日）。重量物の制限、生理休暇、帰郷旅費の規定が新たに加わり、危険有害業務就業制限が拡大した。

④女性労働者は一般に悪い労働環境の下で働いている者が多く、しかもこれらの労働条件を自ら改善することが難しいこと
⑤女性が職場で不当に差別待遇されることが多かったこと

以上のことから、女性労働者を国家の力で保護して、その地位の向上に努めることがどうしても必要だったと労働省婦人少年局は述べている(労働省婦人少年局一九四九：二―四)。

現在から見ると、これらの女性保護を必要とする理由には首をかしげるざるをえない。女性が母となることが強調されている。女性をステレオタイプで見ている。身体的特質に基づいて性別による一律のカテゴリー化がなされている。固定的性別役割分業が前提とされている。女性も労働組合員として自らよりよい労働条件を獲得することができることを無視している。

労基法制定時、女性保護規定は、性別によって異なる労働条件を定めるので、憲法一四条違反ではないかという疑問があったが、政府は、憲法一四条は、女性の健康および母性としての機能を保護するための差別的取扱いを禁止している趣旨ではなく、男女間の本質的平等を意味すると解し(渡辺一九九七：一三二)[2]、女性保護があって平等と考えていた。

また、当時は、現在のように女性保護を母性保護(保護の対象が妊産婦)[3]と一般女性保護(保護の対象が女性一般)に分けてとらえておらず、女性の生理的特殊性を、妊娠・出産に限定していなかった。政府は、生理休暇を「母性保護の上で重要な意味を持っている」ととらえていた(労働省婦人少年局一九四九：八五)。それは、労働組合も同じで、女性保護を区別せずにむしろ幅広く、育児休業なども含めて「母性保護」

ととらえていた。本章では、広い意味の母性保護を「母性保護」と表記する。

一九四七年施行の労働基準法における女性保護の概要

制定当時の労基法は、女性保護として、「第六章　女子及び年少者」に年少者保護と共に以下のことを規定していた(女性保護規定は一八歳以上の女性に適用され、一八歳未満は男女を問わず年少者保護規定が適用される)。

六一条　時間外労働の制限(一日二時間、一週六時間、一年一五〇時間以内)及び休日労働の禁止

時間外労働時間の制限は、英国工場法の一週六時間、一年二五週、一〇〇時間以内を参考としつつ、一般の労働日数を一年大略三〇〇日前後とみて、その半分の日数だけ一時間残業を認めることとしたこと、また、製糸工場においていて晩春よりも初秋にかけて約五か月間、特に女性労働者の残業を必要とする事情も考慮されたことから来ている(寺本一九四八:二九二)。

六二条　深夜業の禁止(午後一〇時から午前五時まで)ただし、交替制労働の場合は、行政官庁の許可を受けて、午後一〇時三〇分まで労働させることができる(本章2の「労働組合運動と母性保護」で言及する全繊同盟の深夜業廃止および時間短縮運動ならびに2章・多田参照)。なお、但書により、満一六歳以上の男性年少者についていては、交替制の場合例外として深夜業を認める。

2―労働基準法案解説及び質疑応答(第九二議会提案、厚生省労政局)。

3―法律上、妊産婦とは、妊娠中または産後一年以内の女性をいう(児童福祉法五条)。

深夜業の例外的時刻として工場法が認めていた一時間を労基法は三〇分に短縮した。それは、工場法運用の実情に徴してこの例外規定が原則視され、著しく濫用されていた弊害を防ぐためであると同時に、深夜業が最も問題とされる紡績工場等においても実働八時間、休憩四五分として、深夜に三〇分の例外を認めれば深夜時間を外して二交替制が成り立つので施行上支障ないと判断されたためである（寺本一九四八：二九五）。

六三条　危険有害業務の就業制限
六四条　坑内労働の禁止
六五条　産前産後休業（産前六週間、産後六週間）、妊婦の軽易業務への転換
六六条　育児時間（生後一年未満の生児に対する一日二回各々三〇分）
六七条　生理休暇（生理日の就業が著しく困難な女性、または生理に有害な業務に従事する女性）
六八条　帰郷旅費（解雇の日から一四日以内に帰郷する場合に必要な旅費の負担）

『女工哀史』[4]に記載されている事例のように、解雇された女性労働者が困惑の末、淪落の淵に身を沈めていくのを防止するために設けられた規定である（寺本一九四八：三〇七）。

一九四七年制定の労基法の女性保護規定は、女性労働者が多く働く繊維産業に配慮して定められたことがわかる。

労働組合運動と「母性保護」

「保護と平等論」において、労働組合運動の女性たちがなぜ保護にこだわったのかを理解するために

は、それまでの労働組合運動がどのように「母性保護」を闘ったのかを見ていくことが必要である。

労基法制定の時に、女性保護で最も議論となったのは、生理休暇の法制化であった。国際条約になく、当時の諸外国の労働法にも見当たらない特殊な条項だったからである。生理休暇は戦前の労働運動においてすでに母性保護として要求されており、実際に権利を獲得する労働組合もあった。戦後の労働組合運動においても生理休暇の労働協約化が行われ、労働組合からの生理休暇法制化の強い要求があり、労使の攻防のなかで制定されるに至った。その背景には、劣悪な労働条件や衛生施設の不備があった(田口二〇〇三：九八—一九五)。

当時若い女性労働者を組織するために、生理休暇は分かりやすく、労働組合に関心を持たせ組織を強化するのに役立った。そして、多くの労働組合は生理休暇の有給制を労働協約化することに重点を置き、さらに、労働組合の強いところでは有給生理休暇を全員とることを奨励した。しかし、しだいに一九五〇年代半ば(昭和三〇年代)以降「母性保護」を前面に出した運動が展開されるようになる(大羽一九八八：一一四—一一六)。

高島順子は、戦後労働運動で女性が母性保護運動に取り組んだ理由を、民間労組の中心だった一〇代後半から二〇代前半の若い女性に一番分かりやすい要求運動だったからであると同時に、他の問題を母性保護という名目でひっくるめば男性の反対にあわずに運動を正当化できたという側面もあった

4—『女工哀史』は、細井和喜蔵によって、一九二五(大正一四)年に刊行された紡績工場の女性労働者の過酷な労働実態を記したノンフィクションである。岩波文庫に収録されている。『女工哀史』は女性労働の原点を描いており、読む価値がある。

と述べている（2章・高島参照）。

ナショナルセンターレベルの母性保護運動を見ると、総評婦人協議会は、全電通の要請ともあいまって、一九五七年以降「母体保護強化月間」を設け、傘下女性労働者の統一的活動の場を作った。母性保護に関する労基法の水準が国際的にみて非常に低いことから、六〇年の第四回母体保護運動の統一要求として、ＩＬＯ一〇二号条約（社会保障〔最低基準〕、一九五二年）および一〇三号条約（母性保護〔改正〕、一九五二年）の批准を盛り込み、ＩＬＯ一〇二号・一〇三号条約批准要求の女性大会を開き、署名活動をすすめることを決定した。一九六二年からは「母性保護強化月間」と名称を変えた（日本労働組合総評議会婦人対策部一九七六：八九–九一）。同盟は、妊娠・出産・育児に関連する法律や制度の総合的な推進を図ることを目的とした母性保障基本法の制定運動を進め、一九六二年には民社党（当時）により国会に提出された。七四年からは、母性保障基本法制定運動の一環として産前産後休暇の延長、育児休業制度の協約化・法制化を進めた（2章・高島参照）。

産別の母性保護運動で注目されるのは、ゼンセン同盟の「母性保護統一要求」である。一九七〇年代初頭、日米繊維交渉の決着、二度にわたるオイルショックにより、日本の繊維産業が壊滅的打撃を受けるなか、労働組合として何かやろうということになり、当時婦人部長の多田とよ子は「母性保護統一要求」を提案した。六五年の婦人対策部復活以降実施した実態調査を通じて、出産給付金の問題、つわり休暇の必要性、保育所設置等、職場の問題とそれに対する要求や期待が明らかになっていた。

（多田）「『お金が取れないなら権利を伸ばしてはどうか』労働組合としてやるべきことは権利の積み上げで

ある。今こそ労基法以上の労働条件を獲得していく時ではないか。産み育てることを個人に返すのではなく、母性保護を社会的機能の一つとして認めさせていくということです」(2章・多田参照)。

一九七四年の定期大会で、「母性保護統一要求」が全会一致で決定された。女性たちは結束し、現場へのアンケート調査、要求に対する研究を行った。統一闘争のいいところは、男女関係なく学習することで、そのうちリーダー層の男性にも「母性保護」は社会全体でカバーすべき課題だと考える人が出てきたという。議論を積み上げ第七一回中央委員会で要求内容七項目(生理休暇、つわり休暇、通院休暇、産前産後休暇、妊婦の労働時間の変更、育児時間、育児休職)を決定した。五月に要求提出、七月に本格交渉が始まり、九月には産前産後休暇各八週を一一一組合、育児休職制度を一三〇組合、つわり休暇制度を一四七組合が獲得するなど、大きな成果を残した(2章・多田参照)。

また、「母性保護統一要求」に遡ること約二〇年前、全繊同盟(のちにゼンセン同盟に改称)は、深夜業撤廃および時間短縮という男女共通の問題を取り上げた運動を行った。繊維産業では、当時の労基法六二条二項で例外として認められている許可を得て、①午前五時から午後一時四五分(うち四五分休憩)と②午後一時四五分から一〇時三〇分(うち四五分休憩)の二交替制が取られ、女性も三〇分の深夜業を行っていた。[5] 約二年(一九五五年五月から五七年二月まで)の歳月をかけて、実働七時間四五分、拘束八時間三〇分を目標に交替制の女性労働者のみならず、昼専、三交替の男性にも共通の課題として、ストをか

5――このような二交替制は、睡眠不足など女性労働者の身体をむしばんだ(嶋津一九六三：三〇–四一)

け、組合員を挙げて一大闘争を展開し、深夜業の撤廃と労働時間短縮を勝ち取った（大羽一九八八：一三二―一三五）。

電機労連の取組みも注目される。松本惟子は、「労働基準法を生かして使おう」をスローガンに、産前産後休暇と育児時間に取組み、「その法律が私たちの労働実態にあわせて利用しやすい運用へと肉づけしていかなければ、法律があっても制度は利用できません」と述べている。電機労連では、一九八〇年代から産前産後休暇の延長と育児時間の有給化を統一要求に掲げ、加盟単組全体で協約闘争を展開した。育児時間については、一時間のまとめ取りとともに、民間産別としては初めて男女が取得できる制度とする要求を行った。

（**松本**）「手探りでしたが、運動を組み立てるには何事もまず実態把握から。調査で実態をつかみ、要求の内容を整理し、優先順位を話し合って決定する。とくに個々の女性による具体的な問題提起は協約化の内容を考えるうえで重要な情報です。要求内容を整理する過程では、法律の解釈を確認する作業も必要です。私たちは労働省婦人少年局に何度も電話をして職場での問題を伝え、条文の疑義解釈をもらい、解釈事例や法律の勉強をし、みんなのものにしていきました。この方法で、労基法の産前産後休暇各六週から労働協約で産前産後ともに八週の引き上げに成功、育児時間は賃金カットなしで一時間のまとめ取りができるようになりました」（2章・松本参照）。

女性リーダーたちが主導した「母性保護」の闘いは、労働実態を踏まえた調査を行い、女性労働者たちの切実な要求に基づいていた。労働現場からの声を反映したものだった。女性労働者たちの要求は、包括的に「母性保護」ととらえられていた。

3 「保護と平等論」で何が議論されたのか

一九七八年の労働基準法研究会報告

均等法制定をめぐる「保護と平等論」の議論を方向づけたのは、一九七八年一一月二〇日、労働大臣の私的諮問機関である労働基準法研究会第二小委員会による報告「労働基準法研究会報告（女子関係）」[6]（以下「労基研報告」という）である。

労基研報告は、女性に対する特別措置を母性保護と一般女性保護に分け、これらの特別措置が設けられた理由として、①母性機能等男女間の生理的諸機能に相違があること、②現実の問題として、女性は家事、育児をはじめとする家庭における仕事の負担が大きい点等を考慮したことが考えられるとしている。労基法制定当初は合理的理由があると考えられていた特別措置も、現在では合理的理由がなくなったと考えられるものもあり、合理的理由のなくなった特別措置を存続することは、女性の保護というよりは、かえって女性の職業選択の幅を狭め、それ自体差別となる可能性もある。男女平等を徹底させるためには、できるかぎり男女が同じ基盤に立って就業し得るようにすることが必要であ

6—労基研報告の全文は、労働省婦人少年局編（一九七九）『男女平等への道——労働基準法研究会報告について』労務行政研究所に収録されている。

る。したがって、女性に対する特別措置は、母性機能等男女の生理的諸機能の差から規制が最小限必要とされるものに限ることとし、それ以外の特別措置については基本的に解消を図るべきである。

労基研報告に対して、女性リーダーたちは愕然としながらも体勢を整えた。

（多田）『労基研　深夜業解禁、母性保護撤廃』。一九七八年一一月二〇日の夕刊でした。愕然としました。労働基準局の関係審議会の担当者から深夜業や残業時間の女子保護規定を撤廃する動きがあると耳打ちされ、なんとかしなくてはと思っていたばかりの時でした。七四年、大羽綾子さんから『ＩＬＯ日本の報告書に女子保護撤廃の検討、特に深夜業と時間外労働の規制を廃止する議論が出ている』と連絡があったことを思い出しました。すでに経営側や私的研究会で議論の方向づけがなされていたのです。情報収集を怠った。悔やみました。……そもそも繊維産業には労基法の特例措置として午後一〇時半までの女子労働者の深夜業を認めていました。それを全繊同盟は五七年に撤廃に成功します。しかし、中小零細では徹底されず、七三年にようやく地方繊維部会が経営者団体との交渉で深夜業廃止を協定化したばかりでした。保護撤廃、深夜業解禁という労基研報告の動きに経営側が敏感に反応することは明らかでした。ゼンセン本部はプロジェクトチームを設置し、七八年年末、ゼンセン全国婦人集会で研究集会を開催しました。翌年、各地方ブロック会議での研究集会を開催、翌八〇年、既婚婦人の生活調査を行って実態把握をし、体勢を整えていきました」（2章・多田参照）。

労基研報告は、意図していたわけではなかったとはいえ、経営側の「保護と平等論」に論拠を与えた。

男女平等問題専門家会議報告

婦人少年問題審議会[7]の婦人労働部会において、あるべき法制度を含めた審議が一九七八年春から行われた。その議論の過程で男女平等の具体的姿およびその実現の方策についてコンセンサスが形成されていないことから、専門家からなる会議を設けて、確保されるべき男女平等の具体的姿について検討を行うこととし、婦人労働部会での審議は中断した。そこで設けられたのが男女平等問題専門家会議である。検討結果を「雇用における男女平等の判断基準の考え方について」[8]（以下「専門家会議報告」という）として、一九八二年五月八日に労働大臣に報告した（赤松一九八五：一三二–一三六）。

専門家会議報告の基本的考え方は次のとおりである。①わが国でも男女の機会均等と待遇の平等をできるだけ早く実現することが必要である。②雇用における男女平等の実現とは、機会の均等を確保し、個々人の意欲と能力に応じた平等待遇を実現することであり、結果の平等を志向するものではない。③女性が妊娠出産機能という男性にはない機能を有していることを考慮に入れた実質的平等を目指すことが必要であること。④わが国の社会・経済の実態を考慮に入れると、男女の本来的差異以外の事由を考慮に入れた男女異なる取扱いも経過的にはやむを得ない場合があると考えられる。

婦人少年問題審議会婦人労働部会における「保護と平等論」

婦人少年問題審議会婦人労働部会は、専門家会議報告を受けて審議を再開した。①雇用平等を確保

7—婦人少年問題審議会は、労働大臣の諮問機関である。
8—「専門家会議報告」の全文は、赤松一九八五：四五六–四六六に収録されている。

するための立法措置を講ずること、および②労基法の女性保護規定は、母性保護規定を除き見直すことについては、労使の意見は一致した。しかし、労使の意見は次の点で対立した。①男女の機会の均等と待遇の平等を確保するため企業の雇用管理のどの範囲まで、どの程度の強さで規制の対象とするか、②法の実効を担保するためにどのような措置をとるか、③労基法の女性保護規定をどの程度改正するか、④育児休業請求権を法制化するか否か（赤松一九八五：一五三）。

一九八三年一二月二一日に公表された婦人労働部会での審議状況から、労使の主張を見てみよう。

経営側は、労基法立法当時に比べ、女性労働者を取り巻く環境、作業態様等が大きく変化していること、女性保護規定が意欲と能力のある女性の就業領域を狭め、女性労働力の活用を阻害し、女性労働者自身の中からも撤廃の声が上がっていることに鑑み、雇用における男女平等を推進するのであれば、男女が同じ基盤に立って働くことが前提であり、妊娠出産に係る母性保護を除いては保護規定を廃止すべきであると主張した。

対する労働側は、①一般女性保護規定は、労働時間の短縮、週休二日制の実施、有給休暇の拡大等労働環境の基盤整備や保育施設の充実等女性の家庭責任を軽減する諸方策を進めたうえで、解消すべきである、②深夜業は、人間らしい労働・人間らしい生活という観点から男女とも規制すべきであり、女性の規制をこれ以上緩和することには反対であると主張した。

このように、経営側は、男女雇用平等の法制化の前提として、一般女性保護の廃止を主張したのである。一般女性保護を選ぶのか（そうすると男女雇用平等の法制化はできない）、それとも男女雇用平等を選ぶのか（そうすると一般女性保護は廃止しなければならない）という二者択一を労働側に迫った。男女雇用平等の法制化に「保護と平等論」が立ちはだかったのである。

「保護と平等論」は、均等法の制定および改正を通して議論の方向性を決めてしまった。労使の妥協を経て、一九八五年に勤労婦人福祉法改正という形式で均等法が成立し、労基法の一般女性保護の規制は緩和された。

均等法の法形式

なぜ、均等法が、男女雇用平等法という新たな立法ではなく、勤労婦人福祉法の改正という形をとったのか。長らくその理由は明らかではなかったが、二〇〇三年に公刊された赤松良子『均等法をつくる』によって明らかになった。赤松は、均等法制定時の労働省婦人局長であった。

「当初考えていたのは、雇用の全ステージでの差別をなくす規定をもつ男女雇用平等法の制定と女子のみの保護を撤廃するための労働基準法改正の二つを同時に提案することだった。しかし、片方が新法制定、もう一方が法改正ということでは、二本の法案にせざるをえず、国会対策上うまくない。両方とも一部改正というかたちにして、一本の法案で提出すべしということになった。……もし二本の法律として提出していたらどんなことになっていたかというと、どちらか片方だけが通って、もう一方が取り残されるということが国会審議の駆け引きの中で起こりうる。そうなれば平等と保護のバランスが崩れてしまって、後に禍根を残すことになる。それは避けねばならない。」（赤松二〇〇三：一一八―一一九）。

まさに、勤労婦人福祉法の改正という形での均等法の制定は、「保護と平等論」を反映させた立法を行うために必要な法形式だったのである。

その後の均等法の改正(強化)は、**表1**および**表2**に見るように、労基法の一般女性保護の緩和・廃止を伴っている(その後の経緯は、「第1章　労働組合運動と女性の要求」参照)。

表1――労働基準法の女性保護規定の変遷

厚生労働省の女性保護の分類：◎は一般女性保護、★は母性保護

現行条文	項目	一九八六年三月三一日まで	一九八六年四月一日-九九年三月三一日	一九九九年四月一日以降	二〇〇七年四月一日以降
六一条一項但書	◎一六歳以上一八歳未満の女性の深夜業	一六歳以上の女性年少者については交替制であっても深夜業禁止	同上	同上	同上
	◎帰郷旅費	解雇の場合支給	廃止	同上	同上
	◎時間外労働	女性一般一日二時間一週六時間 一年一五〇時間以内 ただし、農林水産業については規制なし	工業的業種一週六時間一年一五〇時間以内　林業四週三六時間一年一五〇時間以内　林業以外の農林水産業規制なし　非工業的業種四週三六時間一年一五〇時間以内　保健衛生の事業、旅館、飲食店、接客業、娯楽の事業二週一二時間一年一五〇時間以内 指揮命令者、専門業務従事者　規制廃止	規制廃止	同上
	◎休日労働	女性一般禁止 ただし、農林水産業については規制なし	工業的業種禁止　林業四週につき一日可　林業以外農水産業規制なし 非工業的業種四週につき一日可 保健衛生の事業、旅館、飲食店、接客業、娯楽の事業　禁止　指揮命令者、専門業務従事者規制廃止	規制廃止	同上

<table>
<tr><th>現行条文</th><th>項目</th><th>一九八六年三月三一日まで</th><th>一九八六年四月一日-九九年三月三一日</th><th>一九九九年四月一日以降</th><th>二〇〇七年四月一日以降</th></tr>
<tr><td></td><td>◎深夜業</td><td>原則女性一般禁止
例外①農林水産業、②保健衛生業、③旅館、料理店、飲食店、接客、娯楽業、④電話交換業務、⑤女子の健康及び福祉に有害でない業務(スチュアーデスの業務、女子寄宿舎管理人の業務、映画制作の事業における撮影のための業務、放送番組の制作の業務、かに又はいわしの缶詰の事業における一次加工の業務)</td><td>工業的業種禁止(例外あり)非工業的業種禁止
例外(拡大した業務はゴシック)①農林水産業、②保健衛生業、③旅館、料理店、飲食店、接客、娯楽業、④電話交換業務、⑤女子の健康及び福祉に有害でない業務(スチュワーデスの業務、女子寄宿舎管理人の業務、映画制作の事業における撮影のための業務、放送番組の制作の業務、警察の業務)、⑥指揮命令者、⑦専門業務従事者、⑧品質が急速に変化しやすい食料品の製造又は加工の業務等、⑨深夜業に従事することを使用者に申し出た者(タクシー運転業務)
一九八九年の女子労働基準規則(以下、「女子則」という)による例外拡大⑩旅行業法の添乗員業務、⑪郵政事務B</td><td>規制廃止</td><td>同上</td></tr>
<tr><td>六四条の二</td><td>坑内労働</td><td rowspan="3">女性一般全面禁止</td><td rowspan="2">全面禁止</td><td rowspan="2">同上</td><td rowspan="2">同上</td></tr>
<tr><td>第一項</td><td>★妊婦及び申し出た産婦</td></tr>
<tr><td>第二項</td><td>◎女性一般</td><td>原則禁止(例外可)</td><td>一九九四年の女子則改正により例外拡大</td><td>原則可
例外禁止</td></tr>
</table>

六四条の三	危険有害業務				
第一項	★妊産婦	女性一般全面禁止	妊産婦の妊娠、出産、哺育等に有害な業務への就業禁止	同上	同上
第二項	◎妊産婦以外		妊娠・出産機能に有害な業務への就業禁止	同上	同上
六五条	★産前産後休業	産前産後休業各6週間　妊娠中女性の請求による軽易業務への転換	産前六週間　多胎妊娠の場合は一四週間　産後八週間　妊娠中女性の請求による軽易業務への転換	同上	同上
六六条 第一項	★妊産婦の変形労働時間の就業		妊産婦の請求による変形労働時間制の就業制限（一日八時間、一週四〇時間を超える労働禁止）	同上	同上
第二項	★妊産婦の時間外労働・休日労働		妊産婦の請求による時間外労働・休日労働禁止	同上	同上
第三項	★妊産婦の深夜業		妊産婦の請求による深夜業禁止	同上	同上
六七条	★育児時間	生後一年まで一日二回各々三〇分	同上	同上	同上
六八条	◎生理日の就業	生理日の就業が著しく困難な女性及び生理に有害な業務に従事する女性の請求による就業禁止。生理休暇の名称使用。	生理日の就業が困難な女性の請求による就業禁止。生理休暇という名称使用せず。	同上	同上

表2──均等法の内容の変遷（一九八五年・一九九七年・二〇〇六年・二〇一六年）

行政取締の対象事項	一九八五年均等法（一九八六年施行）	一九九七年均等法（一九九九年施行）	二〇〇六年均等法（二〇〇七年施行）	二〇一六年均等法（二〇一七年施行）
募集・採用（五条）	女性に対して均等な機会付与の努力義務	女性差別禁止	性差別禁止	同上
配置・昇進（六条）	女性に対して均等な取扱いの努力義務	女性差別禁止	性差別禁止（配置に関して業務の配分や権限の付与を含むことを明記）	同上
教育訓練（六条）	女性差別一部禁止[1]	女性差別禁止	性差別禁止	同上
福利厚生（六条）	女性差別一部禁止[2]	女性差別一部禁止	性差別一部禁止	同上
定年・解雇（六条）	女性差別禁止	女性差別禁止	性差別禁止	同上
退職	女性差別禁止	女性差別禁止	女性に対する不利益取扱い禁止に移行	同上
退職勧奨（六条）			性差別禁止	同上
降格（六条）			性差別禁止	同上
職種変更（六条）			性差別禁止	同上
雇用形態の変更（六条）			性差別禁止	同上
労働契約の更新（六条）			性差別禁止	同上
間接差別（七条）			事業主の措置についての3類型の間接性差別禁止	同上
女性のみを対象とする取り扱い・女性を優遇する取扱い（八条）		原則　禁止	原則　禁止	同上

ポジティブ・アクション（八条、一四条）		例外　女性に対するポジティブ・アクション可（国の援助の対象）	同上　国の援助の対象の拡大[3]	同上
婚姻、妊娠、出産等を理由とする不利益取り扱いの禁止等（九条）			女性労働者に対する不利益取り扱い禁止 ・婚姻、妊娠、出産を退職理由として予定する定めの禁止 ・婚姻を理由とする解雇禁止 ・妊娠、出産、産前産後休業等を理由とする解雇などの不利益取り扱い禁止 ・妊産婦に対する解雇無効	同上
妊娠、出産等を理由とするハラスメント（一一条の二）				事業主の措置義務
セクシュアルハラスメント（一一条）		事業主の配慮義務	事業主の措置義務	同上
厚生労働省の行政取締の方法	行政指導（助言・指導・勧告）	同上	同上	同上
行政的制裁（三三条）		企業名公表	企業名公表・過料	同上
裁判外紛争処理機関（一七条、一八条—二八条）	機会均等調停委員会の調停（労使双方の同意必要）	都道府県労働局長による援助、機会均等調停会議の調停（一方申請可）	同上	同上

注1――一九八五年法では、労働者の業務の遂行に必要な基礎的能力を付与するものとして労働省令で定める教育訓練のみを行政取締対象とした。したがって、OJTは対象外であった。

注2――均等法が対象とする福利厚生は、①住宅資金の貸付け、②労働者の福祉増進のための資金の貸付け（生活資金など）、③労働者の福祉増進のための定期的な金銭給付（私的保険制度の補助など）、④労働者の資産形成のための金銭給付（住宅ローンの利子補給など）、⑤住宅の貸与の5つである。

注3――二〇〇六年法では、国の援助として、一九九七年法で定められていた、①雇用に関する状況の分析、②措置に関する計画の策定、③措置の実施、④措置実施のための必要な体制の整備に、⑤措置の実施状況の開示が加わった。

4 「保護と平等論」は、男女雇用平等を論じるうえで不可欠な議論だったのか

「保護と平等論」は不当な「問」である

「保護と平等論」は、「男と女は差異があるか？」という「問」を想起させる。この「問」は、女性運動が常にさらされてきた「問」である。社会学者の江原由美子は、この「問」は客観的な「問」として成立していないとする。なぜなのか。江原の説明を、少し長いが引用してみよう。

「この問は、客観的な問として成立しない。すなわち、利害関係を伴う『問』である。なぜなら、この『問』がもし客観的な『問』であるとすれば、なぜこの『問』が女性に主として向けられてきたのか、ということを説明できないからである。男女の差異は、どちらかの性が答えるべき問題ではない。答えられるはずがない。それにもかかわらず、女性にこの『問』が向けられるとすれば、その言語行為は、『差異を、女性に対する処遇の問題の判断の指標にする』ということを背景に含んでいるからであり、『差異を、女性に対する処遇の問題の判断の指標にする』という判断自体が政治的だからである。

それゆえ、ディスコース（「言説」のこと——神尾注）の中では、この問は、女性にとって二重拘束的な作用を持つ。すなわち、『差異があるか否か』という問は、『女性と男性の処遇の差異を認めるか否か』という『問』に、同時に呈示されているのであり、一方に答えると、自動的に他方にも答えることになってしま

う。女性は、この問に、『差異がある』と答えることも、逆に『ない』と答えることもできない。『ある』という答えは、『では差異があるのだから、女性と男性は平等な取扱いはできませんね』という判断を導く。この判断は、現実的には、大半の場合、女性の生活範囲の限定を帰結する。『ない』という答えは、『では女性は何でも男性と同様にできますね』という判断を導く。しかし、『男性標準』の世界では、女性は単に『男性標準』からする二流市民である。この問は本質的に、不当な問である」(江原一九八八：一六-一七)。

「保護と平等論」において、「一般女性保護廃止を認めるか否か」という問は、「男女雇用平等を推進するか否か」という問に、同時に呈示されている。したがって、「認めない」という答は、「認めないのなら、男女間に差異があることになり、男女平等は推進できませんね」という判断を導く。そうすると、男女雇用平等の法制化は望めなくなる。すなわち、この問には、「一般女性保護廃止を認めない限り男女雇用平等は認めない」という政治的な判断が背景にある。しかし、たとえ「認める」と答えたとしても、労働側が望むような男女雇用平等の法制化は実現しない。なぜなら、経営側は以下のような言説を当時述べていたからである(赤松一九八五：二〇四-二〇六)。

経済同友会(一九八四年三月一六日「『男女雇用平等法』(仮称)に対する考え方」：巻末「**資料❹**」参照)

・男女の別は本来的なもので、それに応じて一般的には多くの違いがある。この点に沿った役割、就業形態を直ちに〝男女差別〟というのは間違いである。

・とくに、配置、昇進、昇格、教育訓練、定年、解雇などは、各企業の人事制度に関わる問題であり、それを法律によって規定するのは、企業のダイナミズム、引いては自由企業体制の根幹にもふれる重要問題である。
・むしろ、ここで必要なことは、女性自身が勤労意欲を高め、それによって企業が職業についての男女のセグリゲーション（分離）をなくせるような状況を自らつくってゆくことである。

日本経営者団体連盟（一九八四年三月二六日「婦人少年問題審議会の建議に対する所感」：巻末「**資料❼**」参照）
・雇用における不合理な男女差別については、産業界としてもその解消に反対するものではない。しかし、現在我国の女子労働者の扱い方は、我国の社会通念や女子自身の職業意識・就業実態を反映したものであって、それなりの合理性をもって続いてきたというべきものである。それを今直ちに画一的に改めなければならないものとみることは早計ではないか。
・現在の雇用管理に急激な変革を求めるようなことになれば、企業に重大かつ無用の混乱を起こし、ひいては企業活力を減殺することになるので、「強行規定」にはすべきではない。

経営側は、固定的性別役割分業を所与のものとし、性差別的な日本的経営に基づく人事制度に固執し、性差別は法律ではなく女性自身の個人的な努力によって打破せよとする。経営側の「保護と平等論」は、一般女性保護廃止を労働側が認めた場合に、どのように男女雇用平等を推進していくのかについてのビジョンをまったく持っていなかった。

「保護と平等論」の「問」の主たる目的は、「一般女性保護の廃止」にあり、「保護か平等か」と問いかけてはいるものの男女雇用平等を推進していく意思はなかった。

このように、経営側の提示した「保護と平等論」は不当な「問」だったといえる。

それでは、一般的に、男女雇用平等法制定のためには、一般女性保護を廃止しなければならないのだろうか。

女性差別撤廃条約が求めること

女性差別撤廃条約一条の「女性に対する差別」の例外として、四条二項は、「差別とならない特別措置」を定め、ポジティブ・アクションとともに、「母性を保護することを目的とする特別措置」を規定する。

女性差別撤廃条約一一条一項は、「雇用における差別撤廃」を定め、「締約国は、男女の平等を基礎として同一の権利、特に次の権利を確保することを目的として、雇用の分野における女性に対する差別を撤廃するためのすべての適当な措置をとる」として、同一の権利として掲げられているなかに、(c)職業を自由に選択する権利、昇進、雇用の保障並びに労働に係るすべての給付および条件についての権利ならびに職業訓練および再訓練(見習、上級職業訓練および継続訓練を含む)を受ける権利と(f)作業条件に係る健康の保護および安全(生殖機能の保護を含む)についての権利がある。同条二項は、婚姻または母性を理由とする女性に対する差別を防止し、かつ、女性に対して実効的な労働の権利を確保するために、適当な措置をとることを締約国に求めている。同条三項は、一一条に規定する保護法令は、科学上および技術上の知識に基づき定期的に検討し、必要に応じて、修正し、廃止し、またはその適用を拡大することを定めている。

労働省は、女性差別撤廃条約を次のように解した。「母性を保護することを目的とする特別措置」とは、この条約の審議経緯から、妊娠・出産及び産後の期間という限定的な期間における措置である。そして、これ以外の措置については、第一一条一項(c)および(f)の規定から、労働時間および安全に関する保護は男女同一レベルで行うこととし、女性のみに対して一般的に保護するという考え方は排除されており、母性保護措置以外の労基法の女性保護規定は、究極的には廃止する必要がある。……しかし、条約が目的達成のための適当な措置を義務づけている以上、批准時に何らかの措置をとる必要があり、かつ、将来に向かって段階的、漸進的に廃止していくことが明らかにされていなければならない(赤松一九八五：一四四-一四七)。

女性差別撤廃条約は、労働省の解釈のように、一般女性保護の廃止を締約国に求めているのだろうか。確かに、国連婦人の地位委員会での条約の審議過程で、女性保護は差別の原因となるから、必要最小限に限定していこうという考え方が支配的になっていった。そして、条約一一条(f)は、作業条件に係る健康の保護と安全(生殖機能の保護を含む)の権利について定めているが、労働者の健康と安全を保障するための労働保護は、一一条二項の母性保護を除き、原則として男女平等なものでなければならないとする考え方に基づいている(金城一九九六：六七-七二)。この考え方に基づく立法論の選択肢は、二つあった。ひとつは、一般女性保護の廃止、もうひとつは、一般女性保護基準を男性の労働条件に拡大する「男女共通の規制」である。労働省の解釈は、もうひとつの選択肢を提示していない。

また、女性差別撤廃条約の審議において、母性保護以外の一般女性保護の廃止が男女雇用平等の法制化の前提条件であるとの議論はなされていない。そして、女性差別撤廃条約一一条一項は、女性に対する雇用差別撤廃のために不可欠な権利を列挙しているにすぎず、列挙されている権利相互にどのような関係があるのかは示されていない。

もちろん、男女平等のためには、差別となるような女性保護は見直しが必要であるが、一般女性保護とされている女性保護のうちどのような保護が差別をもたらしているのかについての精査をせずに廃止することを女性差別撤廃条約が求めているとは解せない。さらに、差別の原因となる女性保護を廃止する前提として、「男女を問わず働く人々が、健康で文化的な生活を営むことのできる労働条件を確立し、女性のみに対する保護が必要のない労働環境を形成していくこと」(金城一九九六：七三―七四)がなければならない。そのような労働環境なくして、一般女性保護を廃止していくことは、女性労働者を低賃金労働者のまま無限定の長時間労働に就かせることになる。

憲法および労働基準法から見た一般女性保護

憲法一四条一項(「法の下の平等」)の「平等」は、いかなる場合にも絶対的に等しく扱うという絶対的平等ではなく、「等しいものは等しく、等しくないものは等しくないように扱う」という相対的平等を意味すると解するのが、通説・判例の立場である。したがって、合理的な理由による異なる取扱いは許されると解されている(辻村二〇一六：一〇四)。

労基法は最低限度の労働条件を定めて、「人たるに値する生活」を労働者が営めるようにし、憲法二五条の生存権を間接的に保障している（荒木二〇〇二：二四二―二四七）。最高裁判所は、憲法二五条の趣旨に基づく立法において、どのような立法措置を講ずるかの選択決定は、立法府（国会）の広い裁量に委ねていると解している（堀木訴訟・最高裁昭和五七年七月七日大法廷判決）。一般女性保護は、合理的理由による異なる取扱いとして、国会の広い立法裁量の下において労基法に定められた。女性のみの結婚退職制を禁止する明文の規定がなかった時代に、結婚退職制を公序良俗違反で違法・無効と判断した住友セメント事件東京地裁昭和四一年一二月二〇日判決は、女性保護を「性別を理由とする労働条件の合理的な差別」と解している。

労基法三条の均等待遇の原則（「使用者は、労働者の国籍、信条又は社会的身分を理由として、賃金、労働時間その他の労働条件について、差別的取扱をしてはならない」）は、憲法一四条を受けて制定されているが、「性別」が規定されていない。その理由として、労基法が、時間外・休日労働、深夜業、危険有害業務、産前産後休業等の事項について女性の保護基準を定め、女性に対して労働関係上男性と異なる取扱いをしてきたことにあると解されている（菅野二〇一七：二四七）。行政解釈は、労基法三条の「差別的取扱」を、有利に扱うことも不利に扱うことも含むと解しているからである。このように、労基法三条には、「性別」が入っていないことから、労働条件における女性のみの保護を定めることは労基法上問題ない（神尾二〇一七：一四六）。

以上のように、憲法は、労基法の一般女性保護規定を違憲と解していないし、労基法も違法とは解していない。日本では、労働法の法政策は、公労使の三者構成の審議会によって議論されるが、均等法制定および労基法改正の議論では、経営側が「保護と平等論」を展開し、議論の方向性をリードした。メディアもまた経営側の「保護と平等論」にのっかり報道した。労働側は、男女共通の労働時間規制などの論点を提示したが(2章・多田参照)、顧みられなかった。

5 女性に対する保護はどうあるべきか

女性保護の立法目的

労基法一条一項は、労働条件の原則として、労働条件は、「労働者が人たるに値する生活」を営むための必要を充たすべきものでなければならないとする。「人たるに値する生活」とは、憲法二五条一項の「健康で文化的な」生活を内容とすると解されている(厚生労働省労働基準局編二〇一一:六六)。「人たるに値する生活」には、単に労働者としての生活だけではなく、労働しながら子どもを妊娠し、産み、育てることも含まれる。同じ「人」である労働者のうち、女性だけを保護する規定を設ける理由は、女性が「母性としての身体」を持っているからである。女性保護によって、女性は「母性としての身体」を損なうことなく健康に働き、子どもを妊娠し、産み、授乳することができる。女性保護の立法目的は、「母性としての女性の身体の保護」にあり、それは結局「人たるに値する生活」の保障にある(神尾二〇一七:一四八-一四九)。

立法目的から見る一般女性保護

「母性としての女性の身体の保護」という立法目的からすると、一般的に女性であることから、時間外労働・休日労働・深夜業（以下「時間外労働等」という）や危険有害業務について、労基法の一般的な労働条件の規制に上乗せして保護することは、立法目的に沿わないことになる。しかし、労働実態や労働環境が過酷であれば、時間外労働等の一般女性保護も「母性としての女性の身体の保護」という立法目的に沿うものと解される。

一九四七年の労基法制定時には、一般的に時間外労働等から女性を保護しなければ、「母性としての女性の身体の保護」は可能でなかった労働実態や労働環境があった。生理休暇についても、バスの車掌など生理休暇がなければ健康に働くことが困難な職種に就く女性たちや過酷な労働実態が存在していた。まさに、労働組合運動はそのような労働実態や労働環境のなかから女性労働者の声を紡いできたのである。

一九九七年の労基法改正時に、時間外労働等の一般女性保護の廃止に対し、労働界や学界から厳しい批判がなされたが、その批判は過酷な労働実態が現実にあり、女性一般を保護しなければ「母性としての女性の身体」が損なわれるという問題意識があったからであると理解できる（神尾二〇一七：一四八–一四九）。

しかしながら、時間外労働等の問題は、本来は労基法の時間外労働等の規制によって解決すべき問題である。男女労働者が共に「人たるに値する生活」を営めるような時間外労働等の規制がなされなければならない。

一般女性保護の再検討

現行法で一般女性保護とされているのは、①一六歳以上一八歳未満の女性年少者についての交替制における深夜業禁止（六一条一項但書）、②坑内で行われる業務のうち人力により行われる掘削の業務等の禁止（六四条の二第二号）、③女性の妊娠又は出産に係る機能に有害である業務の就業禁止（六四条の三第二項）、④生理日の就業が著しく困難な女性に対する休暇措置（六八条）のみである。時間外労働、休日労働、深夜業という労働時間に関する規制は、男女共通になった。

このうち、①交替制の深夜業を女性年少者には認めない六一条一項但書は、「比較的抵抗力のある」として男性年少者については交替制の深夜業に使用することを認めるが（厚生労働省労働基準局二〇一一：六八八）、「年少者保護」の趣旨に反する。したがって、六一条但書は削除して、性別にかかわらず、交替制の深夜業に年少者を就かせること自体を禁止すべきである。

②人力により行われる掘削の業務等の禁止もまた再検討が必要である。二〇〇五年の七月の厚生労働省の「女性の坑内労働に係る専門家会合」報告書は、作業環境および作業態様について格段に高い安全衛生の確保が図られるようになり、そのような安全衛生の水準が保たれていることを前提に、現在では女性の坑内での就労を一律に排除しなければならない事情が乏しくなってきていると指摘しており、一般的に女性の坑内労働を一律禁止する理由はなくなっている。

③と④は、次の「母性保護の再点検」で述べるように、母性保護と位置づけるべきである。

母性保護の再検討

現行法で母性保護とされているのは、①妊婦および申し出た産婦の坑内労働禁止(労基法六四条の二第一号)、②妊産婦の妊娠、出産、哺育等に有害な業務への就業禁止(六四条の三第一項)、③産前産後休業・妊婦の請求による軽易業務への転換(六五条)、④妊産婦の請求による変形労働時間制の就業制限(六六条一項)、⑤妊産婦の請求による時間外労働・休日労働禁止(六六条二項)、⑥妊産婦の請求による深夜業禁止(六六条三項)、⑦育児時間(六七条)である。

「母性としての女性の身体の保護」という立法目的から考えると、一般女性保護とされている「危険有害業務の就業禁止」(六四条の二第二項)および「生理日の就業禁止」(六八条)も、母性保護と解される。危険有害業務の就業禁止は、女性の妊娠または出産に係る機能に有害である業務の就業禁止であり、妊娠や出産する身体を持つ女性の健康と安全を保護する目的を有している。生理日の就業禁止も、生理という妊娠・出産機能を保護するものである。厚生労働省は、母性保護を妊娠・出産および産後の期間と狭くとらえているが、妊娠・出産機能も含むものととらえるべきである。

ところで、育児時間については、位置づけの再考が必要である。育児時間の立法趣旨は、女性が生後一年未満の子どもを哺育することおよび嬰児の保護が目的であり、本来は保育所の送り迎え時間のためのものではない。現在では、育児・介護休業法二三条により育児のための所定労働時間短縮措置が事業主の必須の措置義務と規定され、短時間勤務制度を保育所への送り迎えに利用できるようになった。

ところで、育児時間は労基法上の権利であるのに対し、短時間勤務制度は事業主の措置義務として規定されているにすぎない。事業主が、就業規則に定める等の何らかの措置を取らないかぎり、労働者は権利として短時間勤務制度を利用することはできない（神尾二〇〇九：二〇－二二）。したがって、育児時間の方が権利として使いやすい。また、育児時間も保育の送り迎えに使えるようにしておいた方が、柔軟に育児に対応できるとも考えられる。もし、育児時間を、保育所への送り迎えの時間として位置づけるのなら、母性保護ではなく、男女共通の制度としなければならないだろう。

6 おわりに

均等法によって、男女雇用平等への扉は開かれた。しかし、均等法は、日本的経営を前提としており、男女雇用平等の実現のためには必ずしも効果的な法律とはいえない。したがって、均等法という枠を越えて、真の男女雇用平等のあり方を議論し、それを目指すための道を整備し、性差別という障害物をとりのぞき、労働者を男女雇用平等というゴールに先導することを労働組合に期待したい。また、労基法上の様々な権利を守り、権利を実態に合った使いやすいものにし、さらに新たな権利を要求していくことも労働組合に期待したい。法を使いこなしながら、法を上回るよりよい労働条件と待遇を獲得していくために、労働組合の役割は益々重要であると考える。

［引用文献］

赤松良子（一九八五）『詳説男女雇用機会均等法及び改正労働基準法』日本労働協会。

赤松良子（二〇〇三）『均等法をつくる』勁草書房。

荒木誠之（二〇〇二）『社会保障法読本（第三版）』有斐閣。

江原由美子（一九八八）『フェミニズムと権力作用』勁草書房。

大羽綾子（一九八八）『男女雇用機会均等法前史――戦後婦人労働史ノート』未來社。

神尾真知子（二〇一七）「第6章　保護と平等の相克～女性保護とポジティブ・アクション」日本労働法学会編『講座労働法の再生　第4巻　人格・平等・家族責任』日本評論社。

神尾真知子（二〇〇九）「育児・介護休業法の改正の意義と立法的課題」季刊労働法二二七号。

金城清子（一九九六）『法女性学――その構築と課題（第二版）』日本評論社。

厚生労働省労働基準局編（二〇一一）『労働基準法昭和22年版下』労務行政。

嶋津千利世（一九六三、初版一九五三）『女子労働者――戦後の綿紡績工場』岩波書店。

菅野和夫（二〇一七）『労働法（第一一版補正版）』弘文堂。

田口亜紗（二〇〇三）『生理休暇の誕生』未來社。

辻村みよ子（二〇一六）『憲法（第五版）』日本評論社。

寺本廣作（一九四八）『労働基準法解説』時事通信社。

労働省婦人少年局編（一九四九）『働く女性の保護――労働基準法と女子労働者』（財）産業労働福祉協会。

日本労働組合総評議会婦人対策部編著（一九七六）『総評婦人二十五年の歴史』労働教育センター。

渡辺章編（一九九七）『労働基準法〔昭和22年〕（3）日本立法資料全集53』信山社。

渡辺章編（一九九八）『労働基準法〔昭和22年〕（2）日本立法資料全集52』信山社。

column

4

暫定的特別措置

一般に、社会的・構造的な差別によって歴史的に不利益を被ってきた集団の人々を対象に特別な取扱いをして、実質的な機会の平等を実現する暫定的措置のことを、ポジティブ・アクション(Positive Action, 以下PA)、アファーマティブ・アクション(Affirmative Action, 以下AA)といいます。前者はヨーロッパ、後者はアメリカやオーストラリアでの呼称です。

国連の女性差別撤廃条約は、事実上の男女平等を促進する暫定的特別措置は差別ではない、と定めています(4条)。日本の男女共同参画社会基本法はこれを「積極的改善措置」としており(2条2号)、男女雇用機会均等法も、事業主が積極的な改善措置を行うことは差別ではなく(4条)、国はこれら事業主を援助する、と規定しています(14条)。都道府県レベルでは、公契約の入札資格や落札時の評価において、仕事と家庭の両立支援等を実施する企業に加点する、という形で、PAが広がっています。

2015年「女性活躍推進法」は、国・地方公共団体・企業に、女性活躍のための行動計画策定義務を課してPA措置をとるように要請しています。また、2018年「政治分野における共同参画推進法」は、国・地方公共団体・政党に男女の候補者が均等になるよう努力することを求めています。

PAやAAの実現方法には、厳格な「クオータ(割当)」制(一定数・割合を実現させる方法)、中庸な「ゴール・アンド・タイムテーブル」方式(達成すべき目標と期間を示して実現の努力をさせる方法)、穏便な「基盤整備」方式(両立支援策や研修を通じて女性参画割合を増やす方法など)があります。クオータ制では、人種や性別を理由にある人を優遇するのは逆差別だと主張され、海外では訴訟になることもありますが、選考基準(資格や能力)が満たされていることが条件である場合には(プラス・ファクター方式)、平等原則には違反しないと判断されることが多いようです。

[浅倉むつ子]

第4章

経済大国ニッポンと労働運動再編の時代

［聞き書き］男女雇用平等法を求めて②

萩原久美子

男女雇用平等法制定運動が繰り広げられる一九七〇年代後半から八〇年代前半は、経済の変動とともに日本社会の構造も大きく転換する時代だった。一九七一年のドルショック、七三年のオイルショックによって日本の高度経済成長は終わる。しかし、日本は世界同時不況をいち早く抜け出す。七四年に戦後初めて経済成長率がマイナスを記録したものの、七五年以降、産業構造の転換と徹底的な減量経営とともに景気は回復していった。高度成長期をけん引した重化学工業に代わって半導体が日本の「産業の米」となり、電子工学（エレクトロニクス）を基盤とした電子機器、工作機械、自動車など輸送機器が国際競争力を発揮した。日本は貿易黒字に転じ、八〇年には自動車生産は世界一となった。

国際競争力を支えた要因のひとつは、ファクトリーオートメーション（FA）、事務作業でのオフィスオートメーション（OA）導入等による労働生産性の上昇に対して、日本の賃金コスト上昇が低く抑えられたことである。労働生産性が上がっても賃金に反映されない。これが可能であったのは、経済危機のなかで企業防衛と雇用防衛をセットとしてとらえ、賃金抑制に合意する労使協調型の労使関係があったからである。

もうひとつは、雇用調整のバッファーとしての女性労働者の存在である。FAの導入で組み立て工程から女性が消え、銀行ではオンライン化した結果、一九八〇年代から八五年までに女性従業員は一万六〇〇〇人減少したと言われる。[1] その「リストラ」「失業」の多くは結婚、出産による「自然減」として不可視化されていった。あるいは、七五年、第三次産業の就業者数が就業者総数の過半数を超え、女性の雇用はサービス経済化とパート化に吸収されていった。

オイルショックに対する日本経済の強靭さとその後の経済的パフォーマンスはトヨタ生産方式とともに「日本的経営」として国際的な関心を集めた。それがきわめて性差別的な特徴をもつことはほぼ無視されていたが、日本社会の前近代性としてとらえられてきた終身雇用慣行や企業別組合に代表される企業帰属意識の強さはここにきて、ハーバード大学のエズラ・ヴォーゲルの著書のタイトルのごとく『ジャパン・アズ・ナンバーワン』(一九七九)という評価を得るようになっていったのである。

労働運動も再編の時期にあった。一九七四年の狂乱インフレのなか、労働組合は春闘で三二・九%という賃上げを達成するが、翌年以降、民間企業を中心とする産別労組はマクロ経済との整合性をにらんだ賃上げ自粛論をとり、政策志向を強めていった。一方、国労、全逓、全電通などの三公社五現業の労組が参加する公労協は七五年に公務員のスト権回復を求めるスト権ストを打つが敗北する。総評の影響力の低下とともに、民間先行の労働統一戦線(労線統一)が本格化し、労働運動の再編は八九年の連合結成と総評解散で完結した。

1——神代和欣、連合総合生活開発研究所編(一九九五)『戦後50年——産業・雇用・労働運動』日本労働研究機構、四四八-四四九。

このような低成長期下の企業社会再編のもとで男女雇用平等法制の議論は始まった。「経済大国」を築き上げ、いわゆる日本的経営に自信を強める使用者側にとって「男女雇用平等法」はまさに「わが国の労働慣行を根底から覆す」「企業のダイナミズムに触れる」（巻末「**資料❹❼**」）問題であり、国際基準での男女雇用平等の議論は「落日のヨーロッパ」（本章・伍賀参照）の議論と映った。

本章では高度成長期から低成長期へ、「ジャパン・アズ・ナンバーワン」の時代からバブル崩壊後の九〇年代へと転換期の運動を担ったリーダーが登場する。坂本チエ子（元全電通中央執行委員）、伍賀偕子（元総評オルグ）、長谷川裕子（元全逓中央執行委員）、熊崎清子（元ゼンセン同盟婦人部長、連合副事務局長）である。

男女雇用機会均等法については従来、女性差別撤廃条約という「外圧」を契機とする霞が関、審議会を舞台とする労使の攻防、国会の政治過程が注目を集めてきた。言いかえれば、男女雇用平等法制定運動に至るまでの労働組合を活動基盤とする女性運動の蓄積が見落とされてきたということである。

戦後民主主義のエッセンスである男女平等を実体化する運動は戦後すぐに開始され、日教組による教員男女差別賃金の撤廃運動は一九五三年、全国で完全勝利を勝ち取っている。保育所整備、産前産後休暇の延長、育児時間、育児休業、短時間勤務制度、介護休業。[2] これらはすべて法制化以前に労働組合が協約化してきた制度であり、ゼンセン同盟の「母性保護統一闘争」をはじめとする個々の労働組合の協約化・運動実績が法制化を推し進めてきたのである。

とりわけ自治労など公共部門の女性労働運動は女性の労働条件整備に関するパターンセッターとなってきた。一九六五年という段階で育児休業制度の協約化に成功した全電通はその代表的な存在である。坂本チエ子が八九年の電電公社民営化までの全電通女性運動の実践と蓄積を語る。

運動は地域でこそ積み上げられていく。総評では企業別組合の労働運動からとりこぼされる中小企業で働く労働者の組織化、主婦や婦人対策の組織強化を専従で担うオルグを全国、地方に配置していた。伍賀偕子は大阪総評のオルグとして労働運動と市民運動、女性運動をつなぎ、地域での幅広い連帯行動を作ってきた。女性労働運動は「結果の平等」を運動論としても実践していくなど、積極的に第二波フェミニズムを基盤とする理論を吸収し、実践に結びつけている。

連合の結成によりオルグ制度は廃止され、未組織労働者の組織化、地域共闘を担った多くの地区労も解散あるいは機能を縮小していった（そのなかから八〇年代半ばからのコミュニティユニオンが展開していくが、これについては6章で触れる）。オルグ制度のなかでも女性オルグ（主婦の会、婦人対策担当）に関する記録・研究は限られており、オルグの視点から見た地域労働運動、男女雇用平等法制運動の整理は貴重な記録である。

男女雇用平等法制定運動を通じて、労働組合と女性との関係も新たな段階に入る。全逓婦人部長の任にあった長谷川裕子は均等法施行後、女性の職域拡大（郵政B）と女性の深夜業解禁という課題を通じて、労働組合における女性リーダーのありかた、意思決定参加の問題を深く見つめることになる。男性中心の労働組合における女性やマイノリティの包摂過程として見れば、2章で登場した多田、松本、高島らは主流組織からの排除、「母性保護」への封じ込めと闘い、次世代の長谷川は「企画し運

2——これらの協約化については萩原久美子（二〇〇六）『育児休職協約の成立——高度成長期と家族的責任』を参照されたい。

動を創るリーダー」になろうと、既存のシステムへの同一化を求める包摂のありかたと闘った。[3]その一つの結論が女性部(婦人部)廃止だった。九〇年代、女性部や女性委員会を解消する動きが相次ぐが、長谷川が模索した、同化する「包摂」から女性が組織改革の担い手となる「包摂」への転換につながったのだろうか。歴史ある全逓婦人部解散を決定する苦悩やその後の問題を率直に語っている。

坂本、伍賀、長谷川はそれぞれ総評「中央行動」について触れている。中央行動とは、男女雇用平等法制の審議が大詰めを迎えた一九八三年一一月一〇日、労働省を臨む旧厚生省前で始まった座り込みであり、男女雇用平等法制定運動の白眉である。総評による座り込みと要請行動は一二月二四日までの四〇日間にわたり、全国からのべ二五〇〇人の女性が参加した。東京地評主婦の会からの「トン汁」の差し入れ、日本婦人会議のメンバー、弁護士の中島通子や吉武輝子ら「行動する女たちの会」、土井たか子ら国会議員が連日激励に訪れている。「中央行動」は翌八四年三月(経済団体、審議委員への要請行動)、同七月(国会傍聴、要請)の三段階にわたって行われている。

さて、日本経済は「ジャパン・アズ・ナンバーワン」からバブル崩壊へ至り、「構造改革」「規制緩和」政策が推進されるようになる。「日本的経営」の評価は一転し、大競争時代の日本経済の生き残りと成長をにらみ、日経連は一九九五年、『新時代の「日本的経営」』をまとめた。[4]個別管理、成果主義、複線型人事システムの導入が必要であるとの提言は女性保護規定撤廃の主張と通底する。すなわち、経営事情によって個々の能力を活用する方途は多様であって募集・採用、昇進・昇格は企業の裁量であり国が禁止すべきではない。むしろ時間外・休日労働、深夜業についての一般女性保護規定があるために企業はやる気のある女性の能力を活用できずにいるという主張である。すでに経済企画庁による『生活大国五か年計画』(一九九二年)には妊娠・出産にかかわる母性保護を除く女性保護規定の撤廃方針が盛り込まれていた。

こうした情勢のなかで、熊﨑清子は連合副事務局長として、一九九五年から始まる婦人労働問題審議会での均等法改正審議に参加、均等法改正の課題に向き合った。九七年の改正で連合が求めた雇用のすべてのステージでの性差別が禁止された。しかし、労基法で定められていた時間外・休日労働、深夜業については連合が要求した男女共通規制は取り上げられないままに一般女性保護規定は撤廃された(詳細は1章、あわせて2章の多田、松本、高島の項を参考)。

熊﨑の物語は一九五〇年代、高度成長期の製糸工場での経験から始まる。仲間とともに働き、活動した日々が語られる。均等法の成立に際し、日本社会ではいくら女性が運動しても願っても「男女平等は受け入れてもらえない」と語った。雇用平等の議論はだれのためなのか。男女平等は「女性活用」へとずらされ、経済成長、経営パフォーマンスとの関係が問われることは今も変わらない。

3―労働組合組織における包摂の初段階については、萩原久美子(二〇一六)「企業別労働組合における人材確保の課題と「担い手」概念の検討――女性、若者、非正規労働者への再組織化事例を中心に」『下関市立大学論集』を参照されたい。

4―同報告書では今後の人材活用を三つの雇用形態で示した「雇用ポートフォリオ」を提言した。管理職・技能部門の基幹職を対象とする「長期蓄積能力活用型グループ」、企画・営業・研究開発などプロジェクトごとに雇用を契約する「高度専門能力活用型グループ」、事務・技能部門の定型的業務を対象とする「雇用柔軟型グループ」である。

表1―一九九七年均等法改正時の連合の要求

項目		要求内容
法律の名称		「男女雇用平等法」とする
雇用管理・事業主の講ずべき措置	(1)募集・採用	禁止規定化
	(2)配置・昇進	禁止規定化
	(3)教育訓練	すべての教育訓練を対象
	(4)福利厚生	金銭関係に限定せずすべてを対象
	(5)定年、退職および解雇	解雇のみならず、結婚、妊娠、出産による退職が慣行として存在していることが証明された場合も禁止の対象とする／解雇禁止の対象に「育児時間」(労基法六七条)および「生理日が著しく困難な女子に対する措置」(同六八条)を追加
	(6)間接差別	「間接差別」を禁止する措置を講じる
	(7)セクシュアル・ハラスメントの禁止	職場における「性的嫌がらせ」を禁止する措置を講ずる
	(8)積極的平等策(ポジティブ・アクション)	「労使によるポジティブアクション・プラン策定委員会」(仮称)を事業主に義務付ける措置を講ずる／上記委員会のプログラム作成及び推進状況報告の義務付け
	(9)事業所内の苦情処理機関の設置	(1)～(8)に関わる苦情及び紛争を解決するための労使で構成する「苦情処理機関」の設置(女性を必ず入れる)／苦情を申し出た労働者の不利益取扱いを禁止する措置を講ずる
法の実効確保	(1)調停委員会等	行政から独立、三者構成、半数は女性・一方の当事者からの申請によって調整開始が可能／立証責任は事業主／情報、資料収集、調査権限を付与／差別認定をして救済命令を付与／調停の申請を理由とする差別及び不利益取扱いの禁止

法の実効確保	(2)罰則等	法及び調停委員会命令に違反した場合は罰則及び企業名の公表など制裁を含む強行規定を講ずる
労基法等の改正	(1)母性保護の強化	①妊娠中の健診のための通院休暇、通勤緩和のための労働時間の短縮制度、妊娠障害休暇 ②妊産婦の就業継続、母子の健康確保に問題があるときは就業場所の変更、作業の転換、労働時間短縮、休業等の措置を講ずる ③母性健康管理指導基準を法律に基づく基準とし、母性健康管理推進者の設置義務を事業主に課す ④産前休暇六週間を八週間、産後休暇八週間を多胎の場合は一〇週間に、妊娠・分娩に起因する疾病については産前・産後休暇の追加扱いとする ⑤妊産婦にかかわる制度を取得したことによる昇進・昇格の決定、一時金・退職金算定などに当たっての不利益取扱いの禁止 ⑥労基法で定められた妊娠中の軽易業務への転換ができない場合は業態によって、医師の診断を考慮し産前休暇扱いとする
	(2)時間外労働等の男女共通の規制と家族的責任を有する労働者の措置	①時間外、休日労働に関する男女共通の法的規制を講じる ②育介法を改正し、子育ておよび介護を必要とする労働者が申し出た場合、時間外・休日労働及び深夜労働を免除する措置を講じる
男女賃金格差の是正と女性の賃金改善		①労基法三条に「性による差別の禁止」を明文化 ②同一価値労働同一賃金に基づく労基法四条見直し ③労基法および育介法の権利行使による不利益取扱い禁止

連合・女性局(一九九六)『つくろう!男女雇用平等法』より作成

協約の積み上げが開く男女雇用平等

元全電通中央執行委員 **坂本チヱ子さん**

［**略歴**］さかもと・ちえこ。一九四二年、栃木県宇都宮生まれ。六一年、電電公社入社、電話交換手として栃木県古河電報電話局配属。全電通古河分会、栃木県支部執行委員を経て、六六年から同関東地方本部執行委員、七八年から八九年まで全電通中央執行委員。その後、情報労連関東地協事務局長、電通共済生協担当部長を歴任。初の女性として中央労働委員会委員（二〇〇二年〜〇八年）を務めた。

労働運動、女性労働の転期に

一九八九年一〇月、総評は第八二大会をもって解散、四〇年の歴史を閉じました。この時、「均等法の山野」と呼ばれ、七六年から一二年にわたって総評婦人局長を務めてきた山野和子さんも退任、総評での運動を終えることになりました。この同じ年に私の全電通（全国電気通信労働組合）での運動も終わりました。

一九七八年から八九年までの私の全電通中央執行委員（婦人担当）時代は「国連女性の一〇年」という国際的な潮流のなかで、全電通の先輩である山野さんと二人三脚で、労基法改悪阻止と男女雇用平等法制運動に全力を傾けた時代でした。均等法が成立した八五年は電電公社の分割民営化の年でもあり、全電通が「女性が働き続けるために」をスローガンに戦後、積み上げてきたさまざまな運動の到達点を均等法施行後の新たな運動へと橋渡しする節目でもありました。

均等法については「なぜこんな均等法を作ったのか」「おかげで女性労働者はひどい状況になっている」という批判を聞きます。でも、もし均等法がなかったら——と私は考えます。もし均等法がなかったら、もし女性差別撤廃条約が批准できていなかったら、経済界、政府は女性に何をしただろうか、と。

六〇年代全電通——自動ダイヤル化とスト権回復闘争

一九六一年、高校卒業と同時に私は日本電信電話公社（電電公社・現ＮＴＴ）に入社。電話交換要員として配属されたのは栃木通信部管内の古河電報電話局でした。当時、電電公社は電話交換手を通して電話をつなぐ手動式から電話番号をダイヤルするとすぐにつながる自動ダイヤル化を進めていました。その自動改式のための特別社員として採用されたのです。電話交換部門には女性一〇人と男性も数人が配属されましたが、男性は改式の過程で電話交換部門から別の職場に移っていきました。

この電話交換の訓練期間中に私は組合に加入し、翌年には古河分会の執行委員になりました。執行委員一〇人のうち女性は三人。古河分会の情宣担当として壁新聞の作成などをしていましたが、一九六四年に栃木県支部へ、そして翌年には関東地本の執行委員になりました。駆け出しの私は全電通の労働運動の蓄積とダイナミックな運動を経験することになります。

一九六〇年代、全電通は大きな課題を抱えていました。まず自動改式の問題です。人から機械への置き換えは電報職場から始まり、六〇年代には電話交換職場にもその波が及びます。自動ダイヤル化の過程では、営業や施設部門（機械、線路、建設）は電話通信網の拡充整備にともない拡大していきますが、地方の中小局の電話交換職場は都市部に集約されていきました。その過程で、公社は五〇年代後半から六〇年代前半にかけ、余剰人員となる電話交換手への退職勧奨、退職公募を行っており、転勤や異動に応じにくい既婚女性がターゲットになりました。とくに六〇年代に入ると電話交換要員の整理を進めるため、政府も特別退職法案（特退法）、通称「電話自動化首切り法案」を繰り返し国会に提出するようになります。

全電通中央本部は廃案運動を進める一方、各支部・分会に対し一九五七年に協約化した合理化に関する「基本的了解事項」（合理化により労働条件の向上と首切りを生じさせないとする基本的了解事項）に基づいて、自動ダイヤル化にともなう合理化について公社と事前協議を行い、意思確認をしながら電話交換手の要員配置、配転・職等の雇用確保を進める方針を出していました。私がいた古河分会でも改式で数人が辞めましたが、団体交渉で電話交換手のほとんどが希望どおり、宇都宮、小山、佐野など隣接地域での職転、配置転換になっています。

もうひとつがスト権回復の問題です。全電通には公労法（公共企業体等労働関係法）が適用されていたため、スト権がなかったのです。けれどもこれはＩＬＯ八七号条約（結社の自由・団結権）の条項に違反しているので、公労協は一九六四年四月一七日に一斉スト（四・一七スト）の実施を固めていました。ところが、組合分裂のための策謀だとしてスト反対を宣言する共産党四・八声明で混乱し、全電通内部も動揺しました。そこで翌六五年四月二〇日、二三日の二日間、全電通は単独で全組合員のストライキを打ったのです。

これに対して、公社側はストに参加した組合員全員に解雇、停職、昇給延伸等の「一六万人大量処分」を発令しました。私は泊まり明けで二三日午前八時からのストに参加していなかったのですが、執行委員として三か月間の昇給延伸の処分を受けました。その後、全電通は処分撤回闘争を展開、その中心となったのが「パルチザン闘争」です。合法的な手段や協約で勝ち取った休暇等の権利をフル活用して各職場が創意工夫で徹底して対抗していくものです。この処分の年の秋、栃木県支部執行委員となった私もビラ貼りや団体交渉に取り組みました。

翌一九六六年、一六万人処分が撤回されましたが、引き換えに全電通本部は公社と「六・二五了解事項」を結ぶことになります。「合理化について双方努力する」「大衆行動の制約」「中央協約と異なる下部協約の整理」「夏期手当の調整」「六〇歳以上の昇給停止」という厳しい内容でした。とくに夏期手当の調整とは勤務成績によって五％の上乗せ対象となる職員と基準額から一〇％減となる職員が出るという査定を意味していました。組織としても職場としても問題を抱えることになりました。この了解事項は七二年に撤回させています。

協約を守る、体を守る——女性が中心となって

技術革新による職場の合理化への対応、スト権回復闘争。女性は自分たちの職場を守るため、その運動の最前線にいました。全電通は職場での運動を重視しており、六〇年代には中央本部、地方本部(地本)、県支部の支援・指導のもとで統一的に各職場が交渉、運動を担う体制をつくっていました。電話交換手を抱える電報電話局の職場分会ではとくに女性のからの要求や問題提起が団体交渉の議題の八割を占めるようなことも珍しくなかったのです。

その中心が体を守る、協約を守らせるという運動でした。全電通にとって技術革新による雇用不安や労働強化は発足以来の組織的課題です。そのなかで取り組まれたのが「体を守る運動」であり、「勤務時間時間・週休日」「年休」「特別休暇」「配置転換の事前説明」「休職者給与の不利益取り扱いの規制(発令時期の改善)」という五項目に関する全国統一での五大労働協約の締結(一九五五年)です。

協約で取り決められた労働条件で働くためには、適切な要員配置が必要であり、それができないのは公社の責任である。そういう理論でもって、五大労働協約を運動の土台にすえて、一九六〇年代半ばまでに高齢者への退職勧奨の禁止、訓練生の労働条件協約、安全衛生・福利厚生を加えた総合労働協約化へと前進し、より高い内容での協約化闘争を全職場で取り組んでいます。

女性も労働時間、休暇に関する権利を守らせる実践と交渉を積み上げていきました。たとえば一六万人処分撤回闘争の時も女性は年次有給休暇、生理休暇、育児時間に関する協約の実践を職場に守ら

せることで抵抗路線を貫きました。決して簡単なことではありません。公社は「休務率」「収支率」という指標で休暇取得の締め付けを行っていました。休んだ日数を人件費に換算し、休暇取得日数が減少すれば人件費コストが下がり、各局の収支率があがるという理屈をもって、とくに生理休暇については取得者の尾行、監視、家庭訪問、呼び出しなど嫌がらせをします。背面パトロールと称して交換作業中の電話交換手を監視することもあちこちの職場で行われました。

女性は抵抗しました。電話交換は一度、交換台に着くと、気分が悪い、トイレに行きたいからと自由に離席できる仕事ではないのです。年休はもちろん、生理休暇、育児時間、出産休暇をしっかりと取ろう。この時期の全電通での年休取得率はほぼ一〇〇%です。年休消化状況を分会レベルで調査し、労働強化に対抗しました。

協約の積み上げ——女性が働き続けるために

協約を守る、体を守る。そのための徹底した職場の実態調査と細やかな交渉の積み上げを基盤に、全電通は女性が働き続けるための協約を一九五〇年代から勝ち取っています。均等法や育児介護休業法ができるずっと前に、職場内託児所、育児休職、短時間勤務、看護休暇に関する協約を成立させています。

最も早くに取り組まれたのが職場の託児所設置運動です。戦後の保育所不足のなかで、子どもを安心して預けられる場所もなく、しかし、働き続けたいという電話交換職場の女性たちの思いを結集した運動です。全電通結成三年目の一九五三年から交渉開始、五五年に全国五か所での設置に成功しています。当初は一歳児が対象でした。その後、東京市外電話局、大阪市外電話局、神戸、福岡へと広がり、自主的な運営のなかから始まった託児所設置は大きな役割を果たしました。一九七〇年代後半になると出産年齢の電話交換手の減少などを背景に利用者が少なくなり、八五年、託児所は幕を閉じました。私が本部に行って最初にやったのがこの託児所閉鎖の仕事でした。

次に一九六五年に全電通が協約化した育児休職です。産休明けから子どもが二歳（のち三歳まで）になるまで休職し、原職復帰する全電通の育児休職制度は世界でも例のない内容を備えた制度でした。しかし、自民党の主婦化政策や公社での電話交換手の人員整理の渦中のことでしたので「家庭に女性を帰らせる制度ではないか」「このままやめさせるつもりだ」といった批判もあり、制度の効果や利用実態が見守られていました。全電通新聞の家庭配送だけでなく、全電通の各地本、各支部の女性役員は休職者への家庭訪問をし、職場の状況を知らせ、「必ず戻ってきて」と声をかけ、定着を進めました。その結果、一九六五年から六八年までの三年間の復職率は約九五％で、職場に定着していきました。

育児休職要求化とともに取り組まれていたのが育児中の女性の労働時間短縮です。当初は短時間労働制として討議され、一九七三年、満一二歳児未満の子どもをもつ女性を対象とする特別勤務制度として協約化されました。協約で取り決めた労働時間は四時間一〇分（四週に二日は四時間二〇分）で、電話運用、電信運用、統計機器操作、診療の各部門の女性職員数の五％を定数としていました。

一九七五年には、産後休暇七週、看護休暇の協約化に成功しています。産後休暇は当時、法定で六週間です。協約化を進めるため、労働組合は組合員に一週間延長が必要だとの診断書提出運動を行いました。ところが、産科医の先生からそんな診断書は書けないと言われたのです。これに対し、私の出身の栃木県支部では委員長が熱心に産婦人科医に職場の事情や、働き続けるためには産休が重要であると説得を続け、全国平均三〇％程度の診断書提出率が栃木では七五％に達しました。この実績が説得材料となり公社側の合意を引き出せたのです。こんな涙ぐましい努力を積み重ねて拡大していきました。

看護休暇は、配偶者の出産や、子どもを含め同居家族の病気の場合に一週間、休暇を取得できる制度で、男女を問いません。男性は育児休職だと取らないけれども、親の介護などで看護休暇は取得していました。男性の取得率が結構高い制度でした。

個人的に思い出すのは、妊婦の健康診査の診断書費用のことです。人事院規則に妊婦の健康診査のための休暇が認められていますが、そのために診断書を書いてもらう費用がかかります。娘が生まれたときに、全電通中央本部から「健康診査は何が大変でしたか」と聞かれたので、「診断書をいただくにも、お金がかかります」とお話ししました。一九七五年、公社との交渉でその費用が支弁されるようになりました。「うちの娘の成果だね」という笑い話です。

呼量の増加——電話交換手、頸肩腕症候群を発症

全国電話網の完成と自動即時通話を推し進めた公社の第三次五カ年計画は一九六七年度に終了しました。その期間の配職転は約三万六〇〇〇人。全電通は電話交換職場と雇用を守りましたが、すぐに

次の課題が浮上します。六八年から始まる公社の第四次五カ年計画への対応です。同計画の主要事業は市外通話を含む全国自動ダイヤル化の完成と住宅用電話対策、デジタル化の開始でした。

電話交換職場の縮小は決定的でしたが要員は不足していました。六〇年代末から七〇年代初頭、呼量自体は拡大基調にあり、とくに一般住宅への電話の普及、ライフスタイルの変化を背景に早朝・夜間に通話接続、番号案内等の呼量が集中する事態が起きていたからです。午前五時半から呼量が増え始め、一人で交換台を複数台受け持って対応しても追いつかない。夜は午後七時から同じような状況になり、お客様から宿直の電話交換手が罵声を浴びせられる、怒鳴り込まれることもありました。

関東地本では管轄の電話局の実態調査を行い、公社に要員配置を求めました。電話市場が拡大する首都圏では電話交換手の大量採用が行われていましたが、東京の電話接続拠点である東京市外電話局では「短時間臨時雇」として学生も採用していました。本来は社員化すべきだと交渉しましたが、「短時間制特別社員」として制度化されました。

呼量の増加とともに、もう一つ問題が起きました。ボタン式で番号を打ち込む形の交換台が導入され、一九七二年頃から頸肩腕症候群を電話交換手が発症するようになったのです。一時は三〇〇〇人という規模になり、医療体制の整備や休息時間の確保など予防措置に加え、継続できない場合の職転、業務災害認定を進めていきました。この運動ではイデオロギー対立が生じましたが、その後、終息に向かいました。女性が中心になる運動でした。

早朝・夜勤の要員確保、頸肩腕症候群に対し、各支部、地方本部の女性たちは連携し、全国的な運動を展開していきました。全電通では女性の全国代表者会議を年に一回、地方の担当者会議を年に六回程度開いていました。さらに中央本部の会議を受けて、地方本部の支部、分会も会議を開きます。一か月に一回は女性が集まり意思統一をする機会があったのが原動力となっていました。

電話事業の拡大をみこんでの大量採用が続くと、顔をあわせての組織化は困難になりますが、女性に関しては個別に組織化をしました。積み上げてきた協約の内容や職場の問題について共有すべきことが多くあったからです。大切な教育の機会になりましたし、全電通には「団結の家」という労働者教育施設があり、一か月の基本コースが用意されていました。女性が学び、リーダーになり、次の世代を育成することができた時代でした。

国連婦人の一〇年——総評リーダー・山野さんとともに

総評は一九七五年の国際婦人年に向け、産別・単組に国際婦人年への取り組みを呼びかけていました。全電通では機関誌で国際婦人年特集号を組むといった広報活動に加え、国際交流に力を入れました。七五年、全逓、国際電電の三労組合同で、団結の家を会場に「国際郵便電信電話労連（PTTI）アジア婦人セミナー」を開催。国際自由労連（ICFTU）主催の女性労働者の権利と機会の平等に関する国際シンポジウム（メキシコシティ）にも全電通からオブザーバーとして六人の女性役員が派遣されています。この年のILO第六〇回総会にもはじめて女性労働者代表（総評・山本まき子婦人対策部長、全電通・井

5—手指、手関節、肘、腕、肩にしびれ、痛み、だるさが継続する。めまいや頭痛、起き上がれないなど自律神経症状を伴う場合もある。タイピング作業など同じ動作を繰り返す業務につく人に起きやすいとされる。

上恒子婦人対策部長、航空連合・井上和子婦人対策部長）が参加しています。

国内でも市川房枝さんを委員長に民間女性団体と労働組合四一団体で実行委員会をつくり、一一月に「国際婦人年日本大会」を開催しました。その後、「国際婦人年日本大会の決議を実現するための連絡会」（四八団体）が結成され、女性団体が横断的な連携がつくられていきました。

その盛り上がりのなかで、一九七六年、全電通名古屋中央支部書記長だった山野和子さんが山本まき子さんに代わって総評婦人対策部長に就任します。「雇用平等法制」の議論が女性の保護撤廃論とともに出てくる直前のタイミングでした。総評は四五〇万人組織。その婦人局長のトップに山野さんを出すにあたって、及川一夫全電通委員長（当時）から「運動をきちっとやっていくのにはおまえさんの協力が必要だよ」と全電通関東地本の支援を確認されました。

当時、全電通は二九万人組織。そのうち女性は八万七〇〇〇人という規模を誇っていました。しかし、女性が一つの職場に結集しているのは電話交換の中心局にある東京市外支部、大阪市外支部ぐらいです。総評女性運動も政党支持の違いがあり、春闘など個別課題での意見の違いだけでなく、後の連合結成に連なる政策推進労組会議への評価もさまざまで、一枚岩ではありません。出身組織である全電通が組織をあげて支援しなければ山野さんをリーダーとする総評運動は前に進めないのです。

その二年後の一九七八年、私も中央執行委員（婦人対策）として全電通中央本部に移りました。そのころ電電公社では市外通話を含め全国の自動ダイヤルサービス化が完了、いよいよ電話交換手の仕事がなくなる時代に入っていました。一方、労基研報告をきっかけとする労基法改悪阻止、男女雇用平等法制定運動が本格的に始動していく時期でした。

全電通・新たな課題――要員確保から女性の職域拡大へ

いよいよ電話交換手の作業量がなくなっていく。その難しい局面にあって、先ほどお話しした職場託児所の閉鎖と「六五一了解事項」の解消が私の初仕事となりました。

「六五一了解事項」とは、電話運用部門に六万五一〇〇人を確保するという公社との協約です。第三次五カ年計画の終盤、公社は公衆電話の自動即時通話サービス化の導入にともなう要員削減案に対して、全電通は一九六八年時点での電話運用部門要員六万五一〇〇人の維持を要求。これ以上の要員削減を行わないという「六五一了解事項」を締結し、毎年、確認してきました。しかし、接続業務がなくなる七八年を最後に解消しました。

「作業量の確保なくして要員確保なし」。電話運用部門に新たに仕事をつくり、電話運用部門以外への女性の職域拡大を進めました。接続の新サービスとしてコレクトコールを開始し、東京、大阪など大都市圏の番号案内の着信を秋田や沖縄などへ分散しました。電話サービスに精通した電話交換職を営業強化に活用しようと営業所への配置も行いました。その活躍で一九八二年に販売開始したテレホンカードはずいぶん売れました。

なお女性の職域拡大に関しては、一九六〇年代末に公社の「女子局」構想が実施されたことがあります。女性の職域拡大のモデル局として館林（群馬）、須坂（長野）、八幡（京都）の三局を指定し、電話交換手の女性を営業、機械に配置、あらたに女性を局長、各課長に配属するという構想です。営業は全員女性でした。しかし、交換機のメンテナンス等を行う機械職場では高圧電力の扱いや夜間・宿泊勤務が禁止されていましたので、機械職員の一〇％程度に女性が配置されました。関東地本から館林局にオルグに行くと、女性局長に対する不満や女子局への男性の反発は大きく、私はあまりうまくいっていないように思いました。

全電通ではそれまでにも職域拡大の課題に取り組んでいましたが、この女子局をきっかけに一歩踏み込んだ交渉を重ねました。その結果、一九七三年に「性別に関係なく、希望する女性を希望する職場へ進出させる」職域拡大が制度化されました。機械職場やデータ通信職場への女性の配置を進めることや、本人の希望聴取、訓練実施の際の家庭事情等への配慮が盛り込まれています。もっとも現場ではなかなか女性の配置を受け入れてくれない、顧客から「何だ、女か。話にならない」などと言われることもありました。

女性の職域拡大の一方で、一九七〇年代半ばからはオイルショック後の景気後退を背景に電電公社に限らず、自治体、民間職場で共働きの女性に対する攻撃が広がっていました。上司が酒の席などで「昇進させる代わりに、妻をやめさせてはどうか」と働きかけることもありました。辞めてしまう女性もいました。公社側は決断するのは夫婦、家庭の問題であって、公社は知らないという逃げを打つのです。これは女性の労働権の問題だと男性役員の理解を得るのにも時間がかかりました。

保護を解消すれば平等なのか——労働省へ乗り込む

後の均等法――男女雇用平等法制の議論も本格化していました。一九七八年、労働省に設置された労働基準法研究会が女性に関する検討結果をまとめた報告書、いわゆる「労基研報告」を出しました。男女差別を禁止する新たな立法が必要だという考え方に立っているのですが、そのためには、同じ基盤に立って男女が就労することが必要で女性に対する特別措置は妊娠・出産に直接関係するもの以外は解消すべきだという内容でした。

総評のある総評会館と全電通が入っている全電通労働会館は目と鼻の先。労基研報告が出た直後、山野さんから連絡があり、二人で労働省に向かいました。当時の婦人少年局長は森山眞弓さん。労働現場の実態が度外視されている、賃金差別や採用差別の問題にも、平等に関する具体的な内容も示さず、ただ保護を解消すれば平等というのか――と大抗議をして、総評の考え方を明らかにしてきました。

平等と保護を男女労働者に――労働省横座り込み行動を開始

その後、男女雇用平等法制の動きに対し、経営側は「保護か、平等か」という二者択一の議論で世論をつくり、女性労働者を追い込んでいこうとしました。男女平等問題専門家会議でも、その後の婦少審での議論でも労使は平行線。一九八三年九月、日経連が突然、男女雇用平等法制定反対の意見を表明すると言い出し、結果的に見送られたものの一時は騒然としました。全電通では日経連へ各職場から抗議電報を送りましたし、総評は県評、各単産に指示を出し、国会要請行動、政党や審議会の公益委員に対する要請行動、はがき行動、労働省への抗議ファクスなど運動を展開しました。

審議が大詰めを迎えるなかで、総評では一一月一〇日から「私たちの要求する男女平等の法制化を実現させる中央行動」として労働省横での座り込み抗議を開始。こういう時、電報電話局を軸に全国に拠点をもつ全電通の力が発揮されました。全電通の地本を通じて各支部の女性委員長が動きます。こうして北海道から沖縄まで四〇日のベ二五〇〇人のリレーによる労働省前での座り込みが始まりました。

山野さんは審議の状況をていねいに説明しますが、何をすべきか、シュプレヒコールの文言やプラカードの内容など何も指示しません。「はいはい、やって」と山野さん。好き勝手にやっていいのだから、好きにすればいいのですが、みんなどうしようかという感じです。でも、覚悟を決めたとなると二六階建ての合同庁舎第五号館の一八階にある労働省婦人少年局に向かって、思い思いに声を上げた。替え歌もあった。プラカードもゼッケンも手作りで、皇居方面、銀座、日比谷などコースを選んで三人から六人ぐらいの少人数の街頭デモに出る。代わるがわる労働省交渉にも行きました。みんな本当に男女雇用平等法が欲しいんだという、それです。その迫力、たいしたものだと。みんなすごい、できるんだということを、感動として覚えています。

しかし、審議会の建議(三論併記)を経て労働省が出してきたのは均等法案でした。労働側にとって非常に不満なものでした。山野さんが言うようにつぶしてしまうこともできた。でも、あえて進んだ。裏切りという評価もあるようです。しかし、あの時点でつぶしてしまったら、女性差別撤廃条約の批准はできなかった。女性労働者だけでなくさまざまな立場の女性のために条約は必要で、均等法改正に向け労働側は再度闘うという決断であると、全電通は受け止め支持しました。

均等法後の職場、民営化後の労働組合

均等法の国会上程後は、ちょうど中曽根政権・第二臨調のもとでの電電公社分割民営化が最終局面を迎えており、今日は電電、今日は均等法という毎日でした。

均等法は一九八五年に成立しましたが、その後も省令・指針作りで労働者のためになる規制をかけようと運動は続きました。八五年一一月二九日から一二月二七日まで「労働基準法改悪反対、雇用の機会均等、待遇の平等を確保するための中央行動」として、延べ二〇〇〇人で第二回目の座り込みをしています。この時は女性の深夜業については一部の専門職と職種を限定した上で原則禁止を維持、時間外労働も非工業的業種については一五〇時間が維持されました。

電電公社も同じ年に民営化され、NTTになりました。私たちの職場には看護師をはじめ、総務、経理、営業など女性がたくさん働いていました。しかし、意思決定する経営の中枢には公社時代からの調査役、影山裕子さん一人だけ。早速、私は会社に対して経営の中枢に女性を配置するよう主張しました。均等法後の変化はNTT本社が四大卒の女性を採用し、経営企画、広報等に配置するようになったことです。

労働組合でも同じです。職場、分会から本部まで、執行部に女性を配置するべきだと考えてきました。私が入社してしばらくは分会から中央まですべて青年・婦人組織の担当が執行委員として配置さ

れていました。中央では一時期を除いて原則二名でした。地本もおおむね一から二名。支部では東京や大阪の市外電話局のような女性ばかりの組織もありますが、女性がほとんどいない支部も多いのです。

意思決定への参加という点でもやはり女性は少なかった。一九六八年にILO八七号条約（結社の自由）を批准したことと引き換えに政府は在籍専従者の人数制限をかけてきました。会社に籍を置いたまま組合活動に専念する「在籍専従」は三年経つと職場に戻らなくてはならなくなりました。そこで、企業から独立した労働運動の確立という点からも役員を企業に籍をもたない離席専従と、企業に籍をもつ非専従役員に分けることになりました。組合の財政事情もありますから、離籍専従の役員枠は全国で三〇〇人程度。この時の第一次離席専従は男性ばかりで、女性は山野和子さんら数人でした。

専従役員枠の減少にともない、地方の青年婦人部組織について常任委員会制度という集団指導体制にすることになりました。地方本部の常任委員長を年間六回ぐらい集め、会議を開催し、その方針を各支部におろし、支部の常任委員会で分会の女性を集めて会議を行うのです。当時八六支部、一支部四人程度の常任委員がいましたから、ざっと四〇〇人を二泊三日で年一回集め、意思統一を図る。予算も自由に使えましたので、支部の常任委員が交代しても本部、地本からの指導を受けて活動できる体制にはなっていました。

常任委員会制度による集団指導体制の目的は、役員ではなく常任委員という自由な立場で青年や女性が失敗を恐れず、相互に批判をしながら発展させていく運営のあり方だと説明をしていました。しかし、それが青年・婦人活動にイデオロギー対立を呼び込んだことも事実です。また執行部のなかに入っていても執行権がないので、女性が職場での意思決定や政策決定の機会から遠ざかってしまう。そのジレンマを生じさせました。

責任をもって組合活動に参加し、意思決定に入っていきたい。そういう意見が女性のなかから出てきたのを受け、私は民営化後の組織改革と合わせ、中央・地方・支部に女性のポストを設け、女性を選出することを提起しました。地方の書記長会議で古株の男性役員たちから「青年と一緒では駄目なのか」と言われ、その議題は二度ほど流れたこともありましたが、なんとか全国大会で確認されました。最終的には必ず執行委員として女性が参加できる制度を確立しましたが、なんともたいへんな改革でした。

海外派遣も全国的に見ると男性が優先されるので、国際自由労連（ICFTU）世界大会に地方本部・支部の女性を積極的に派遣することにも取り組みました。

女性の声を吸い上げる組織作りを

一九八九年一〇月、総評が解散。山野さんに「どうするの。組合関連の組織に行かないの」と聞いたら「私はよそに行かない。均等法の運動を徹底させたいんだ」と言われました。全電通の側面支援を得ながら、九二年に設立された「フォーラム女性と労働21」です。均等法、育児・介護問題などについて多くの政策提言を発信し、労働組合、研究者、政治家、地域運動の女性リーダーをつなぐ貴重な活動を展開しました。提言活動には若手を積極的に呼び込み、次代のリーダーを育成していかれました。

私は全電通を去る二年前に、全電通の女性たちが電話交換での声を活かした「ウグイス嬢」ではなく、「カラスになってもいいから直接、政治参加を」という方針を出しました。労働組合で培った交渉、総務、財政などでの経験を地域活動や政治に活かしてもらいたいと考えたのです。労働組合の女性リーダーが地域の推薦を受け、議員が誕生していきました。市会議員が出て、県会議員、国会議員にも労働組合を経験した女性が出てくるようになりました。

女性差別撤廃条約はじわじわと日本の職場や社会を変えています。国際婦人年をきっかけに、日本でできた国際婦人年連絡会の活動が立場の異なるさまざまな女性を結びつけたように、男性中心の社会で点在する女性の声を吸い上げる組織、運動が必要だと考えています。

調査で対抗する、運動をつくる

元総評オルグ　伍賀偕子さん

［**略歴**］ごか・ともこ。一九四二年、大阪市生まれ。大阪市立大学文学部哲学専攻卒。六六年、大阪総評に採用、女性運動、国民運動担当オルグとして、女性の労働権、反差別運動、消費者運動、環境保護運動などに携わる。八九年、総評解散にともない、連合大阪へ移籍。二〇〇二年に退任後、「関西女の労働問題研究会」事務局長および代表、大阪社会運動協会専務理事（二〇〇八年まで）を歴任。著書に『次代を拓く女たちの運動史』『女・オルグ記』『敗戦直後を切り開いた働く女性たち』などがある。

職業はオルグ

大学に入ったのは六〇年安保闘争の直後。学生運動とともに学生生活を送りました。教員志望で教員免許を取得したのに、卒業してもお声はかからず。仕方なく塾講師のアルバイトをしていた時、友人から総評大阪地評——通称「大阪総評」が女性アルバイトを探していると聞きました。労働者階級との連帯はなじみのスローガン。「使って下さい」と飛び込みました。

労働組合や産別組織の推薦も紹介もなく、押しかけた私でしたが、大阪総評は三か月のアルバイト期間を経て、一九六六年一〇月、正式に採用しました。貧しいなかで父は大学にまで行かせてくれたのに、教師になるはずが就職したのは労働組合。それでもクリスチャンの父は「お前の名前は「神と偕《とも》に」という聖書の言葉から付けた。神とともに、とは人とともにという意味だ。その名のとおり、いい仕事に就けたね」と言ってくれました。

初任給は二万二五〇〇円。採用時の肩書きは「大阪総評婦人対策・主婦の会オルグ」でした。オルグと言われてもわからないですね。オルグとはオルガナイザーの略。辞書では組合を組織したり加入を促したりする人のことです。私の経験で言い変えるとオルグとは労働や地域の課題解決をめざして、人や組織をつなぎ、運動をつくり上げる役目。オルグするとは人にその気になってもらうこと。お給料をもらって、社会をよくする、いい仕事です。

総評が「オルグ制度」を発足させたのは一九五六年。大企業の企業別組合が主流となる日本の労働運動ではとりこぼされてしまう中小企業の労働者を組織化することを目的に発足しました。総評組合員で資金を拠出し、九〇名の「中対(中小企業対策)オルグ」を採用、全国、地方に配置しました。オルグは中小企業で働く人たちの組織化や労働条件の向上に大きな成果を上げていきました。

このオルグ制度が一九五九年、青年と女性、さらに総評組合員の妻である「主婦」の組織化へと拡大され、主婦の会オルグと婦人対策オルグとを兼任する形で女性が配置されていきました。発足当初、全国オルグ二名（野村かつ子、金井重子）と、地方では九道府県（北海道、東京、愛知、大阪、兵庫、愛媛、広島、山口、福岡）に主婦の会オルグが置かれました。主婦の会は労働組合の支援・協力組織としての位置づけで、性分業家族を前提とした活動です。その限界はありながらも主婦の会が消費者運動や合成洗剤追放運動に代表される環境保護運動を牽引し、また内職・パートの組織化など働く主婦としての権利要求、男女雇用平等の要求主体として活動してきた側面は再評価されるべきものと考えます。

その後、私には「国民運動担当」の肩書きも加わり、人と人、労働運動と女性運動、市民運動をつなぐオルグの一人として二〇年以上、大阪総評で働くことになります。

後日談ですが、地評の採用申請を総評本部で審査した際に「学生運動出にオルグができるのか」「職場経験のない女性の大卒に主婦の会を任せられるのか」と疑問が出たそうです。その時、当時の総評婦人対策部長の山本まき子さんが「これからの運動は理論を勉強した若い人も重要だ」と頑張ってくれたと聞きました。

市民運動から学ぶ、共闘に学ぶ

組織としては、消費者運動は主婦の会、女性労働問題は婦人部（一九六八年からは婦人協）というように窓口を分けていましたが、女性オルグは基本的に各地評に一人。主婦の会オルグと婦人対策オルグを一人で兼任するのが一般的でした。労働組合のオルグとは何をすべきなのか。まずは大阪総評と関係のある組織や人たちを訪ね歩くことから始めました。その出会いが実に大きかった。

戦前から婦人運動を率いてきた婦人民主クラブの松本員枝、藤田寿、飯田しづえ。主婦運動の発祥の地である大阪には大阪主婦之会の馬場チミ、全大阪主婦連盟の難波美知子、関西主婦連の比嘉正子ら。戦後女性運動の錚々たるリーダーたちです。労働組合には、手探りのなかで戦後の女性労働運動の基盤を築いた大阪交通労組の桂あや子、OL争議の先駆けといわれた日本生命大阪支店従業員組合婦人副部長の小林美代子ら「勤労婦人聯盟」の諸先輩方。桂は大阪で初めて生理休暇を認めさせる運動を展開し、男性車掌の募集に待ったをかけて女性の雇用を守った活動家です。共に活動するなかで労働運動とは何か、市民運動とは何か、共闘とは何かを学んでいくことになります。

総評大阪で働き始めた翌年の一九六七年夏。大阪でタクシー冷房料金二割加算の導入が強行されます。馬場チミらの呼びかけで女性運動、主婦運動、労働組合、市民団体一〇団体による「撤回要求委員会」が結成され、撤回運動が始まります。大阪総評の婦人部の私の役目はタクシー運転手の組合である全自交労連と市民運動とを結び付けることでした。「こんな制度を入れても、運転手の皆さんにいいことはない。一緒に反対運動していきましょう」。タクシーの運転手さんの目には二〇代の女性オルグはどんな風に映ったのでしょうか。賛同が広がっていきました。

実は私は当初、タクシーなんて経済的に余裕のある人しか利用しないのに、と躊躇するところもあったのです。けれども、馬場さんらの運動家としての卓越した勘でしょう。近畿行政監察局に運動のターゲットを絞り、実施された料金制度を撤回させました。これがきっかけとなり、大阪タクシー汚職事件が発覚、国会議員が贈賄容疑で逮捕、基本料金の値上げまで見送りとなり、市民から大きな支持を得ました。

あきらめることなく、あらゆる戦術を使ってやり抜いていく。マスメディアを味方に付ける。そこには、企業、流通、行政、政治が作り出した「消費」の仕組みを分析し、その仕組み自体を問題にし、運動のターゲットを絞っていく戦略がありました。市民運動を率いてきた優れたリーダーたちによる運動は多くの成果を上げていきます。「撤回要求委員会」は「値上げ反対京阪神行動委員会」へと衣替えし、値上げのトップを切ったキッコーマンに対し、地元の商品を「主婦醤油」として推奨する不買運動を開始。キャンペーンは全国に広がり、値上げは撤回されました（一九六八年）。野菜の高騰に対する「大阪万博便乗値上げ反対エプロン集会」（一九七〇年）をきっかけにその後、大阪府の協力を得て産地直送の青空市場の設置が各地で行われました。

一九七二年には消費者運動、女性運動、労働組合ら二五団体が結集し全大阪消費者団体連絡会が発足します。事務局長に下垣内博（全農林大阪府本委員長）という抜きん出たリーダーのもと、事務局次長に総評主婦の会の私と新日本婦人の会代表という、大阪では数少ない社共共闘での地域運動が実現します。七三年、オイルショックを受けての電力料金値上げに際しては、電力会社トップの出席のもとで「民間公聴会」を開き、下垣内さんは電力料金の仕組み批判を鋭く展開しました。幅広い連帯、共同行動の蓄積のなかで、私のオルグとしての意識が鍛えられていきました。

エキスポ綜合労働組合結成——大阪総評は国民運動のセンターである

こんな活動ができたのは総評、とくに大阪総評には「我々は国民運動のセンターである」という自負があったからです。「労働組合は組合員のものであって、賃金や労働条件向上が本筋。外から消費者運動や市民運動を持ち込むな」という批判は一切、ありませんでした。むしろ、大阪総評は共同行動、共闘の事務局を担っており、労働組合は「市民運動と連携し、共闘をリードせよ」という考えがありました。女性、主婦の会等、国民運動にまつわる市民連携のことは「伍賀ちゃんに任せたよ」といわれ、私は総評のオルグ時代、市民連携に関する組織的な判断との板挟みで困ったという経験はありません。

一九六〇年代末以降、大阪総評は帖佐義行、平垣美代司の事務局長体制のもと大阪万博開催で生じる問題に取り組んでいます。建設労働者の組織化、さらに私も含めオルグ三人は万博協会が発行した通行パスをもって万博会場での労働相談を開始、組織化を始めました。

万博での仕事は開催期間の六か月に限定した有期雇用。「いい経験をさせてやっている」と考える雇用者には労働者の権利に対する意識が希薄でした。パビリオンや会場の案内役に若い女性が配置されていましたが、セクハラも多く、抗議した女性を解雇する事件も起きました。労基法違反、労基法無視の労働実態と取り組みながら、一九七〇年、万博内のパビリオンなどで働く人たちの組織化に成功、組合員は一〇〇〇人を突破しました。会場内を走る電気自動車オペレーターは良家の子女が通うことで知られる大学の学生でしたが、彼女たちがストを打ち、多くの若者、女性が自らの権利保護を訴えたのでした。

国際婦人年がやってきた——大阪連絡会の結成

一九七五年の国際婦人年、翌七六年から始まる「国連婦人の一〇年」。こんないいものはないと思いました。働く女性の問題は労働組合の専売特許と一線を引かれ、女性の間でも運動の役割分担のようなものがありました。それが女性の地位向上という国際的な潮流によって、女性の共通課題として「労働」が議論できるようになったのですから。

大阪の女性も盛り上がり、これまでの共同行動を土台にあっという間に三六団体(最大四五団体)が結集し、一九七五年二月、全国に先駆けて「国際婦人年大阪連絡会」を立ち上げました。国際婦人年大阪連絡会は代表を選ばず、連絡先は大阪市婦協(大阪市婦人会館)、年会費で自主財源を確保、毎年、幹事団体を選ぶという運営を追求しました。

結成からひと月あまりで三月八日の国際婦人デーに市川房枝さんをお呼びし、「国際婦人年大阪集会」を開催。参加者は一二〇〇人という、たいへんな盛り上がりです。その集会で確認された行動目標に基づき、連絡会は具体的に行動に移しました。「民法」上の法的措置の改善を取り上げ、妻の相続配分の規定改正、離婚による復氏の選択制、離婚・認知等の人事訴訟手続きの改正について法務省交渉を行ったのです。佐々木静子参議院議員(大阪選出)との連携もあり、その年、国会で改正を約束する法務大臣答弁を勝ち取っています。

翌年は「母性」をキーワードに取り組みを進めました。出産に関する不安や実態を明らかにする調査を行い、出産費用や医療体制についての要求をまとめるのが目的です。なぜ母性をキーワードにしたか。それは全員を巻き込めるテーマだと考えたからです。働く女性だけでなく、主婦も、労働組合にも距離を置きそうな保守的な婦人団体も、男性にもみんな娘さんや息子のお嫁さん、妻の出産にかかわる当事者だからです。

『出産白書』(一九七九)の調査には約三三〇〇人が協力しました。調査から明らかになったのは陣痛誘発促進剤を用いた人為的な出産の実態、母性を踏みにじるような医療行為の実態でした。第二次調査で追跡し、陣痛誘発剤の使用実態を集約しました。産科医療における女性の人権という問題提起は女性のリプロダクティブヘルス・ライツを提起する運動になったと自負しています。富士見産婦人科問題告発、陣痛誘発剤訴訟運動に先駆けて、優生保護法改悪への反対運動をしていたリブ運動とも問題意識の共有ができました。

運動の主体をつくる――地評婦人対策連絡会議と関西婦人労働問題研究会の結成

国際婦人年をきっかけに大阪では女性による共同行動がさらに広がり強くなっていきます。しかし、地評内部では社共対立のあおりをうけて組織運営に苦心していました。そもそも一九六四年の共産党四・八声明により、総評が予定していた大規模ゼネスト四・一七統一ストの足並みが崩されたことで、総評内部では社共対立を抱えていました。さらに七〇年代になると、国政・地方レベルでの革新共闘の後退、同盟など民間先行での労働運動再編、いわゆる労戦統一の動きも加わります。総評内部ではこれに反対する共産党系組合員が統一労組懇を結成。女性も各地評の加盟団体の共産党系組合が独自に婦人代表者会議を発足させ、組織批判と独自行動を強めるなど、各地評の婦人担当者は組織運営に苦労しました。

大阪ではこれらの動きが全国に先駆けて起きたため、市民団体、女性団体との共同行動を進めるにあたって共産党系の指定団体(部落解放同盟)排除路線に悩まされる、会議決定した運動方針が共有されないといったことが多くありました。組織として決定した総評方針であることを明確にするため、地評の組織局長名で各単組・産別に直接支持要請を行うこともあるような状況でした。

大阪総評では一九六八年に婦人部から婦人協議会へと組織体制を移行しています。この組織体制により、多数決による議決方式から全会一致制の協議会運営に転換しました。私たちは「国連方式」と呼んで、大労組も小さな労組もそれぞれの立場から対等に意見を表明できる運営体制にしました。津村明子さん(日放労)が一一年間、最後の二年間は志方順子さん(自治労)が非専従で婦人協議長を務めました。

あわせて二つの組織を順番に立ち上げました。「地評婦人対策連絡会」「関西婦人労働問題研究会」(後に「関西女の労働問題研究会」に改称)です。地評婦人対策連絡会の発足は一九七三年ごろ。組織局長名で各単産にだされた指示要請に関して、連絡会のメンバーが起案・意思統一を行うのが目的ですが、各単産の役員ではないけれども職場でやる気のある女性たちをつなぎ、その自発性を活かした活動の場をつくりたかったのです。参加者は常時約二〇人程度。男女雇用平等法制定運動の際、このメンバーが自発的に動き、駅前での五万枚のビラ配布やデモ、調査にと活躍しました。

もうひとつの関西婦人労働問題研究会は個人参加の勉強会です。初代代表は元総評婦人対策部長の山本まき子さん（和歌山）。会員は現役の役員や一般組合員、そして役員OG。女性労働の理論を系統的に学び、職場活動の情報交換をする。現役役員だけでは手が回らない課題にOGがエネルギーを発揮する。役員以外の女性の参加の場を広げたことで、その後の労働基準法改悪阻止、男女雇用平等法制運動に大きな力を発揮することになります。

労基法改悪阻止――男女共に人間らしい労働と生活を

「国連婦人の一〇年」は大阪総評婦人運動にとって労働基準法改悪阻止を中心に「男女共に人間らしい労働と生活」を追求した時代でした。労基法はその制定以来、規制緩和の動きにさらされてきました。これに対抗して大阪での第一回国際女性デー（一九四八年）で早くも「労基法の完全実施、改悪反対」が決議されています。五五年には日経連が年間三〇〇時間内の時間外労働の容認や割増賃金の引き下げ、女子労働者の年間二〇〇時間の時間外労働の解禁を要望していますし、一九七〇年に入ると東京商工会議所が女子労働者の時間外労働、深夜業などの就業制限の緩和を要求しています。

この段階では労働側も労基法の女子保護条項維持というストレートな主張をしていました。生理休暇や育児時間など労基法で定められた権利が行使できない労働実態もあり、総評では母性保護運動強化月間を設け、権利の行使、さらに労基法基準を上回る協約化を通じて法制化を促し、未組織労働者にも平準化するという目標で取り組んでいました。

しかし、一九七〇年代半ばから、女子保護規定を含め労働基準法を全面的に見直す動きが本格化します。七六年には「就労における男女平等問題研究会」(労働大臣諮問機関)や総理府「婦人問題企画推進会議」が女子保護の科学的根拠の見直しを打ち出しました。そして七八年に労働大臣の私的諮問機関である「労働基準法研究会第二小委員会」が報告書を出します。いわゆる「労基研報告」です。男女平等の法制化が必要であるが、そのためには、合理的理由のない女子保護規定は廃止すべき、という内容です。

この一連の動向を見ながら、私はもはや保護廃止阻止だけでは対抗できないと考えていました。総評大阪地評では母性保護運動を男性をも含めた職場の安全衛生闘争として普遍化し、一九七二年から講座や集会を重ねていました。労基研報告が女子保護廃止の根拠とした「労働時間など労働条件の向上」「作業状況の変化」についても労働と暮らしの実態から反証することを狙いました。それが調査報告『大阪のはたらく婦人——二万人の婦人労働者の労働と生活実態調査から労基研報告を批判する』(一九八〇年三月)です。

調査は出産白書の時と同様、「一人が五人の未組織労働者との対話を」を行動提起の軸としました。保育士や教員が保護者に、友人に、青年部の男性が自分のパートナーに、という形で対話をするのです。そうして民間、パート・臨時労働者の声を集めていきました。調査が明らかにしたのは女性も長時間労働で、未組織の正社員では妊婦の作業軽減ですら七割近くが対応してもらっておらず、家事育児の負担の大きい既婚者では八時間以上眠れる人は七%という実態。『月刊労働問題増刊号・労基研報告評注』(一九八〇年五月号)で引用されるなど活用されました。労基研報告を担当した有泉亨委員長が

「現場を見る時間がなかった」と言っていたことはあとで知りました。

女性差別撤廃条約を武器に——五つの統一要求

女性差別撤廃条約の内容を知ったときはまさに食らいついた、という感じでした。労基法改悪を進める経営側の構想を理論的に反撃できる。女性の憲法だ、これをみんなのものにしたい。すぐに学習会を開き、一九八〇年一一月には批准に向けた「共同署名センター」を大阪独自で立ち上げ、一一万人署名に成功しました。

署名にあたっては、五つの統一要求への賛同を呼びかけました。第一は「女性差別撤廃条約の早期完全批准と国内法の改正」。そこには真の男女雇用平等法の制定、母性機能に対する社会的な保障などを盛り込んでいます。第二が「労基法改悪準備の撤回」、第三が「ILO条約の早期批准」、第四が「パートタイムの身分保障や家内労働法の改正強化」。内職・パートという総評主婦の会の活動が重要な課題となったのです。そして第五が「日本の海外進出企業に自国およびその国の労働法を厳重に守らせよう」です。

五番目の要求はフィリピンや香港などアジアの女性への支援活動をしていたキリスト教系の市民団体との交流の中で意識化されたものです。アジア女子労働者交流センター（一九八三年五月発足、代表・塩沢美代子）との交流会で、日系企業で働くアジア女性労働者が「日本の労基法改悪を阻止してください。それが最大の連帯です」と発言したことが心に残っていました。

女性差別撤廃条約の学習を通じて運動を理論化できたことで、私たちの運動のスローガンは「女が結婚・出産しても働き続けられる労働条件を」から「男女共に人間らしい労働と生活を」へと展開していきます。関西経営者協会（関経協）が一九八二年、「労働基準法の改正に関する意見」を発表した時も、大阪地評の婦人協が中心になって女性差別撤廃条約をもとに反論を構成し、岡本知明・地評事務局長同席で抗議交渉しました。今でも覚えていますが、その席で関経協が「あなたがたはＩＬＯや女性差別撤廃条約とか欧米の水準を言うけど、今や落日のヨーロッパですよ」と言いました。それほど日本の経営者は当時、自分たちの経営に自信をもっていたのです。

求めるべきは結果の平等――大阪総評の視点

労基法改悪の動きに対抗しつつも、しかし、雇用平等法制化の動きは女性たちにとって待ち望んだ、画期的なことでした。その法制度の審議が始まり、「平等」の考え方を議論していた男女平等問題専門家会議が一九八二年五月、報告書「雇用における男女平等の判断基準の考え方について」を提出しました。報告書は新たな男女雇用平等法制の「平等」とは機会の平等だとし、それは「個々人の意欲と能力」に応じ、「就業や、昇進昇格等の各種の機会均等が確保されている」状態だと定義していました。「結果の平等を志向するものではない」と断言し、アファーマティブアクションなどの特別措置も否定していました。

大阪総評は危機感をもちました。六月、大阪の私たちは「男女平等問題専門家会議批判」のパンフレットをまとめ、求めるべきは結果の平等であると反論しました（巻末「**資料❷**」）。先の関経協も「男女平等は機会の均等、結果の平等は悪平等」と断じており、私たちは女性差別撤廃条約において事実上の平等を促進するための特別措置は差別にあたらず、条約の趣旨にも逆行することはすでに指摘していました。

格差是正措置は逆差別。その主張は優遇されている世界をあたりまえのように生きてきた男性には見えない機会の平等の落とし穴がある。長い差別の歴史を背負って生きる人にとって、挑戦するチャンスを用意しました、あとは個人で頑張って——では差別の解消は実現しない。そのことを大阪の女性労働運動は部落解放同盟の女性との共闘のなかで実感として共有してきました。逆差別という論理を乗り越える上で、早くからマルクス主義フェミニズム理論の立場から「機会の平等」と「結果の平等」について精緻な議論をしていた大阪市立大教授の竹中恵美子先生に学び、運動の理論化もしていました。

パンフレットで私たちは、機会の均等に押しとどめることは、女性差別の問題を個人の意欲と能力に解消し、妊娠・出産で母性保護や育児・介護で残業規制が必要な女性は平等待遇しないという女性分断の政策であると批判しました。差別を助長するだけでなく、男性にも一層の競争原理をもちこむ論理だと指摘しました。私は経営側が当初の保護か平等かという論理を、機会の平等の論理に構築しなおしていることへの危険性に着目していました。この年の県評婦人部長会議、総評全国婦人代表者会議で「この論理構成に対し、結果の平等を勝ち取る具体的な方策が必要だ」と発言をしましたが、大きな議論にはなりませんでした。

法律は実態の後追い――均等法の限界が問うもの

女性たちは労働組合に動員されたから動いたのではありません。みんなこの歴史的な法制化に向けて、自分の思いを届けたいと思っていました。職場での理不尽な経験、これまでの活動で何度も訴えてきたけれども越えられなかった壁、男女平等がかなわないくやしさ。大阪婦人少年室交渉、関経協への要請行動、シンポジウム、集会……。

審議会での議論が大詰めを迎えた一九八三年一二月、労働省前の二か月の座り込みにカンパを集め、四八人を夜行バスで送り出しました。この中央行動によって私たちも発憤し、地方からの波が審議会の労働側委員をバックアップし運動の高揚を作り出していきました。

国会審議最中の一九八四年には多くの人に労基法改悪の動きをアピールしようと、環状線行動を行いました。ゼッケンをつけて大阪環状線と地下鉄に乗り、百貨店や心斎橋筋を歩くのです。梅田駅ターミナルでは街頭ティーチ・インという新しい討論集会も行いました。

しかし、最終的に出てきたのは男女雇用機会均等法――改正勤労婦人福祉法でした。法律というのは常に実態の後追いです。あの時、定年の差別禁止が義務規定となったのは労働側が男女定年差別撤廃の取り組みを進め、裁判闘争を通じて憲法違反の判例を積み上げてきたからです。逆に努力義務規定となった配置、昇進昇格、教育訓練は労働組合が十分、踏み込めなかった部分です。

均等法施行後の一九八六年、「働く女性の中央集会」でシンポジストの一員として全逓の長谷川裕子さんと私が参加しました。私は「均等法の不十分な部分は私たちの運動が踏み込めなかった部分です。実績を作りましょう」と発言しました。その国の法律はその国の労働運動の実力なのです。

総評、同盟、中立労連、新産別の労働四団体が共同で最後まで乱れなかったことの意義も大きい。国会で政府の均等法案に全野党が反対しています。そんな法案はほとんどないです。そういう運動を、力をつくり上げたのはすごいことです。総評を率いる山野さんにとっても労働四団体共闘といういわば至上命令を背に、あの丁々発止の審議会での議論に崩されることなくまとめていったのは大変なことだったと思います。だからこそ現場の私たちが活発に議論して、山野さんたちを審議会の議論に閉じ込めないようにする。それが応援だとも思っていました。

労働省交渉では、均等法を担当した赤松良子さんが「小さく生んで大きく育てましょうよ」と段階論を主張しました。しかし、現実には段階論ではなく、女性の分断を助長しました。もう一点、今だから言いますが、労基法がこれだけ改悪されているのに基本組織――ローカルセンターの幹部の対応も鈍かった。均等法と同時期に労働者派遣法が成立し、第三号被保険者制度ができ、労働時間法制の大幅緩和が行われる。その状況で、ローカルセンターの幹部は労戦統一と新しい組織でどんなイニシアチブを取るか、どんな力関係を築くかということに集中していた。労基法改悪や労働法制の形骸化によって男女労働者に何が起きるのか、などは小さなことだと思っていたのではないでしょうか。

私たち大阪総評の中小共闘と婦人協が派遣法の危険性を主張し、大阪総評の集会で「労働法規の全面改悪反対」「男女雇用機会均等法案反対」「労働者派遣法案反対」を掲げた。そのことは運動の歴史として誇りにしています。

運動は地方から始まる——基発一一〇号撤廃運動

「政策提案や法律制定は中央組織が担うもの。地方組織は中央の要請に応じて支援すればいい」。そういう考え方もあるでしょう。しかし、私は決してそう思いません。もともと大阪には「中央、何するものぞ」という、権力への反骨精神がありますし、地方組織の活動家は「現場を知っているのは私たちだ」という気概があります。霞ヶ関に対して本部が対等に立ち向かえるのは、地方の活動の積み上げがあってのことです。

大阪総評婦人協と中小共闘とが連携した「基発一一〇号」撤廃運動というのがあります。「基発一一〇号」とは労働省労働基準局が一九八二年にひそかに地方の労働基準局に出した通達です。通達には「残業の割増賃金は発覚しても三カ月以上前のものは遡及しない」「労基法四条（同一労働同一賃金）違反の女性差別が見つかっても勧告しない」ことが指示されていました。とくに労基法四条については違反が判明しても是正勧告をしないことが明示されていました。

一九八七年、これを運動側が入手します。「だから残業代の未払いを言うても、あかんかったんや」。大阪総評中小共闘の会議で報告され、婦人協と共に同年五月、運動を開始しました。労基法闘争上京団を結成し、労働省と交渉、国会議員の同席のもと、翌年の改廃を確約させ、八八年五月、基発一一〇号通達は廃止されました。

共同行動での成果も多くあります。一九八三年、紀伊國屋書店で「チビ、ブス、カッペを雇わない」

という雇用差別文書が発覚しました。部落解放大阪府民共闘会議婦人連絡会として東京本社に出向き、人権問題に関する社内研修、採用後の戸籍謄本提出の中止を引き出しています。女性差別撤廃委員会（CEDAW）による第一回日本政府審査（一九八八年）の時も、形式的な政府報告に終わらせてはいけないと「くらしに生かそう女性差別撤廃条約大阪府民会議」で草の根カウンターレポートを作成。ディージリー・バーナード委員長の来日情報を入手し、飯田しづえさんらが東京で待ち伏せし直訴しました。これがCEDAWに提出された初で唯一のNGOレポートとなり、審議を傍聴したIMADRA（反差別国際運動）のスタッフ鈴木恵美子さんが「全員が読んで質問していた」と報告してくれました。

大阪総評からの伝言——未組織労働者組織化を

労基法改悪・男女雇用平等法制定運動の間も、ナショナルセンターの再編の動きは進んでいました。総評もこれに合流、大阪総評も新組織「連合大阪」として再出発することになっていました。私たちは新しい組織にどういう運動を継承するのかが問われている、という思いで活動を続けました。とくに重視したのが相談、調査を通じて均等法後の現場の実態を明らかにすること、未組織の労働者やパートや派遣の女性たちとの連帯を広げていくことでした。

まず地評弁護団の協力を得て均等法施行初年度に「もしもし均等法——電話相談」（一九八六年五月）を開設。翌年には「はたらく女性のもしもしネットワーク（電話相談）」を開設しました。フランスの女性運動のポスターにヒントを得て、女性の赤い唇の中に電話番号を書いたメッセージを入れたポケットティッシュはインパクト十分。マスコミの協力もあり、広報は大成功でした。一一九人の相談のうち非正規の人が六割。相談事例をもとに『働く女性のチェックポイント』にまとめたところ、全国から八五〇件の注文が来て、返信用の切手が山積みになりました。四〇〇〇冊増刷しました。

一九八八年には「二つの調査が語る――女が退職するとき、続けるとき」という聞き取り調査も実施しました。均等法の施行、労働時間の規制緩和が進むなかで、なぜ女性は職場を去るのか、なぜその職場で出産後も女性は働き続けられないのか。大阪職安労組の協力を得て、一一か所の職安の前に机を置き、職安に来る女性に呼びかけました。一一月の寒空のもと約三七〇〇人が協力してくれました。本当に感激しました。調査自体が働く人たちとの対話であり、闘いです。組合員が調査の意義を共有し、調査を通して組合員だけでなく、広くその地域の人々の労働権、市民の権利を代弁することができる。私たちは調査を現場からの告発・提言であると重視してきました。

労働組合は誰を代弁しているのか

総評の解散とともに、女性専従オルグ制度も幕を閉じました。地域共闘のなかではぐくまれてきた女性NGO、市民団体、労組の連携が労基法改悪阻止、男女雇用平等法制定運動のなかで花開き、さあこれからというところでの総評解散でした。

連合大阪では私は政策担当になり、女性運動担当から外れましたが、「関西女の労働問題研究会」の活動は継続しました。均等法改正時には討論集会、シンポジウムを開催。歴史を継承する取り組みの成果は『次代を紡ぐ――聞き書き　働く女性の戦後史』という本になりました。勉強会も開催し、竹中恵美子先生の連続セミナーにはその後ペイエクイティ運動を率いる屋嘉比ふみ子さん（京ガス事件原告）など労働運動で活躍する人たちが参加していました。会は今「フォーラム労働・社会政策・ジェンダー」として若い世代に引き継がれています。

まだまだ男性中心の労働組合運動です。変革のためには何らかの形で女たちが集まってエンパワーメントしあえる場や組織が必要です。女性は運動のなかで学び、運動のなかで女性リーダーが育つ。その培養土をつくるのが専従オルグ、とくに女性オルグです。運動を企画し、各労組の人材を発掘し、横のネットワークや地域の市民団体との連携をつくり上げる。それが今こそ求められている気がします。労働組合は誰を代弁しているのか。これからも問い続けたいと思います。

column

5

CEDAWによる審査

女性差別撤廃条約は、1979年に制定された国際連合の条約であり、2018年現在、189か国が締約国です。日本は同条約を85年に批准し、そのための国内法整備の一環として、男女雇用機会均等法を制定しました。

同条約に基づき設けられた女性差別撤廃委員会(Committee on the Elimination of Discrimination against Women――CEDAW)は、世界各国から選出される23名の専門家で構成されています。条約を批准すると、各国は4年に1度、条約の実施状況に関する報告書をCEDAWに提出して、審査を受けます。日本はこれまでに第1次から第8次までの報告書を提出し、5回の審査を受けました。直近の審査は2016年2月に行われ、CEDAWから、日本政府に対して57項目の「総括所見」が示されました。総括所見は、①夫婦別姓を否定している現行民法の差別的な規定などを改正すること、②マイノリティ女性への差別を禁止する法をつくり、独立の専門機関により定期的に監視すること、という2つを、フォローアップ項目に指定しています。各国は、フォローアップに指定された事柄については、その履行状況を、2年以内にCEDAWに報告しなければなりません。

2002年に、日本の女性団体は、日本女性差別撤廃条約NGOネットワーク(JNNC)を結成し、CEDAWに国内の女性差別の現状を理解してもらうために、独自の報告書を提出し、審査を傍聴し、委員へのロビー活動を行うなどの活動を続けています。CEDAWの審査は、強制力があるわけではなく、あくまでも各国政府との間で「建設的な対話」を積み重ねて条約の履行を促すものです。しかし、CEDAWの審査は、日本についても、JNNCの活動などを通じて国内法改正に影響力を及ぼしており、国際的なジェンダー平等の機運を日本国内に届ける重要なツールになっているといえるでしょう。

[浅倉むつ子]

深夜業解禁、郵政職場の男女平等に挑む

元全逓中央執行委員　長谷川裕子さん

［略歴］はせがわ・ゆうこ。一九五〇年、宮城県生まれ。七四年、郵政省採用、八王子中野上町一郵便局配属。全逓信労働組合（全逓）中央本部婦人部長、同中央執行委員を歴任。九九年から日本労働組合総連合会（連合）で労働法制局長、雇用法制対策局長、総合労働局長を務めた。二〇〇九年、連合参与。中央労働委員会委員、労働保険審査会参与、厚生労働省労働条件分科会委員等歴任。

労働組合って楽しい

女子のみに家庭科が必修だった時代でした。私が通っていた女子高では一週間に家庭科の授業が四時間もありました。私は家庭科が苦手で、かといって勉強して大学を卒業しても地元での女性の勤め先は学校、教師しかありません。実家には東京の大学に進学させるだけの経済的余裕はなかったので、

働きながら大学に行こうと考え、上京しました。クリーニング工場に就職して、大学の受験料、入学金、授業料を貯めて、一年後に法政大学の二部に入学しました。

夫とは大学で知り合いました。夫は大学を卒業し、八王子市役所に就職できたのですが、私の方は経済的理由から大学を中退せざるを得ず、ぶらぶらしているわけにもいかない。そんな時、郵便局で職員募集の張り紙を見たのがきっかけで、一九七四年一〇月、郵便局で働くことになりました。最初は八王子中野上町一郵便局の巡回要員。[6] 翌年五月、貯金、保険、郵便の窓口業務の担当として高倉郵便局へ配属されました。

高倉郵便局は特定郵便局で、局長一人と女性職員二人だけ。年次有給休暇を申請したら「取らせない」、定額貯金の募集手当を不公平に支給するなど、びっくりするようなことが起きるわけです。同僚の女性と一緒に局長にかけあっても埒があかない。初任地の郵便局に真面目で誠実な全逓の組合役員がおられ、仕事のことも組合のこともいろいろ教えてもらっていたので、二人で全逓に加入することにしました。

入ってみると労働組合はとにかく楽しい。定型業務の多い窓口業務とは違い、毎週、分会会議があり、本部や支部の集会や学習会にも参加できる。組合の会議ではいろんな所に行けて、交流会では他の職場の人と出会い、著名な研究者や弁護士の話も聞ける。ハイキング、スケート大会、バス旅行等のリクリエーションもある。一九七五年一一月の公労協スト権奪還ストにも参加し、社会の動きも肌

6—特定郵便局の職員が年次有給休暇を取得できる体制の一環として、特定郵便局一一局を束ねる巡回要員を二名配置していた。

で感じました。当時、八王子の全逓特定局分会の組合員は私たちを含め五人。八王子中野上町一局と八王子高倉局、中野団地局の三局にしかいませんでした。しかし、私たちは組織化を進め、六局一二人にまで拡大していきました。

時代はちょうど国際婦人年（一九七五年）、国連婦人の一〇年（一九七六年ー）でした。活動を通じて、日本での女性差別撤廃条約の批准運動や雇用の場における平等法の制定という動きが始まっていることを知りました。七八年に社会党参議院議員の田中寿美子さんが「男女雇用平等法案」を初めて国会に提出しています。よく理解できていなかったものの何か新しい風が吹き始めていることは感じていました。

七〇年代の全逓婦人部——統一活動運動を掲げて

労働組合では八王子支部執行委員、三多摩地区婦人部役員を務めていました。当時の全逓婦人部の活動は特徴がありました。全逓は一九四六年の結成後すぐに婦人部を設置するなど戦後の女性労働運動の中心的役割を果たしてきた労組です。自動ダイヤル化による特定郵便局電話交換手の雇用確保を闘った秋山咲子さん、総評初代婦人局長の山本まき子さんら、名だたる女性リーダーを輩出していました。私が入った頃の全逓では、いわゆる長期抵抗大衆路線に基づく職場抵抗闘争が重視されていました。全逓婦人部でも七六年から「統一課題運動」を掲げ、「婦人部五人組の確立」「労働条件点検日の実施」「総対話運動」「総学習」の四つの活動を強化していました。

「五人組」とは三井三池争議[7]で炭労（日本炭鉱労働組合）が始めた組織強化の取り組みです。経営側による激しい切り崩しや嫌がらせに対し、組合員が三人から五人の班をつくり、職場での助け合いや生活支援を行うのです。それにヒントを得て全逓でも職場での組合員同士の団結を高める目的から六四年から取り組みが続けられてきました。五人組は全逓の女性にとっては別の意味もありました。中央郵便局など大きな職場では男性が主力。地方では普通郵便局でも女性は貯金、保険、総務に各一人、特定局になると女性はたった一人ということもあります。五人組はそんな各地に点在している女性をつなぐ場づくりでした。

月に最低一回は集まり、お茶を飲みながら仕事のこと、休暇のこと、家事・育児や嫁・姑のトラブルなどなんでも話していました。局長や管理者、男性上司のことも言いたい放題。今思えばピアカウンセリングのようなものです。七〇年代、人員削減、機械化によって女性に対する退職勧奨も強まっていた時だったので、郵便局を辞めようかという悩みを五人組で聞きながら激励もしました。それで働き続けた女性がたくさんいます。

この五人組の活動を基盤に「労働条件点検日の実施」「総対話運動」「総学習」の取り組みを地区、支

7―三井鉱山三池鉱業所（三池炭鉱）で展開された大量人員整理反対争議。一九五三年の争議では解雇撤回を勝ち取り、解決した。日本炭鉱主婦協議会（炭婦協）や五人組など職場・社宅を基盤とする闘争が繰り広げられた。五九年にはエネルギー転換政策を背景に三井鉱山は六〇〇〇人の希望退職者を募集。整理人数に満たないことから約一二〇〇人の指名解雇、閉山を強行したことから、六〇年、三池労組は全面ストに入った。同年一一月、中央労働委員会の斡旋により、会社は指名解雇を撤回、該当者は自発的に退職するなどの条件で解決した。

部で行いました。「労働条件点検日の実施」とは職場での生理休暇や年休、病気休暇等の権利行使の状況や不当な対応を確認し、当局と交渉し改善する活動です。「総学習」は、労働協約をまとめた「権利手帳」や全逓新聞、国連婦人の一〇年に関するパンフレットをみんなで読み合わせました。女性職員は家の事情で大学進学を断念、あるいは「自宅通学」という条件でしか大学進学が許されず、郵便局に就職したという人が大勢いました。優秀で理論家も多く、働く権利、社会や政治に関する議論が活発でした。「総対話運動」は生理休暇、年休などテーマを決めて、問題意識を共有していく活動です。

この議論の積み上げを支部、地区（都道府県単位の組織）、地方本部（ブロック単位）で行い、中央での「権利討論集会」につなげるのです。権利討論集会では女性が作成したポスターや標語がにぎやかに掲示され、夜の交流会では地方色豊かなご自慢の料理や漬け物が並ぶ。みんなとにかく元気で明るい。芸達者な人も多かった。役員のなり手を確保するため輪番制にしている職場もありましたが、統一課題運動の取り組みを通じて組織全体に運動が浸透しており、役員が替わっても活動を継続する土台ができていました。

中央本部へ——男女雇用平等法制定の山場で

一九八三年八月、局長一人と職員二人という特定郵便局の職場から突然、全逓中央本部の副婦人部長に就任することになりました。一年で職場に戻るはずが、翌年には婦人部長となり、都合七年間の在籍専従を経て離籍専従になり、そのまま労働組合役員として定年を迎えることになります。こんなことになるとはその時は思ってもみませんでした。

会議で発言する元気のいいのがいるという感じでの一本釣り。いきなりポンと中央本部に行ったので、大変でした。しかも、男女雇用平等法制定の闘いはまさに山場。婦人少年問題審議会での審議が再開され、総評婦人局では労働基準法改悪阻止と真の男女雇用平等法をめざす一〇〇〇万署名に続き、一九八三年九月の全国婦人代表者会議で、審議会山場での労働省前座り込みと国会要請行動を決定。あの二五〇〇人が参加した八三年一一月一〇日から一二月二四日までの二か月にわたる労働省座り込み中央行動です。

私は総評の動きに追いつこうと一生懸命でした。当時の総評婦人局長は全電通出身の山野和子さん。婦人少年問題審議会の委員であり、頼もしい我らが代表でした。当時、女性役員は婦人部長か婦人担当で、交渉は担当させてもらえない、というのが一般的でした。そのなかで山野さんは東海地本の副委員長、名古屋支部副委員長、書記長として交渉経験も豊富で、その運動の企画力、指導力、交渉力に加え、人間性も魅力的。私は総評全国婦人代表者会議、婦人部長会議、県評代表者会議、ブロック会議など総評婦人局の会議に進んで参加しました。

総評での議論は熾烈でした。活発な運動を率いる大阪や福岡は男女雇用平等法に関する追及も厳しい。政党系列に連なる女性たちもいましたから総評の対応への批判も行われる。それを山野さんはまとめていく。どのような意見にたいしてもニッコリはしませんが、歯切れよく答弁し、決して人を排除しない。懇親会の席では山野さんの回りにたくさんの人が集まりました。

男女雇用平等法制定運動では同盟の高島順子さんや市川清美さん、中立労連の松本惟子さんらが組織を越えて協力している様子を目の当たりし、労働運動と国際婦人年連絡会との連帯には女性運動の幅広さを実感したものです。総評が主催する「働く婦人の中央集会」で中立労連の松本惟子さんがあいさつをし、国際婦人年連絡会を代表して主婦連合会会長の中村紀伊さんが男女平等のアピールをするというように運動がすごく開かれていました。

驚いたのは国際婦人年連絡会の集会です。オープニングはワンピース姿の女性のピアノ演奏と合唱。いつもジーパンだった私はカルチャーショックで、すてき!! 労働組合とは違うと思いました。その会場で、山野さんと婦人有権者同盟事務局長の山口みつ子さんが談笑している姿も印象的で、こんな広がりのある女性の連帯のなかに私たちもいるんだと感激しました。

緊迫する男女雇用平等法制の攻防

一九八三年一一月一〇日から始まった座り込み中央行動、国会要請での全逓婦人部の動員力はすごかったです。統一課題運動が定着しているので、中央本部から組合員一人ひとりに運動が降りていく。全逓の女性は総評の県評グループの一員、あるいは全逓のグループの一員かのいずれかで続々と中央行動に集結しました。

この時、全逓には独自の課題もありました。男性のみ採用となっていた「郵政B」の門戸開放と、労基法の女子深夜業禁止解除の阻止です。国家公務員Ⅲ種には郵政A（窓口、保険・貯金等事務）、郵政B（郵便の区分・運搬業務）という区分があり、重い郵袋を運び、シフト勤務で郵便の区分け作業を行う郵政

Bの採用は男子限定でした。

婦人部では国際婦人年をきっかけに職場点検をし、雇用の入り口にある差別の問題を運動化していました。とくに郵政職場では七〇年代から機械化や合理化によって、女性職員はいつも退職勧奨の対象になってきました。しかし、その一方で郵政省は「団地ママさん」を対象に「職場ヘルパー制度」という名称で非常勤での女性雇用を増やそうとしていたのです。全逓婦人部は一九七六年に「全逓婦人部行動計画」を策定し、全ての門戸を女性に開放すること、あらゆる職場に女性を大幅に採用して配置すること、郵便外務員(郵政(乙))の大幅採用と複数配置への配慮という要求を突きつけていました。

郵便外務員については一九八一年に女子に門戸が開放されていましたが、郵政Bについては「普通局には婦人に適した職場はない」「深夜業禁止規定がある以上、女子の受験制限はいたしかたない」というのが郵政省の考えでした。私たちはこれが採用での性差別であり、泊まりを入れて一六時間勤務を前提とする郵政Bの勤務自体が問題だと主張していました。私は飯田橋にあった全逓共済会館に一月ほど宿泊し、全逓の女性は座り込みと同時に独自部隊が経団連や国会議員を回って要請行動をかけていきました。

翌一九八四年二月に婦人少年問題審議会の公益委員から「雇用平等を確保する法制は募集・採用から定年・退職・解雇までの雇用の全ステージを対象とすべきである」とする試案がたたき台として提出されました。これに経営者団体はまっこうから反論します。一方の労働側はその試案で「禁止の義務化は定年退職」のみに限定していることを批判し、審議は一時中断となります。これを山場として、三月、総評各県評と単産本部の代表者は日経連など経営者団体、国会議員政府、公益委員に要請を行いました。経営者団体はほとんど門前払いでした。

その後、婦少審で三論併記という異例の建議にもちこむなど労働側は男女平等の要求を妥協しませんでしたが、最終的に労働省側が出したのはあの「均等法」でした。一九八四年五月一六日に国会に上程された後も、四野党の対案をもって総評婦人局は国会傍聴、さらに五五〇〇人規模の「実効ある男女平等法を実現させる六・一全国総決起集会」、年末の労働省座り込みで押し返しを図りましたが、衆参本会議で八五年五月に可決されました。その後、女性差別撤廃条約の批准が承認されました。

まさかの深夜業務禁止解除——郵政Bのたたかい

均等法が可決した一九八五年の九月、情報収集もかね全逓の副委員長をされていた大森昭参議院議員の事務所でお茶をいただいていたときのことです。大森先生が「おまえ大変だな、今度深夜勤入れるんだってな」「郵政Bで女性を採用する代わりに深夜勤やるんだろ」と話しかけてきました。「えっ」とびっくりする私を見て事態を察知されました。「すぐ書記長に言え」「早く行け、こんな所でお茶なんか飲んでる暇はないぞ」。

そのころ婦少審では均等法の施行に向け、時間外・休日労働に関する女性管理職の対象範囲や、深夜業禁止の除外対象となる専門職の職種の選定など運用に関する省令や指針の内容を議論していました。その婦少審でタクシー運転手、添乗員だけでなく郵政Bもふくめた三業種が深夜業務禁止解除の対象職種として議論されているとは知りませんでした。均等法は一部の専門職を除き深夜業は原則禁止。国家公務員採用規程Ⅲ種郵政Ｂの門戸開放は条約批准のための国内法整備のひとつでしたが、そもそも婦人部は郵政Ｂの門戸開放と深夜業務禁止解除とがセットになるような議題は上がっていなかったのです。

おそらくですが、婦少審の委員を務めていた総評婦人局長の山野和子さんは労基研報告以降の議論経過をご存じだったので、採用を性別に関係なく機会均等とする場合、労基法の女子保護規定に手をつけてくるだろうと思っていたのではないでしょうか。とくに郵政Ｂは公務職場なので国はそれを深夜業解禁の突破口にしたかった。婦少審では水面下で交渉を展開していたため、郵政Ｂにおける女性の深夜業の問題を表だって出してこなかったのではないかと思います。

真っ青になって報告する私に河須崎書記長も驚き、「これは女性だけの問題ではない」とすぐに関係者を集めました。職場の労務構成、夜間労働の回数、勤務の組み方など女子の深夜業の禁止解除となった場合の要員と労働条件問題をまとめ、全国戦術会議――全戦会議にはかる資料を作成するよう命じられました。

全戦会議とは闘争、運動の戦術を決定する、トップ会議です。たとえば難しい交渉や交渉が膠着状態になった時などに三六協定を切る準備を進めよ、といった指令を出す会議です。どんな資料を作ればいいのかと私が右往左往していたら、古参の専門委員や書記局のプロパーの方々が助けてくださいました。彼らが神様のように見えました。

その後の全逓の足腰の強さ、巻き返しはたいへんなものでした。全戦会議での決定を経ると、組織決定として役員、書記局が一斉に動き、団体署名用紙や依頼書がすぐさま全国へ下ろされる。日を置かずして「深夜業解禁反対、郵政B解禁時期尚早」への団体署名等の労働省要請が実施されました。反対運動を展開する過程で、同じく対象業務のタクシー運転手と添乗員を抱えていた観光労連が「全逓が用意できるまで足並みをそろえる」と協力をしてくれたこともありがたかった。こうして一九八五年一二月末に出た婦少審の答申では「三年後を目処に措置することとすべきである」となり、郵政Bの解禁と女性の深夜労働禁止規定解除はいったん見送られ、三年後に先送りされることになりました。

意思決定過程との距離――補助組織婦人部の課題

なぜ婦人部は郵政Bの門戸開放が深夜勤とセットで進められていることを見落としたのか。やはり、政策ができるまでのプロセス、意思決定過程の仕組みをよく理解していなかったということです。有識者・専門家による研究会、公労使三者構成の審議会での審議と報告、大臣への建議というしくみ。国会上程、衆議院・参議院での審議、議案成立という一連の流れを理解していませんでした。労働者派遣法でも労働契約法でもそうでしたが、労働運動の対応は遅く、国会に上程されてから運動を起こそうとする。それでは遅いんです。研究会、審議会の議論をとらえて、組合への調査、現状分析、現場の聞き取りをし、その時点で議論の流れを変えなくてはならない。この一連の流れをナショナルセンターの本部役員・プロパー職員は理解していたと思いますが、当時の産別や単組の婦人部長クラスで政策形成という観点から理解していた人はほとんどいなかった。

使用者側から見れば郵政Bを門戸開放した場合、女性にも男性と同様に交代勤務、夜勤・泊まりをしてもらいたいということだったと思います。私たちは採用のことばかり言っていたけれど、本当の論点は要員確保にあった。しかも婦人部は要員政策交渉の経験がない。郵政Bに女性が採用された場合の男性の労働条件の見直し、要員計画といった具体的な部分が見えていなかった。そこをもっと早くわかっていれば議論は違っていたと思います。

加えて郵政Bでの女性採用と深夜業との関係を組織全体で議論する仕組みがなかったことがあります。婦人部は全逓信労働組合の補助組織という位置づけでした。婦人部の活動報告・活動方針、役員任命は、全逓の全国大会、地区大会、支部大会の承認事項で、議論は婦人部に任せられていたのです。中央本部には婦人部常任委員会が設置され、婦人部長は中央執行委員会の構成役員で、婦人部として制度や労働条件に関わる内容を交渉します。しかし、地本には婦人部常任委員会はない。支部、地区本部、各地区婦人部には交渉権もなく婦人連絡会です。婦人部として自由に独自の運動ができる反面、女性の問題は婦人部で、ということになる。女性の問題を組織全体の議論として意思統一する組織構造にはなっていなかったのです。

郵政Bと深夜業解禁の動きに対して組織をあげて巻き返したけれど、郵政Bが女性に門戸開放された場合の職場対応について組織全体の意思統一はできていなかった。男性は「女性の深夜労働は無理、女はいらない」とはっきり言い、女性もひとつにまとまっているわけではありませんでした。

男の仕事、女の仕事という壁——深夜業解禁への対応

郵政職場では、郵政A・Bという入り口の違いに端を発し、性別で仕事が分かれていました。郵便局の窓口、貯金・保険・総務の内勤、貯金・保険事務センターは女性の仕事。郵便・貯金・保険の外務作業、集配、深夜業を行う郵便内勤作業は男性の仕事。郵便の集配業務をしないと本業のプロではないという暗黙の了解もあった。そのため女性は主任になるのもやっとでした。組合も男性の昇任・昇格差別は交渉するけれど、女性の昇任・昇格は交渉議題にもしませんでした。

それがあまりにも当然のようになっていたので、雇用の全ステージにおける男女平等によって具体的に職場や働き方がどのように変化するのか、そのイメージが男女ともになかった。女性は深夜業ができない、外務作業や集配業務は女性向きの仕事ではない。そういう先入観は男性だけでなく、女性にも根強くあった。だから地本や地区で男女雇用平等法の審議状況を説明すると、「泣きと涙の会議」となったのです。

「なぜ男性と同じように深夜勤務や残業をしろと言うのですか」「夫は民間企業に勤めており毎日残業。三人の子どもの夕飯の用意をするのは私です」「家族は姑を含め七人、家事は私の役割です」「姑にすみませんと言いながら子どもを看てもらっているんです」「朝の雪かきは私の務め」「交代勤務や夜勤はできません」。

民間企業では「寿退社」の慣習があった時代に、郵便局は公立学校、国家公務員・地方公務員、電電

公社と並んで結婚、出産・育児を経ても働き続けられる職場。国家公務員でいう「官執勤務職員」の勤務時間は午前八時三〇分から午後五時一五分、繁忙期を除いて時間外もほとんどありません。育児・介護休業制度こそないものの年休は二〇日、生理休暇二日、産前産後休暇各六週間。女性が働きやすい今の職場環境を変えたくない、このままでいいと抵抗したくなる気持ちはわからなくはありません。かといって女性が定年まで働いたわけではありません。結婚・育児だけでなく、「夫が管理者になったので退職します」「息子が地元の郵便局に就職したから」と辞めてしまう。地方に行けば現金収入のある郵便局勤務の「嫁」という保守的な環境もあり、「性別役割分業を克服しましょう」と運動方針に掲げても、現場は保守的で家事・育児・介護は女性の仕事だと考える女性も多かった。後年、施設介護の充実や介護保険に関する私の説明を聞いて「長谷川は冷たい」と批判が出たほどです。運動方針である「経済的自立、精神的自立、生活の自立」の道は遠いけど、これこそが運動の課題だといつも思っていました。

女性の深夜勤——ドイツ、イギリスからのヒント

労働条件の改善を通して男性向き・女性向きという仕事区分を撤廃し、勤務評価も平等にして昇任・昇格も平等に扱う。ステップアップしたい人には性別に関係なく平等に機会を与える。私はその考え方をどんなに批判されようが決して変えませんでした。国際労働運動での出会いや活動を通じて得た確信があったからです。

全逓はスト権を含む公務員の労働基本権の範囲を争った全逓中郵事件で国際自由労連（ICFTU）と共闘、ILO提訴など国際労働運動に積極的に参加してきた歴史があります。私も電機連合の松本惟子さん、全電通の坂本チエ子さん、同盟の市川清美さんら先輩方と国際自由労連の会議に一緒に参加し、男女平等、女性の積極的活用、クォータ制度、セクシュアルハラスメント対策等の先進的な女性運動から刺激をうけてきました。

郵政Bの闘いの後、三年後の見なおしに向けて国際郵便電信電話労働組合（PTTI）で交流のあったイギリスとドイツに視察にいきました。イギリスの郵便局では一般職は男性が中心でしたが、管理職として女性が活躍しており、深夜業に就いていました。ドイツでは職員の半数が女性。小包集中処理局では一六時に出勤した女性が男性と共に夜間労働についていました。地域区分局の職員は八〇%が女性で、夜間帯に郵便物の区分をしていました。「この時間は夫が子どもを見ています」と話してくれました。ただし妊婦は夜間の勤務は禁止されます。男女ともに育児休業が取得でき、職群が同じであれば支給額も同じです。

帰国後、私はドイツの話をしながら、女性も深夜労働ができる、条件の整備が重要だとオルグをしていきました。

東京駅前にある東京中央郵便局。そこはかつて一六時間勤務をしていた職場です。一回、局に入ったら泊まりを挟んで一六時間勤務。仮眠室は当時四階にあり、二段ベッドで男性は仮眠していました。泊まりのための風呂場や更衣室も全部男性用で、深夜働く男性が歩き回っている。そういう環境の職場に女性を入れるわけですから課題は山積みです。組合員の方々から話を聞き、分析し、組合要求として組み立てていく。全逓は本当にていねいに調査をして実態をつかむ。そういう伝統がありました。その結果、更衣室・シャワー室・休憩室を一体のものとして男子トイレと離れた場所に設置することになりました。

一九八八年、均等法の見直しが行われ、添乗員とタクシー運転手とともに、郵便の区分・運搬作業の深夜労働禁止規定は解除。それにともない国家公務員郵政Ⅲ種「A」「B」区分がなくなり採用差別は解消されることになりました。八九年、深夜交替制勤務のある地域区分局、小包集中局、普通郵便局に女性が配置されました。そこに、男性による女性職員へのハラスメント事件が起きたのです。女性が安心して安全に働けるにはどうすればいいのか。本部はさらに深夜勤で働く女性の人数、郵便局、施設状況をすべて把握し、交渉を開始しました。粘り強い交渉の末、女性の深夜勤務は複数勤務にする、駐車場に照明を取り付ける等の改善を勝ち取りました。

労使共に初めての経験でした。五年後の一九九四年段階で女性外務員の採用は六六人と全体の二%。郵政Bの女性採用は全体の五分の一にまで増えましたが、男性からは深夜勤務への女性配置はあまり快く思われておらず、多くの女性が途中で普通局か事務センターに異動していきました。女性は過渡期の苦しみを経験しました。けれども、重い郵袋の運搬などに機械化が進み、体力的な負荷が軽減されると性差は関係なくなり、女性職員が戦力になっていきました。女性の職域は広がり、育児休業制度の導入、その後、配偶者の出産休暇制度の運動が進展し、女性は定着していきました。

昇任・昇格課題に取り組む

女性の採用差別の解消と深夜業への配置という課題に続き、均等法制定後に取り組んだのは昇任・昇格の問題です。そのころ、昇任・昇格するには郵便業務を経験することという暗黙の了解があり、課長になるには複数局への異動経験が必要だという慣習がありました。

職場にはシングルの女性も多く、そのなかには独婦連（独身婦人連盟）[8]の人たちもいました。彼女たちは元気いっぱいで、雇用の全ステージでの男女平等を望んでいました。男女平等への意識も高く「彼に仕事教えたのは私」「私を追い越して先に主任、主事、課長になるのはおかしい」と憤慨していました。けれども、能力があっても本気で管理職になりたいと考える女性はまだまだ少数でした。一九九三年の段階で管理者に占める女性の割合は二％。女性管理職のモデルが身近におらず管理職になる不安が先行し、例の「涙の会議」です。

「なぜ、男性のように郵便の区分作業をしなければならないのか」「郵袋作業は荷物が重く汚い、白い靴下が真っ黒になる」「冬のポスト開函作業は辛い」「事務センターから普通局への異動は嫌だ」「家を空けて研修所で勉強するのはつらい」。女性の昇進昇格の問題をとりあげる長谷川は「上昇志向の強い女」との批判もありました。女性が自分の昇任・昇格を当然だと考えるようになるまでに時間がかかりました。

今、街でバイクで配達している女性、軽自動車で小包配達をする女性と出会います。夜間の郵便窓口で郵便物の引き渡しや引き受けをしている女性もいます。思わず笑顔になります。局長になった女性、大きな普通局で企画部長になった女性、貯金課長、保険課長など女性の役職者もいる。均等法施行、そして郵政Bの闘いから三〇年かかりました。

進まない労働組合の男女平等――女性部廃止の理由

足下の労働組合での男女平等はどうだったのか。悔しい思いはしょっちゅうでした。本部に行ったばかりのころ、他の中央執行委員との間で大きな賃金格差がありました。思い切って中執会議で「本部に来いって言われて来ましたが、職場にいた時よりも賃金が低い。なぜですか。暮らしていけません」と発言しました。会議はザワつきましたが、青年部、婦人部の専従役員は同じ中央執行委員なのに役員手当が他の担当中執とは違うことがわかったのです。言わなければそのままでした。その後中央執行委員の賃金は改正されました。

労働組合は男の世界。男性同士それぞれ夜の情報網をもっていて地方の動きから政策の状況など「懇親会」で情報共有や会議のすりあせをする。それに気付き、私も自分なりの情報ネットワークをもたなきゃダメだと飲み会へのお誘いは断らず、末席で話を聞く努力もしました。でも女性は意思決

8―一九六七年、「戦争独身」となった女性たちが結成。職場の男女差別是正、単身者に不利な税制の見直し、単身者の公営住宅入居受け入れの運動など、単身女性が安心して生きていくために必要な制度改革要求や運動を展開した。二〇〇二年解散。

定の中心のネットワークからはどこかで排除されるので情報は不足してしまう。

やはり男性と女性とでは役員としての育成のされかたが違うのです。男性は職場委員、次に分会で教宣(教育・宣伝)を担当し組合文書の作成を学び、その後、交渉部長になり要求書の作成や交渉を経験する。そこから分会や支部の書記長になり、委員長の下で組織運営を学んで単組の本部へ。段階を経て育て、役員に必要なスキルを身につけ、人のネットワークも蓄積する。ところが、多くの女性は私のように一本釣りです。女性部や女性委員会の経験だけでは情報収集、組合の組織運営、組合要求の整理、団体交渉、組合員への説明といったスキルは身につかない。私は郵政Bの闘いを通じ、組織全体を見渡す力、交渉力、妥結内容をもって組合員をまとめあげる力の不足というものを突きつけられました。やる気があればあるほど女性は「何にも知らないくせに」「書けないくせに」という周囲の視線のなかで、頭を下げて教えてもらい、夜遅くまで残って勉強し、暗中模索でリーダーとしての力を身につけていくしかないのです。そんな女性役員の姿が後進の女性にとって魅力的なロールモデルとなるでしょうか。

一九九三年、全逓は女性部を廃止しました。女性役員の複数配置も進めました。男性役員と同様に女性リーダーを育成する。女性を補助機関の執行委員ではなく、基本組織の執行委員として意思決定過程に組み込む。そんな到達目標を示したのですが、女性部廃止の組合方針には多くの批判がありました。でも、女性が補助組織にとどまるかぎり、女性は交渉担当、書記長、委員長にはなれない。国際労働運動で出会った女性リーダーのように、日本でも女性が書記長や委員長になるべきだと考えての決断でした。しかし、その後も思うように女性役員の育成、登用は進みませんでした。

退職まで働き続け、退職後も元気で

振り返ると私の原点は郵政Bの闘いであり、あの幅広い女性の連帯のなかで展開された労働運動にあります。そのなかから私は企画し、交渉し、運動を創るリーダーをめざすようになりました。その後、一九九九年に連合へ異動、定年になる六〇歳まで活動しました。女性の運動課題や交流をどんな風につくり上げるのか。労働組合を越えた女性団体との連帯を、男性を巻き込んだ運動をどうつくるのか。地域コミュニティユニオン運動の酒井和子さん、女性ユニオンの伊藤みどりさん、しんぐるまざあず・ふぉーらむの赤石千衣子さんらから多くを学びました。

労働組合と女性との関係にも変化の兆しはあります。まだ一握りですが、二〇〇〇年代後半から松屋労働組合委員長の山口洋子さん、京王百貨店労働組合委員長の横山陽子さん、NHK労連議長の岡本直美さんらが出てきました。現連合副会長の芳野友子さんはJUKI労組組合委員長、総合労働局長の冨田珠代さんは日産自動車労働組合書記長、総合男女・雇用平等局長の井上久美枝さんは政労連(政府関係法人労働組合連合)書記長の経験者です。その経験が次へとどう引き継がれるのか今から楽しみです。

全逓婦人部のスローガンは「健康で働き続けましょう」から「健康で長く働きつづけましょう」へ、そして「健康で退職まで働き続け、退職後も元気でいましょう」へと変化しました。その言葉の変化はそのまま働く女性の変化です。働くことの厳しさと大切さ、女性は働くという権利、定年まで働くという決意、その後の豊かな暮らしへの思いが込められています。やはり労働組合は楽しかった。そう思います。

製造現場・その女性労働の原点から

元連合副事務局長　熊崎清子さん

［略歴］くまざき・きよこ。一九三八年、岐阜県生まれ。五四年、片倉工業に就職、関製糸場（工場）配属。片倉労働組合婦人対策部長（六四―七三）を務めた後、ゼンセン同盟婦人対策部、同東京都支部を経て、八三年にゼンセン同盟婦人部長（八四年に名称変更し女性局長）。九五年に連合副事務局長（女性局）に着任。九九年に退任後、財団法人女性と仕事の未来館副事務局長、連合退職者連合幹事・男女平等参画委員会委員等を歴任。

「私の賃金はどうしてこんなに安いんですか」

岐阜県恵那郡、現在の中津川市の出身です。父は京染の職人で、京染屋を営んでいました。地元の中学校を卒業し、学校推薦で製糸業の老舗、トップメーカーだった片倉工業に就職しました。配属先は関市にあった製糸場、実家を離れての寄宿舎生活を経験しました。

居室面積は労働基準法の事業附属寄宿舎規定では一人一・五畳、一部屋一六人まで。入った寄宿舎は一五畳ぐらいの部屋に四、五人で少しゆったりした感じでした。入社して三か月間はいわゆる見習工女です。それを過ぎると二交代制勤務が始まります。午前六時から午後一時半、午後一時半時から午後一〇時までの二つのシフトが組まれ、みんな寄宿舎から出勤します。

糸取工は敏捷さ、目配りが求められる仕事です。煮繭からすばやく糸口を見つけ出し、糸の動きを見て切れ目なく次の糸をすばやく補給していく。何台も機械を担当しているので、手も足も目もずっと動かしていなくてはなりません。糸取工は能率給だったので、腕のいい人は賃金が高くなります。でも、私は繭を煮る蒸気でめがねは曇るし、どうもうまく糸がとれませんでした。毎日が嫌で、辞めたいと思っては、でもやっぱり辞めてはならないと悩んで、ようやく職場転換を申し出て、仕上検査に回してもらいました。

入社して六年目ぐらいでしたか。ある時、毎月いただく賃金があまりにも安いので、明細書を持って関支部の教宣部長に「私の賃金はどうしてこんなに安いんですか」と聞きに行ったことがあります。当時の片倉労働組合の記録では一九五五年の製糸女子は日給制で平均日額二三一円。月額で多くて五〇〇〇円程度、検査はこれよりも低かったでしょう。「会社の採算と、あんたたちの生産性との関わりで賃金が決まるんだ」と言われました。「どこで決まるのか」としつこく聞きましたところ、「勉強して支部の執行委員になってはどうか」と言われました。それがきっかけで私は片倉労働組合関支部執行委員となりました。入社して六年目のことです。

特殊手当の交渉に臨む

戦後、重要輸出産業として指定され、順調だった製糸業でしたが、一九五四年、五五年と片倉は赤字決算になりました。再建策として会社は全国に約二〇あった製糸場を休止、メリヤスなどの事業転換を行っていきました。関製糸場も五五年に製糸から絹紡糸に業種変換し、関工場となりました。事業転換にあたり、私は三か月間、絹紡糸の技術習得のため一〇人の仲間とともに福島県郡山の日東紡績に技術講習に行きました。その技術講習から帰ると、紡績には男性工員が入るので工場の雰囲気が変わっていきました。それとともに支部の労働組合の活動も活発化しました。

その時、忘れられないのは、特殊手当の交渉のことです。絹紡糸の製造には繰糸に適さない繭や屑糸などをアルカリ液で処理して綿状にする工程があります。非常に臭いがきつく、糸ぼこりが出るし、重いのです。製糸とは違った意味での労働環境の問題があるので、関工場に対して特殊手当を出すよう要求することになりました。私たち関支部の組合員と支部の役員など非番の組合員は皆、関支部の代表である支部長と副支部長二人を門まで見送りました。「頑張っておいで。要求貫徹するまで帰ってくるな」。要求は取れました。そういう要求が通るとうれしいですし、励みになる。関支部の組合活動はまた活発になりました。

女性リーダーとの出会い――片倉労働組合婦人懇談会

片倉労働組合は製糸業における戦後労働運動の中心的な存在でした。一九四六年に結成され（結成当時の名称は片倉従業員組合総連合会、四九年片倉労組に改称）、四七年には片倉労働組合を筆頭に、郡是（現・グンゼ）、紙栄、昭栄（現・ヒューリック）など製糸関連労働組合の全国組織「全蚕糸労連」（六〇年、繊維労連に改称）が結成されました。女性の組織の立ち上げも早く女子労働者代表者会議を経て四八年に婦人懇談会という名称で女性の活動組織が結成されています。

結成当時約一万五〇〇〇人のうち女性一万二〇〇〇人という片倉労組の婦人懇談会をまとめていたのが岩瀬ふみ子さん（後、熊谷市議会議員）でした。一九五五年には繊維労連に移られますが、片倉では女性労働者の退職金闘争に関わられたほか、寄宿舎の自治と給食の改善を進められ、寄宿舎生活の改善を労働組合の活動として一体的に取り組もうという方針を私たちも引き継いで頑張りました。

寄宿舎の生活では三食とも工場給食です。献立を寄宿舎生が選択できるようにする、丼ごはんではなく、おひつから自分でお茶碗に盛るよう配膳を変える、食器を瀬戸物にする、献立を表示する。暖房を入れる、お湯を使えるようにする。大げさに思うかもしれません。でも、私たちは中学を卒業したばかりの一五歳の少女から年長でも二〇歳前後の若い女性です。食事して、寝るだけという単調で厳格な寄宿舎生活の改善は身近で、かつ重要な課題だったのです。寄宿舎制度とは二四時間体制で工場の生産過程と一体的に管理されるありかたです。一九五四年には近江絹糸争議が起きましたが、寄宿舎で暮らす私たちにはそんな話も入ってこなかったのです。

寄宿舎の門限も取り上げました。門限は午後八時で、門限を破るとトイレ掃除の罰がありました。私は音楽や演劇が好きで岐阜市内まで少し遠出しますと、門限に間に合わないのです。その罰をなくそうという交渉をしました。母性保護にも取り組みました。法律があっても生理休暇の取得がしづらいのです。人手不足もありますが、男性の職制に手続きをしてもらわなくてはならないのは若い女の子には恥ずかしいことでした。その改善要求を労組に持って行きました。

労働組合活動を通じて、他の労働組合の方や女性リーダーとも出会いました。繊維労連本部には女性オルグの塩沢美代子さんもいました。本当に優しい方でみんなに人気がありました。食事の改善、生理休暇と仕事量の関係など交渉に必要な多くの調査を手がけられただけでなく、寄宿舎に何日も泊まり、みんなと話し合うのです。「熊﨑さん、職場は大事よ」「リーダーは自分の言葉で話して、自分の目で職場の実態を見なさい」と言われました。関工場での日々は私にとっていわば青春時代でした。

片倉労働組合本部・合理化最前線で

一九六四年、片倉労働組合本部の専従書記にならないかという本部からの打診がありました。東京に憧れていた私は「行きます」と即答したのですが、両親は「東京なんか行ったら結婚がもっと遅れる」「女だてらに赤旗振って」と猛反対です。上京した時、これから労働組合の道を進むことになるのだ、となんとなく確信したものです。

本部での最初の仕事は会議の準備、各支部のオルグ、機関紙「片倉労組」の編集、婦人の問題など。片倉労組は一九六三年に総評系の繊維労連を脱退し、同盟系の全繊同盟への加盟を決定しました。繊維労連を脱退後、六六年に全繊同盟に加盟するまで、上部団体がありません。その間、賃上げや一時金など労働条件闘争、とくに工場閉鎖等による人員整理の交渉での会社側の攻撃はたいへん厳しいものがありました。

その過程では、退職金改定要求の交渉が不調に終わり、片倉労組は中央労働委員会に斡旋申請を行い、対抗をしました。私は写真撮影、傍聴担当でしたが、理論的で鮮烈な意見交換は印象に残っています。中央労働委員会会長と、真島文吉委員長との間で行われた経営理念や生糸産業の将来性、労働組合員へのメリットについてのやりとりは、中央労働委員会の職員の方たちがみんな傍聴にこられるぐらいの内容でした。

しかし、会社からの合理化提案は厳しいものでした。一九五〇年代の生糸の対米輸出の不振と合成繊維の台頭に引き続き、六〇年代には生糸輸入の解禁で生糸産業の斜陽化は決定的になっていました。工場集約を先行しつつ事業を多角化していく。その経営方針のもと五一年の三三工場から六五年には一四工場へ、さらに六九年には製糸一四工場が一〇工場へと集約されていきました。五〇年初頭、約一万人いた従業員も六〇年代末には約二三〇〇人へと減少していきました。その減少分のほとんどが女性でした。

片倉労働組合は安易な人員整理は許さないことを確認し、合理化の三原則で団体交渉に臨んでいました。一つ目は他の工場への配転によって雇用を確保する、二つ目は配転できない場合は退職金をできるだけ積み増しする、三つ目は現在の就業地での就職あっせんを行い、就労を継続する。しかし、実際の現場はつらいものでした。対象の工場に行き、「皆さんの意見を聞きに来ました、会社の方針と交渉の状況について説明します」というのが私の役割です。かつて合理化で四国、九州から関工場へ赴任した十数人が環境の違いなど精神的にずいぶん苦労されていたことを感じていました。それが体験としてありましたので、だれもがすぐに会社からの合理化の提案をのむという状況ではないこともわかりますし、時に感情的にもなりました。

工場で働いているのはほとんどが女性です。他の工場には行けない事情を抱えた人もいれば、行きたくない人、辞めてもいいと考えている人などさまざまです。オルグは寄宿舎に泊まります。先輩から脈々と引き継がれてきた方法論であり、活動のあり方です。同じ職種だから共通課題が見えやすい、交代制の職場だという理由もありますが、それ以上に、実態から入らないといけない。皆さんと一番、話し合えるのが寄宿舎です。オルグの私たちは上からの目線で「運動」するのではなく、同じ仲間だという気持ちで一緒に参加していきたい。寄宿舎に寝泊まりするというのはその方法論のひとつです。

私は諸先輩方から学んだ方法論を胸に、一か月ぐらい寄宿舎に寝泊まりしました。今の経営状況と交渉結果などを説明し、意見交換を重ね、一番いい方法をさぐるのですが、「労働組合のくせに何よ」と激しい言葉をぶつけられることもありました。皆さんの希望どおりにはならない時は、本当に情けない思いをしました。でも、「組合って何よ」と言っていた女性組合員とも最後は組合の役割や大切さを分かち合えたと今でも確信しています。

野麦峠に行こう——オルグとして本社・事務職をつなぐ

労働組合とは何か。オルグとは何か。それを学びながら片倉労組本部で一〇年を過ごした後、一九七三年、私は全繊同盟へ異動することになりました。婦人対策部の多田とよ子さんのもとで一年経験を積んだ後、東京都支部に配属されました。東京には大手繊維メーカーの本社機能が集まっています。もちろん工場ではなくて、みんなビルの中です。受付から事務までたくさんの女性が働いていましたが、女性が集まって食事をしたり、話し合ったりという場所もありません。労働組合が事務所を構えているところもほとんどありませんでした。この状態から女性の活動の場をつくること、女性委員会を組織していくこと。それが私のオルグとしての役目だと思いました。

明るくて、リーダーにふさわしい感じの女性に声をかけました。最初は渋っていましたが、その人の呼びかけで一〇人が集まりました。そのメンバーで女性委員会を結成しました。

はじめは会社の状況や問題点をみんなで話し合っていました。でも、言うばかりで変わらない状況が続くと、愚痴になってしまいます。そこで、ある日、たずねました。「皆さん方は繊維メーカーの本社で働いていますが、工場の仕事はご存じですか」。どうもピンとこない様子の女性たちを見て企画したのが「歴史をひもとく旅」です。私は製糸出身です。工場現場の労働や女性労働者の経験、そこから始まった労働組合の活動。それに触れてもらおうと考えました。

「野麦峠に行こうよ」。一泊二日、ハイキングを兼ねた旅程には十数人の希望者がありました。『あゝ野麦峠――ある製糸工女哀史』に登場する情景を実際に歩き、宿泊地の野麦集落で製糸工場で働いていた女性お二人と夕食を囲んでの懇談会を持ちました。本の舞台となったあとの世代の方たちでしたが、片倉工業にお勤めになったことがあり、「田舎に帰ったら、片倉に勤めている人は嫁のもらい手がいっぱいあってね」というお話や野麦峠を越えた先輩たちの苦労話などで盛り上がりました。楽しい経験とともに一つの歴史を覚えた充実感を共有できました。

富岡工場の見学にも行きました。片倉工業が（一九八七年まで）実際に操業していましたので、生糸製造の労働現場を感じてもらいたくて、真夏の八月に行きました。富岡工場は他の工場と比べると非常に天井が高いのですが、蒸気の暑さとそこにこもる繭を煮る臭いに、東京で働いていた女性たちはびっくりしていました。寄宿舎での懇談会では、寮生たちが「ここは三度工場食で、二交代。一週間に一回しか休みがありませんし、町に出てもあまり買い物しません」という体験を語ってくれました。それを聞いて東京の女性たちは素直に「貯金ができますね」と感想を述べたのです。そこから話が盛り上がりました。「お金は貯まらない」「賃金が安いから」という話になり、寄宿舎生活の実態が初めて共有され、通勤、残業、生活費など互いの実態についての意見交換に展開していきました。

女性委員会のメンバーは化粧品会社、タオル工場見学など、広く繊維産業の実態を体験し、知る活動を重ねました。そこから繊維産業全体が抱える課題や、都会の女性の目から見た問題、自分たちの職場の問題について考える発想、感覚をつかんでいきました。旭化成の女性が持ってきた壁新聞にヒントを得て、自分たちの活動と問題提起を知らせようと壁新聞を作成、東京都支部に貼り出すなど、発信する力もつけていきました。

現場に近いことを地道に継続し、みんなで理解をし、改善をしていく。オルグとは現場と現場、活動と活動を結ぶ媒介です。それが先輩から教えていただいた活動のありかたです。現場は現場しか分からない、現場が主体的に動くべきだという考え方もありますが、主体的な活動のためには気付きが必要です。必要なのはその気付きを促すオルグの存在だと思っています。

活動を積み重ねるうち、現場から具体的な動きも出てくるようになりました。ちょうど女性差別撤廃条約批准に向けて、男女雇用平等法制の動きが出ていたころです。ある企業で女性も資格等級制度の試験を受けさせてもらいたいと要望を出したところ、課長が「お前も受けるのか」「お弁当買いに昼休みの時間の五分前には離席するような君たちが仕事をしていると言えるか」と言ったのだそうです。女性たちは自分の仕事ぶりが評価されていないことを知って、「試験受けよう」「勉強しようよ」ということになりました。女性が働くこと、残業のこと、男性並みに働くとはどういうことか。取り組みのなかで議論を積み重ね、少しずつ成果をあげていったと聞いています。

全繊同盟・女性のための活動組織ができる

一九六五年前後、全繊同盟ではそれまでの女性の組織化や参加のあり方を変えていこうとしていました。末吉ユキヱさん、一瀬幸子さん、多田とよ子さんら職場の実態をすぐに政策や制度にくみあげていく、素晴らしいリーダーがおられました。

全繊同盟には、戦前の友愛会、総同盟の紡績労働運動を土台として、寄宿舎対策の長い歴史と運動の蓄積があります。その中心が一〇大紡績と呼ばれる大企業労組が集まる綿紡部会でした。寄宿舎で暮らす一〇代から二〇歳前後の年少女子労働者が寄宿舎自治会を結成する。その自治会から労務管理の対象ではない、生活の場にふさわしい寄宿舎をつくっていこう。そうした改善闘争が女性組合員の主要な活動でした。

そこに六〇年代半ば、繊維労連(総評系)から脱退しゼンセン同盟(同盟系)に加盟したグンゼ(郡是)、片倉、神栄、神戸生絲など生糸産業の労組が生糸部会(一九七六年衣料部会に改編)として活動を始めました。これら労働組合には寄宿舎の自治会とは別に職場を単位とする「グループ懇談会」(グル懇)という組織化のスタイルがありました。母性を守る月間、組合員の権利、寄宿舎生活の悩みなど工場や職場のグループごとに話し合い労働組合として活発化していくのです。生糸部会の専従となった吉田止久子さんはグンゼでグル懇を中心に労働組合の活動を率いてきた人でした。

このグル懇に多田さんは着目されたのだと思います。寄宿舎で暮らす少女、若い女性だけでなく、通勤者、既婚者など繊維産業では働く女性が多様化しており、さまざまな職場の問題を共有する場、女性のための組織のありかたを再構築すべきだと考えておられたのです。それを組織に提案されたのです。

そこから全繊同盟では一九六五年に婦人対策部が復活、各県の婦人オルグ会議も行われ、七一年に「全繊(ゼンセン)全国婦人集会」が初めて開催されました。職場、地域に女性が組織的な基盤をもつことによって、「母性保護統一闘争」(七四年)が大きな成果を上げていきました。勤労婦人福祉法を根拠に育児休業制度の協約化、生理休暇、つわり休暇、産前産後休暇、育児時間など労基法を上回る労働協約を勝ち取っています。私も街頭演説をしたり、政府に向かって要求のデモ行進をしたり、積極的な闘争をしました。

一九七三年には全繊同盟の定期大会に女性の特別代議員(五五人)が設けられ、女性が発言できるようにもなりました。東京都支部の私たちも問題があれば声を出そうと発言しました。大勢の中で発言するのは非常に勇気がいるので、あらかじめ準備をして、必ず定期大会で発言をすることにしました。

全繊(ゼンセン)全国婦人集会は私たちにとって貴重な情報交換の場でした。生糸産業で男女同一労働同一賃金というと「仕事が違う」と言われる。でも、男女の仕事があまり変わらない紡績産業では「男性は所帯を持っている」「女性はすぐ辞める」「一生懸命働くという気迫がない」と別の理由を言ってくる。そんな実態を確かめ合いながら、本部に男女別の賃金統計を作成する要望を出しましたし、各地で実際に取り組んだ人たちの体験を通じて格差の問題や解決方法を学ぶことができたのです。

広がる女性のネットワーク——労働組合から国際婦人年へ

同じ六〇年代半ば、全繊同盟が参加するナショナルセンター「同盟」(全日本労働総同盟)にも変化がありました。同盟には女性担当役員がおらず、全繊同盟が中心になって民社系の団体などと一緒に集会をやっていましたが、同盟にも女性役員を置くべきだ、女性委員会を設置すべきだという議論になりました。そこで、採用されたのが岐阜のカヤバ工業労組にいた高島順子さんです。同盟に青年婦人対策部が設置され、そのころから同盟の参加団体が集う婦人集会も開かれるようになりました。

全繊同盟には婦人対策部(後、女性委員会)と同盟には青年婦人対策部。それぞれに女性の活動組織の受け皿が整備されたことから、傘下の産別にも女性組織をつくる動きが広がりました。その中から女性のリーダーがたくさん出てきました。

国際婦人年(一九七五年)、続く国連女性の一〇年でも同盟の皆さんと一緒に集会をしました。単組、産別、ナショナルセンターとそれぞれの階層で女性の活動組織が整備されていったことで、中央でも地域でも他の女性団体との横のつながりが生まれていきました。国際婦人年連絡会には総評、同盟の二つのナショナルセンターが参加していましたので、ネットワークは広がりました。

他団体と一緒に活動をすることがきっかけになって仲間ができ、一緒に学習したり、励まし合ったり、意見交換をしたり。私の経験から言うと、こうした活動を通じて、社会の中で労働組合が担う役割とは何であるかがおのずと見えてくるようです。そしてリーダーは一人ではなく、いろんな個性を持った人がいてこそ、問題解決の道筋が見えてくることもある。それに気づくと非常に活動が楽しくなるんです。本音を言いながら、楽しんで、「しぶといね」と言われながらも問題に取り組む元気が出てくる。私もそうして労働組合を通じて大きくネットワークが広がり、今なお続く人間関係ができました。

男女平等を日本社会は受け止められない——均等法成立の中で

一九八〇年、国連婦人の一〇年・中間年を迎え、ゼンセン同盟東京都支部では女性差別撤廃条約について勉強会を重ねていました。デンマーク・コペンハーゲンでは国連婦人会議で高橋展子デンマーク大使が女性差別撤廃条約の署名をし、同条約の批准に向け男女雇用平等法の実現がいよいよ実現味を帯びてきました。

労働省は一九七九年、婦人少年問題審議会のもとに男女雇用平等法制での「平等」の考え方を整理する「男女平等問題専門家会議」を設置。同盟の高島さん、ゼンセンの多田さん、総評の山野さん、電機労連の松本さんが議論に参加していました。労使の主張が対立したままの報告書ではありましたが、時間外労働や深夜業、危険有害業務など男女で異なる規制を撤廃することは現状の労働条件や性別役割分担による女性の負担を考えると撤廃は妥当ではないと労働側の主張が盛り込まれていました。

しかし、一九八五年までに女性差別撤廃条約を批准するというスケジュールをにらんで最終的に出てきた労働省の法案要綱は婦人少年問題審議会での労働側の意見は全く反映されていませんでした。まさか勤労婦人福祉法の改正という形で出てくるとは。国際的には平等法が広まっていても、日本社会では私たち女性、労働組合がどれだけ願い、運動しても、男女平等は受け止められなかったのです。

憤懣やるかたない状況のなかで、一九八四年五月、政府案が国会に上程。国会審議が始まりました。私は国会傍聴のリーダーとして、二交代での女性組合の傍聴団を組織していました。傍聴していると自民党議員には頭にくるんです。私たちにとって本当に大切な法案の審議なのに、しゃべっていたり新聞を読んだり席を立ったり。「けしからん」という私のしかめっ面が『週刊朝日』に掲載されていたそうで、美容院で見た妹が「これお姉ちゃんじゃない」と知らせてきました。

この山場の一九八四年、ゼンセン同盟婦人局長多田とよ子さんが退任され、私が婦人局長を引き継ぐことになりました。早くも八五年四月一七日には参院社会労働委員会で公述人として意見を述べることになり、緊張していたのか記憶がないのですが、第三者による調停機関の必要性を懸命に訴えました。

再度、保護か平等か——均等法改正での苦悩

一九八五年の均等法の成立から一〇年。九五年秋から婦人少年問題審議会で均等法改正の検討が始まります。その年、私は連合副事務局長に着任し、労働側委員として婦人少年問題審議会の議論に加わりました。

当初、連合の立場は明確で一九九三年第三回定期大会の運動方針で出された「男女雇用平等法」の制定と労働時間の短縮を主張し、女性の時間外労働・深夜業勤務の一方的緩和撤廃には反対でした。

しかし、審議会で出てきたのは違う角度からの「保護か平等か」の議論でした。経営側は性別に関係なく処遇と活用を行おうとしても、労基法に男性とは異なる女子保護規定(深夜勤の禁止、時間外労働の上限規制)があることで女性の活用や職域拡大が妨げられると主張していました。女性の活用に向けて募集・採用から定年・退職・解雇の一連の雇用ステージにおける男女平等を実現し、性別によらない雇用管理を徹底するためには、女子保護規定は撤廃すべきだという論理です。政府のスタンスも同じでした。

雇用管理のすべてのステージでの差別禁止は絶対に必要です。ここは大枠で合意している。しかし、

保護との新たな引き換え論に対してどう対応すべきか。連合では男女雇用平等小委員会を設置し改正要求案たたき台をつくり、構成組織や女性代表者会議で議論しました。年少部会、中央労働基準審議会など政府の審議会メンバーになっている連合役員との意見交換も重ね、連合の組織機関としての要求のありかたについて連合内部で検討を続けました。

撤廃には男女双方から強い反対意見がありました。一方、一九九六年に行った「一〇年目を迎えた均等法調査」という実態調査では規制撤廃への賛否は拮抗していました。育児休業法(一九九一年)に続き、介護についても法制化(一九九五年)を見ており、女性が働く条件整備は前進しました。均等法施行以降、登場してきた専門職、管理職候補の女性や取り組みを進めてきた労組からは撤廃して欲しいという意見。連合加盟の産別のなかには女性の職域拡大の趣旨からすでに女子保護規定撤廃を主張していたところもありました。

連合の組織機関として男女共通の法的規制の強化、妊娠・出産にかかる母性保護の強化を前提に、労基法の時間外・深夜業等の保護撤廃を決定しました。苦しい決断でした。私の出身労組はゼンセン同盟です。私自身が早朝夜勤の二交代制の辛さ、製造現場では賃金に大きな男女格差があることを知っています。高島さんと二人で山野和子さんのもとに行きました。じっと聞いてくださいました。「これから経済も社会情勢も変化せざるをえない。平等法論議は理解するが、パート、非正規労働者に女性が多いことも視野に入れ、配慮されたい」とおっしゃいました。

一九九六年六月四日の第二二回連合中央委員会で「『男女雇用機会均等法改正要求案骨子』と今後の取り組みについて」を提案しました。そこで出身労組のゼンセン同盟から厳しい意見が出されました。

午後一〇時以降の深夜労働撤廃をストライキをかけ勝ち取ってきたこと、午前五時からの早番勤務を午前六時に変更した歴史的経緯。労基法三条に性別を付け加えるべきこと、労基法四条に賃金については平等が明記されていること。「保護撤廃は賛成しかねる」。

連合執行部として男女共通の時間外労働規制の強化をめざすことや深夜業になった場合の仮眠室等の整備、育児中の女性への深夜業免除を要求する方針を説明しました。しかし、連合としての統一運動をしているわけですから、ここに来るまでの間に、ゼンセン同盟に対しもっとていねいに説明すべきだったと今も反省しています。

改正均等法は一九九九年から施行になりました。雇用の全ステージについての差別禁止、調停申請に関する不利益取り扱いの禁止、ハラスメント防止の配慮義務、ポジティブアクションが新たに導入され、労基法の時間外、深夜業等の女子保護規定は撤廃されました。しかし、労働時間の規定など労働基準法を扱う中央労働基準審議会では、連合が求めた時間外、休日労働、深夜業の男女共通規制強化の議論は進みませんでした。

今こそ女性は発言してください

私が連合で過ごした一九九六年から九九年は育児介護休業法(九五年)、介護保険法(九七年)が制定され、労働者派遣法の改正(九六年、九九年)、男女共同参画社会基本法の制定(九九年)など、めまぐるしい時代でした。

また九〇年代は、年金改革やパートタイムの「均衡処遇」の問題を通じて、非正規雇用や年金、税制の問題が労働組合の男女平等の課題として位置づけられるようになりました。これもなかなか難しく、配偶者扶養控除の限度額である一〇三万円の壁は問題でしたが、パートタイマーが多い組織に意見を求めに行っても、「一〇三万円でいい」と言われました。

その後、どこまで男女平等は進んだのでしょうか。これだけ職域が広がり、女性が産前産後も働いています。体を守るという原点に戻り、母体保護についてまた新たな切り口から考えることも必要かに思います。

連合副事務局長を退任した後、私は就労における男女平等の推進を目的とする「女性と仕事の未来館」で四年ほど務めました。駅から近く、予約制なので、仕事帰りに納得のいくまでキャリアアップや今後の進路、職場の悩みについて、専門家に相談できるのです。いい相談機関でしたが、行政事業の必要性を予算効率化の観点から問う二〇一〇年の仕分け事業で廃止になりました。

現在住んでいる調布市では行政の男女共同参画にも関わりました。男女共同参画推進委員会では、五年に一度、市の男女共同参画方針を策定します。そこで、男女共同参画条例をつくろうと試みましたが、たいへんなバックラッシュが起きました。調布市の図書館に男女平等をテーマにした図書コーナーを設置したら「おかしい」「撤回しろ」と言われ、委員会の会議を傍聴する男性がやじを飛ばす。そんなことで二〇一八年の今も条例はつくれずにいます。

女性が本当の意味で役職を得ることは難しい時代を生きてきました。労組では女性が一人か二人なら役員になるのは慣行としてかまわないけれど、なったとしても女性は女性担当です。ゼンセン同盟の方針には「男女平等」という文言は入りますが、実際には賃金対策に女性は入っていないし、女性集会などで間接的にでも男女別統計資料の作成を求め、女性たちは定期大会で、女性集会で、そして機会があれば、「格差をなくせ」と訴え続けてきました。賃金対策に女性が入り、そこで意見を言う、意思決定する。そういう理想を掲げてきましたが、私の時には実現できませんでした。

今ではUAゼンセンの定期大会議長に女性が立ち、専門委員会にも必ず女性が入っています。私たちが本当にやりたい、こうしたいと思っていたことがようやく実行に移されつつある。ここまでのあまりに遠かった道のりを思い、しかし、私たちがめざした理想が、現実がなお厳しくても形になろうとしていることをうれしく思います。女性集会や女性委員会など女性のための活動組織を維持しながら、職場の本音を出し、つながっていく。今こそ、女性は意見を言ってください、発言してください。応援しています。

column 6

ナショナルセンターの変遷

連合は、総評（日本労働組合総評議会）、同盟（全日本労働総同盟）、新産別（全国産業別労働組合連合）、中立労連（中立労働組合連絡会議）の労働4団体が、労働界の再編を目指して1989年11月に統一、結成されました（図参照）。

その変遷をたどると、連合結成に至るまでには四半世紀近い歴史がありました。本格的な労働界再編の起点となったのは、1970年11月に発足した民間6単産（電機労連、鉄鋼労連、全鉱、全金同盟、電労連、全機金）による「統一世話人会」でした。この会は、労働4団体の了解による拡大世話人会を経て、71年に22単産による「民間単産連絡会議」へと発展しますが、方向性の是非などをめぐる対立から73年に解散となります。

しかし、1973年の第1次オイルショックで、「狂乱インフレに対応するには賃上げだけでは追いつかない。政策によってインフレを沈静化させる必要がある」と、75年に10単産書記長による有志懇談会が持たれ、76年に「政策推進労組会議」へと拡大発展し、「経済政策」、「雇用」、「物価」、「税制」の4つの分野の政策を重点に掲げて労働界の要求をまとめ、対政府交渉、大衆行動などを積極的に展開し、政策実現の成果も得て、各組合間の信頼と連帯感が強まり、統一への機運がさらに高まりました。

1980年には、総評・同盟・中立労連、無所属の民間労組の代表による「労働戦線統一推進会」が発足。民間先行統一の動きは82年「全民労協」の結成で大きく進展し、87年に同盟・中立労連が解散して「民間連合」が発足、88年に新産別が解散、89年に総評が解散し、78産別、組合員約800万人の連合が結成されました。

他方、再編に対する方向性の違いから、同時期に、全労連（全国労働組合総連合）、全労協（全国労働組合連絡協議会）が結成され、現在のナショナルセンターは、連合、全労連、全労協の3組織となっています。

［井上久美枝］

連合のなりたち

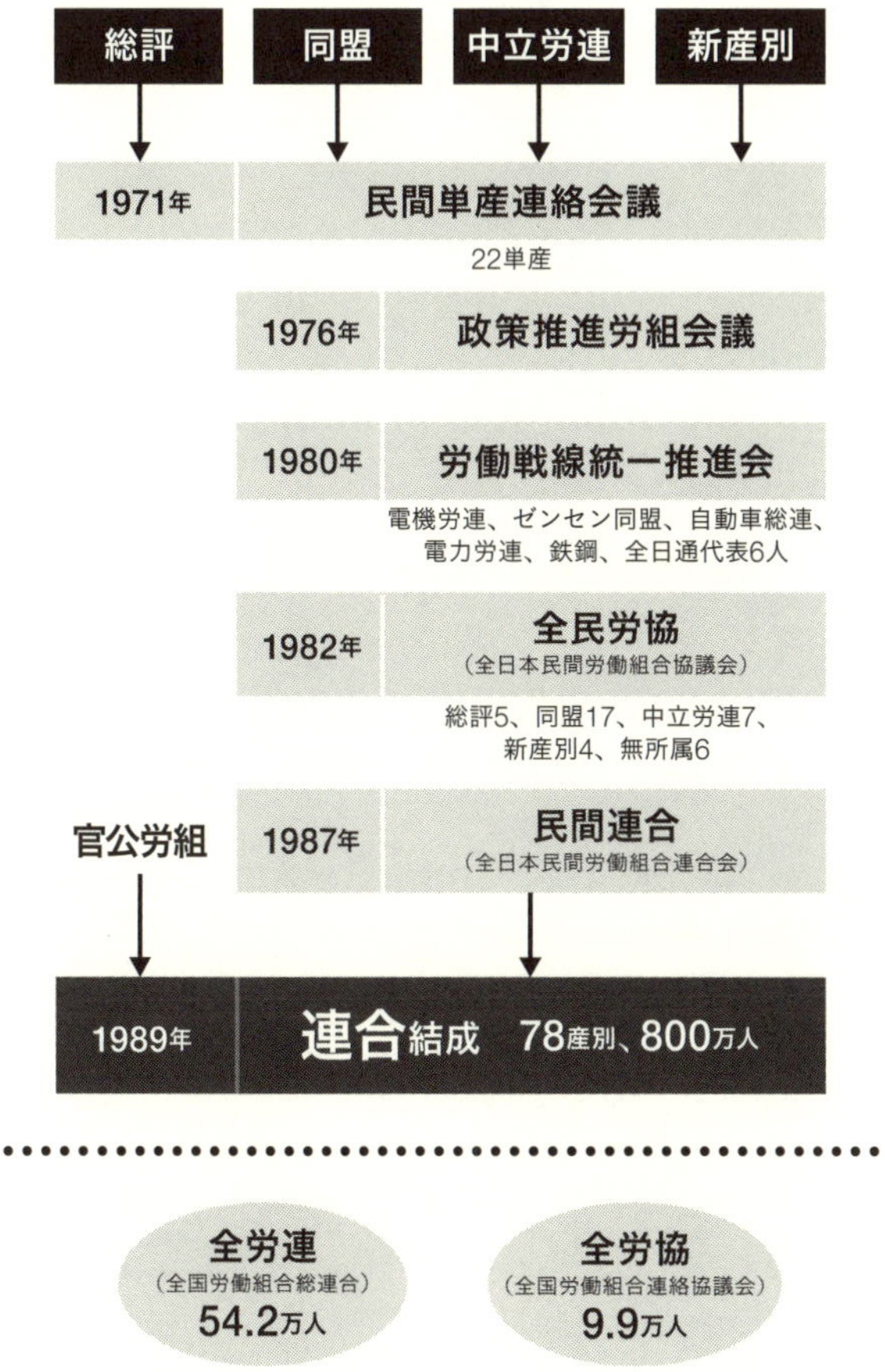

注：組織人員は、2017年労働組合基礎調査による。連合の組合員数は連合調べによるもの。

第5章

過去の運動を次の世代へ

歴史がつなぐ未来へのバトン

井上久美枝

1　労働組合と女性

「労働組合」の基礎知識

「労働組合」と聞いて、みなさんはどのようなイメージをもたれるだろうか？

二〇一五年に実施した「連合に関する世論調査」で「労働組合のイメージ」を尋ねたところ、第一位は「働く者の味方」であるものの、第二位は「どのような活動をしているのかわかりづらい」との結果となった。とくに、二〇代女性の四九％が「わかりづらい」と回答しており、いかに職場の女性たちに認識されていないのかがうかがえる。

そもそも「労働組合」とは何か？といえば、その起源は一八世紀にさかのぼる。イギリスにおける産業革命で、資本家の力が強く貧富の差が激しくなるなかで、労働者は長時間・低賃金といった過酷な労働条件に耐えられず、賃上げや人員の増加を求めて立ち上げた団体が労働組合のはじまりといわれている。

ちなみに、日本で最初に労働組合が結成されたのは一八九七（明治三七）年だが、日本で記録に残っている最初のストライキは、一八八六（明治一九）年山梨県甲府市にあった雨宮製糸場で働く一〇〇人余の女工が、長時間労働や賃金の切り下げ、遅刻の罰金など、劣悪な労働条件に怒り、近くの寺に立て籠もったものといわれている。

#MeToo運動の国際的拡大で、日本の女性たちの運動にも広がりをみせているが、今も昔も、そして、労働組合が結成される前から、女性たちが職場の不条理に立ち向かっていたという歴史を知ってみると、「本書に登場している方々のDNAもここから来ているのか！」と、思わずにはいられない。

しかし、同様に今も昔も変わっていないのは、労働組合の活動が男性中心で運営されてきたことである。働く女性は増えたものの、非正規雇用が占める割合は今や四割を越えるまでに増加し、その多くが女性である。一方で、労働組合の組織率は一七・一％で[1]、雇用者数の二割弱しかカバーできていない。また、労働組合の役員に占める女性の割合も低く、男女間賃金格差やあらゆるハラスメントなど、職場における不条理な差別を改善するためにも、労働組合への女性の参画が不可欠となっている。

連合の組合員数でみると、登録人員は約七〇〇万人[2]で女性組合員の比率は三六・二％だが[3]、女性の執行委員比率の割合をみると、一〇％を超えてはいるが女性組合員の比率との乖離は大きい（**図表1**）。

1—厚生労働省「平成29年労働組合基礎調査の結果」。
2—連合第九回中央執行委員会確認（二〇一八年四月一九日）。
3—連合「構成組織・地方連合会における女性の労働組合への参画に関する調査」（二〇一七）。

図表1—女性組合員比率と女性執行委員比率

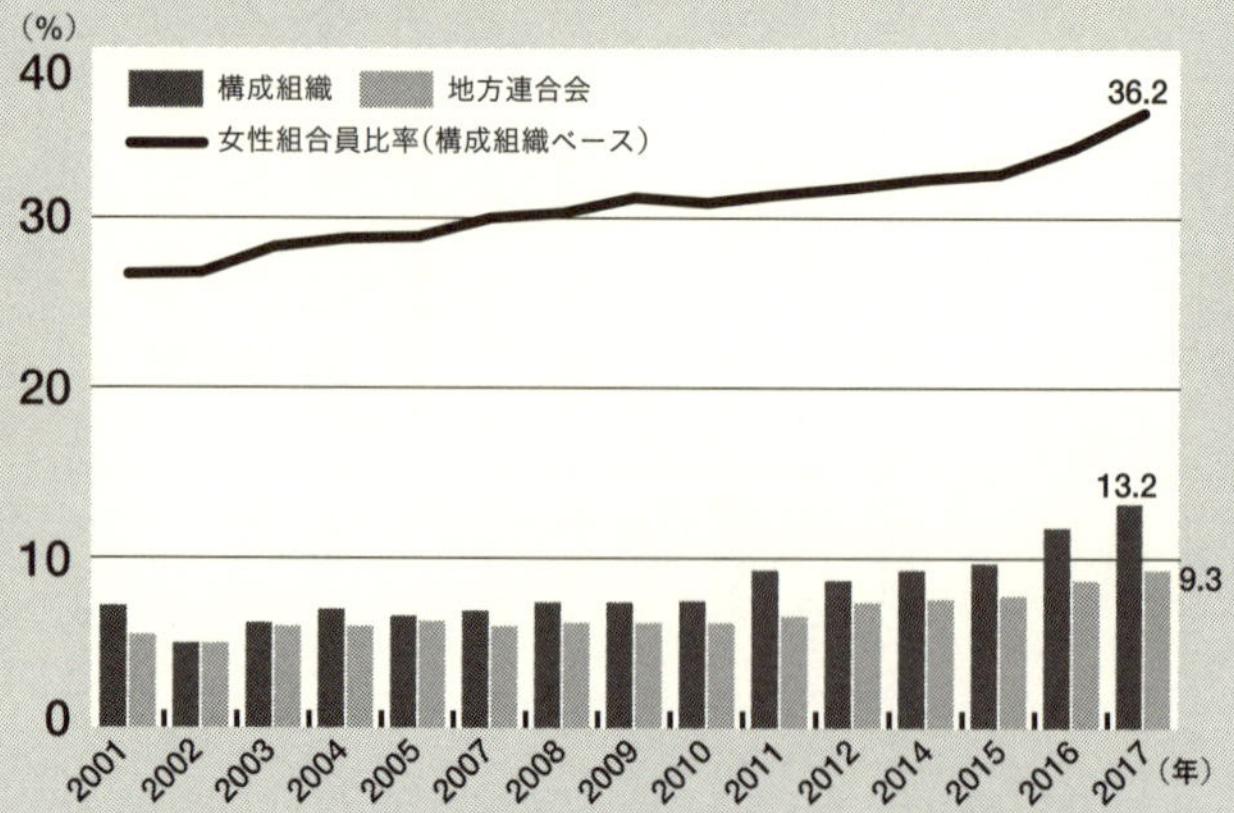

出所：連合「構成組織・地方連合会における女性の参画に関する調査（2017年）。

連合は、一九八九年の結成から「労働運動をはじめ、あらゆる分野に女性の積極的な参加を進め、男女平等の実現をはかる」ことを掲げてこれまで取り組みを進めてきたが、「労働組合への女性の参画」は、着実に進んではいるものの、道半ばである。

そのようななかで、私たちの大先輩が、労働運動の枠組みを超えてさまざまな活動が記された本書が発刊されることになり、歴史を知ることで次世代にバトンをつなぐ絶好のチャンスだと思っている。

男女平等の課題に携わる現役の立場から、労働組合をより理解いただくための基礎的なことや、男女平等に関する連合の取り組みなどについて述べたいと思う。

労働組合における女性の状況

コラム「ナショナルセンターの変遷」（二八二頁）、「労働組合の組織について」（一五四頁）を読んでいただくと、大まかに労働組合の歴史と組織を理解していた

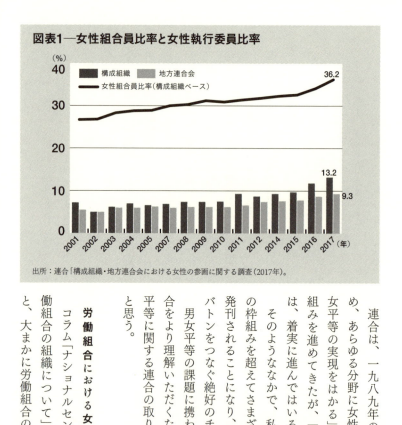

図表2―産別における女性執行委員の担当業務

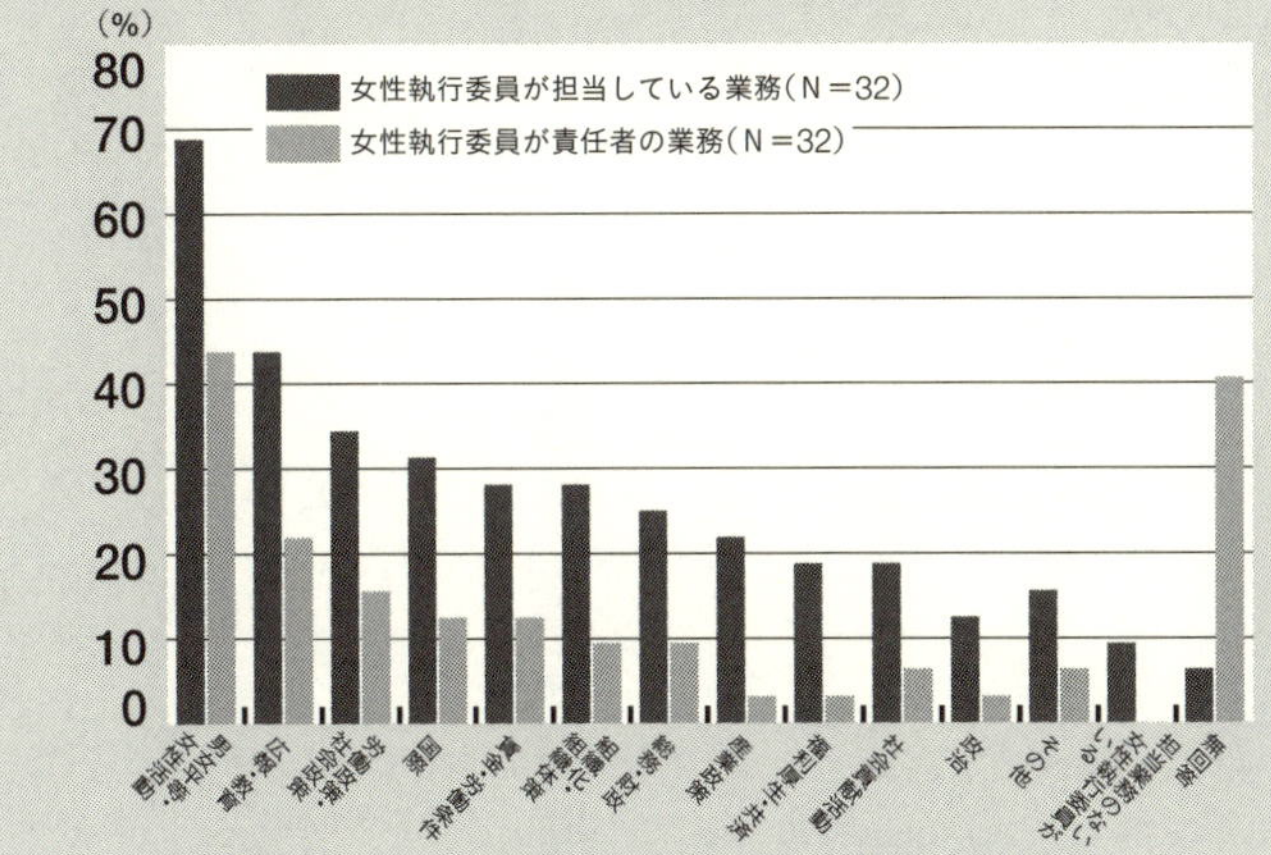

出所：連合「構成組織・地方連合会における女性の参画に関する調査」(2017年)。

だけるかと思う。

私自身は、オープンショップ制の組合の職場で、執行委員になったのも、「先輩に促されて」立候補した口で、積極的に執行委員になったわけではない。たいてい、組合の役員になるきっかけは、みな同じような状況ではないかと思う。

さて、執行委員会のメンバーになると、活動を進めるにあたって、組織、財政、賃金・労働条件、労働政策、産業政策、広報・教育、福利厚生・共済、男女平等・女性活動、政治、国際など、さまざまな分野のなかから担当が与えられる。

私の最初の担当は広報だったが、多くの組合では、女性執行委員には男女平等を担当させる割合が高い。女性執行委員がどのような業務を担当しているかを連合が調査したものが**図表2**であるが、七割の組織で「男女平等・女性活動」を担当、次いで四割が「広報・教育」、三割前後には、「賃金・労働条件」、「組織」、「総務・財政」、一割程度が「政治」との結果が出た。また、女性執行委員が「責任者」になっている業務の回答をみると、四割が「男女平等・女性活動」、二割が「広報・教育」で、担当している業務で比率が高かった「男女平等・女性活動」でも責任者の割合は四割程度にとどまっていて、男性が責任者となっている組織が多いことがうかがえる。

企業における女性の職域拡大が進まないのと同様に、労働組合においても担当業務に男女の偏りがあり、そのことが「経験不足」となり、三役ポストなど「意思決定機関」への女性の登用が進まない要因の一つだと考える。

2 「連合男女平等参画推進計画」第一次から第四次までの変遷

連合は、一九九一年の第二回定期大会において、「労働組合の意思決定機関への女性の参加推進をめざす二〇〇〇年に向けての連合行動計画」を決定した。これは、連合結成時の構成組織の女性執行委員比率が四・六％だったことから、「二〇〇〇年までに一五％」に引き上げていくことを目標に、二年ごとに取り組み指針を策定したものである（2章・高島参照）。

まずは、女性の執行委員を増やしていこうと取り組んだが、「一九九七年一〇月までに女性執行委員比率八％」とした目標が未達成となったため、一九九八年に「男女平等参画推進計画」と改称し、第一次計画の反省を踏まえて、二〇〇〇年「第二次男女平等参画推進計画」（二〇〇〇–二〇〇六年）を新たに策定した。

第二次計画では、組織（産業の違い）によって女性組合員数が違うことに配慮するとして、「連合諸機関の女性参画率を、当該組織の女性組合員比率とする」ことを数値目標として、女性役員の選出に取り組んだ。また、女性参画の重要性を強調するだけではなく、「ワーク・ライフ・バランス」や、組織の拡大・強化なども掲げて取り組んだ。

しかし、二〇〇五年時点での女性執行委員比率は、構成組織と地方連合会は一〇％に届かないままであり、大会等議決機関への女性参画率は七－八％止まりであった。

第三次計画（二〇〇六－一二年）では、数値目標にとどまらず、統一の目標に「運動方針に男女平等参画を明記すること」、「各組織で二〇一二年までに女性組合員比率の女性役員を選出すること」、「女性役員ゼロ組織をなくすこと」を掲げた。

また、労働組合における女性参画を阻害している主な要因として、家事・育児・介護等にほとんど携わらないことを前提とした男性の働き方や、労働組合活動の運営やスタイルが女性参画には馴染まないことが指摘され、労働組合における男女平等参画を進めるためには、仕事における男女平等参画の推進と、男女がともに仕事と生活の調和が可能となるような働き方の基準にしていく必要があるとして取り組まれた。

三次にわたる長年の取り組みによって運動は着実に進んだものの、いずれも目標の達成はできなかった。とりわけ、第三次計画については連合全体で理念と問題意識を共有化できず、取り組みを徹底できなかったことや、計画的な運動展開と点検が不十分であったことなどを課題として整理したうえで、連合全体で実効性ある手法を取り入れつつ、一層の徹底をはかる必要性があるとの総括を行い、第四次の計画策定となった。

図表3―連合「第4次男女平等参画推進計画」

〈**目標1**〉働きがいのある人間らしい仕事の実現と女性の活躍促進（ディーセント・ワーク）

（1）雇用における男女平等の実現
（2）女性の雇用を阻む構造的問題の解消
（3）働きやすく、働き続けられる職場づくり
（4）性やライフスタイルに中立な税・社会保障の確立

〈**目標2**〉仕事と生活の調和

（1）仕事と生活の両立支援制度などの拡充
（2）職場における両立支援制度の定着
（3）働き方の見直しと多様な働き方の整備
（4）地域・家庭における役割・責任の分担

〈**目標3**〉多様な仲間の結集と労働運動の活性化

（1）組織拡大の取り組み強化
（2）男女が参加・活躍できる活動づくり
（3）女性が意思決定に参画できるしくみの経緯
（4）男女平等推進委員会と女性委員会の設置・強化
（5）組合活動と仕事や生活の調和

3つの目標の達成度を図るために設定した「数値目標」

2015年までに100%
運動方針に男女平等参画推進と「3つの目標」の取り組みを明記している組織

2017年までに100%
女性役員を選出している組織

2020年までに30%
連合の役員・機関会議の女性参加率

第四次計画の進捗状況

第四次計画（二〇一三年一〇月–二〇二〇年九月）の概要は**図表3**のとおりである。これに加え、計画に基づく運動の展開として、クオータ制の導入とポジティブアクションの強化や、進捗管理・フォローアップなども盛り込んだ。

あわせて、労働組合における男女平等参画の進捗状況や課題の把握を目的として、毎年「構成組織・地方連合会における女性の労働組合への参画に関する調査」を実施している。

二〇一七年一〇月に報告した内容では、二〇一五年を達成目標としていた「運動方針に男女平等参画を明記している組織一〇〇％」については、いくつか未達成の組織があったため、トップリーダー訪問におけるヒアリングを行い、運動方針への男女平等参画の明記をはじめとする取り組みの徹底の働きかけを行った結果、ほぼ目標の達成が見込まれること

図表4—構成組織における女性執行委員「ゼロ」組織の推移

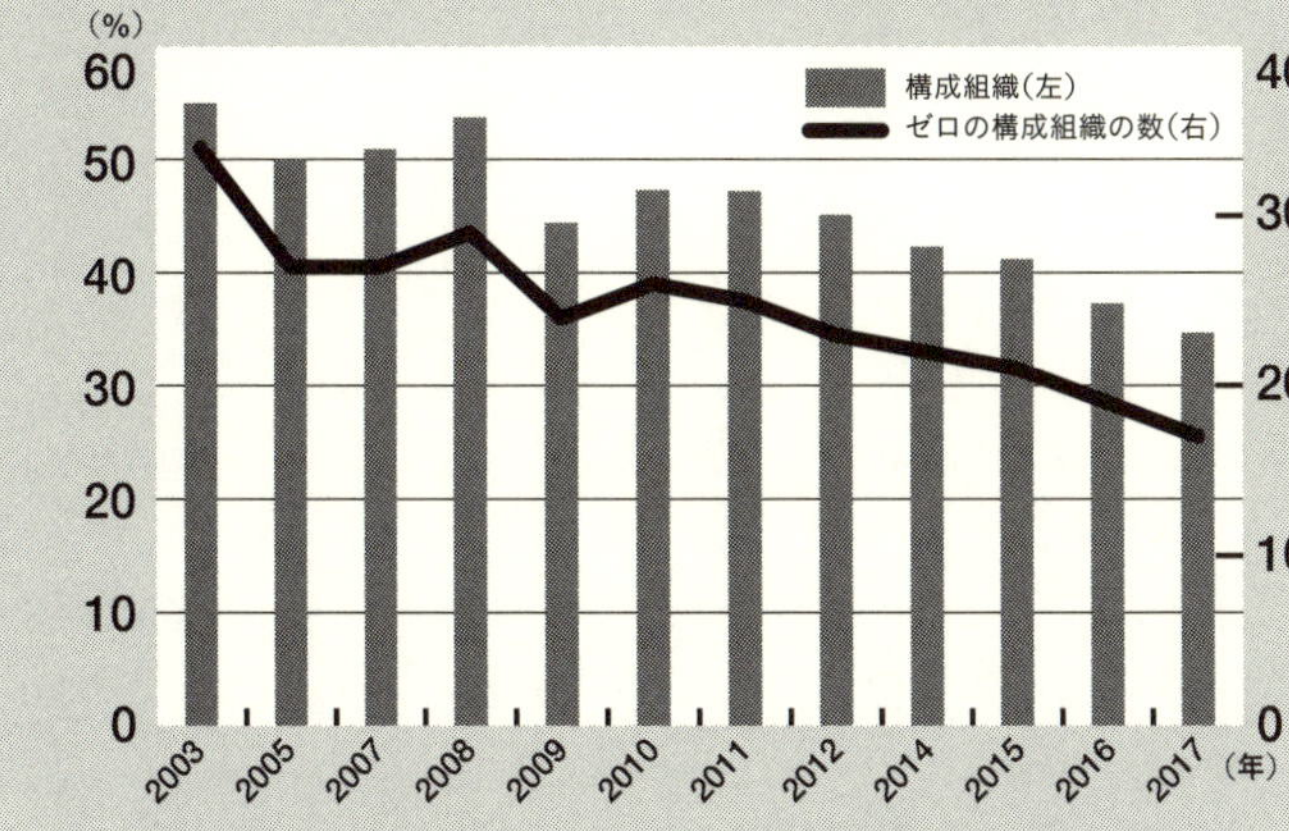

出所：連合「構成組織・地方連合会における女性の参画に関する調査」（2017年）。

となった。

また、「二〇一七年までに女性役員を選出している組織一〇〇%」の目標についての最新データは二〇一八年秋にも集計が出るが、現段階では**図表4**のとおりで、二〇一〇年以降、女性役員がいない「ゼロ」組織は減少傾向にあるが、二〇一七年の目標達成にはほど遠い状況にある。

一方で、「二〇二〇年までに連合役員・機関会議への女性参画率三〇%」の目標については、明るい兆しも見えてきている。二〇一五年の連合定期大会で選出された連合中央執行委員会における女性役員比率は五〇名中一三名で二六%だったが、二〇一七年の定期大会で選出された役員の女性比率は、五六名中一九名で三三・九%と、二〇二〇年を待たずに三〇%を超えた。また、専従[4]である常任役員会（事務局長：一名、副事務局長：五名、常任中央執行委員一一

4—業務を休職・離職して組合業務に専念する者のことをいう。一方で、仕事と組合活動を両立している組合役員を「非専従」と呼ぶ。

名）では、一七名中六名が女性で三五・二％と、こちらも目標を上回った。

さらに、地方連合会においては、連合奈良と連合宮崎で女性の会長が誕生と、連合本部のみならず、地方連合会からも、女性がさまざまなポストに登用されることで、確実に「新しい風」が吹き始めている。

私も一組合員から、単組の副委員長、中央執行委員長、産別の副委員長、書記長と、いろいろなポストを経験してきた。ポストが上になればなるほど責任も重くなるが、さまざまな政策や課題が自分の思った方向に変えられる手応えを感じてきた。意思決定機関に女性がどんどん参画することになれば、これまで男性中心で運営されてきた労働組合を変える大きなチャンスにつながると思っている。

3　今後の課題

男女平等の実現や労働組合への女性の参画を進めるためには、まず第一に、「男女平等参画」を運動方針に明記し、最高決議機関である「大会」で決定させる必要がある。運動方針自体は、大会が開催される半年以上前から職場ごとの議論を積み重ねて方針が策定されていくので、その段階から「男女平等」の議題が取り上げられていなければならない。

また、ワーク・ライフ・バランスや働き方の見直しなどは、春季生活闘争（春闘）で要求するが、その方針も同様に、職場ごとの議論やアンケートの実施など、組合員の意見を集約したうえで方針を策定する。それ以外にもさまざまな会議体があるが、いずれの場合でも、組合員の声を聞かずして労働組合の活動は成り立たない。組合員の「参画」は必須なのである。

しかし、女性の課題やニーズの意見集約、人材育成などを目的とする「女性委員会」(女性部など他にも名称あり)を設置している構成組織は四九組織中二〇組織、男女平等の計画策定や進捗管理、政策の実現などを目的とする「男女平等推進委員会」を設置している組織は四九組織中二〇組織(二〇一七年連合調査)と、いずれも半数に満たない。

とくに「女性委員会」は、職場の女性が抱える課題や不満について女性組合員の生の声が聞ける場であるにもかかわらず、その場さえ用意されていないことになる。これでは、女性が労働組合に関わるきっかけすらない。

また、今の職場には、非正規で働く人をはじめ、育児や介護中の人、仕事と治療を両立させている人、障がいをもっている人、セクシュアル・マイノリティの人、高齢者など、多様な人たちが働く職場となっており、誰もが働きやすい社会の実現に向けて、それぞれの課題を解決していかなければならない。そのためには、労働組合自らが男女平等参画を進め、性別や年齢、雇用形態にかかわらず、多様な仲間が集う魅力と活力ある組織となって運動を推進していくことが必要である。

労働組合の最大の欠点は、「参加してみないとわからない」というところにある。かく言う私も、一組合員のときには組合にさほど関心もなく、組合の集会などはいやいや参加していた方だったが、執行委員になり活動に関わってみて、組合活動の面白さにはまり現在に至っている。参加するチャンスはすぐそこにある。今こそ、そのチャンスを逃さず、「自分ごと」として組合活動に「参画」し、次の世代へバトンを渡す架け橋になっていただきたい。

column
7

男女共同参画と男女平等

「男女平等」という言葉は知られていますが、「男女共同参画」という言葉は知らない人の方が多いかもしれません。

男女平等は、日本国憲法第14条に定める理念であり、権利や待遇などにおいて性別によって差別されないことです。その憲法第14条の理念を具体化する法の名称に男女平等が入っていないのはなぜなのでしょうか。男女雇用機会均等法しかり、男女共同参画社会基本法しかり。

1985年の男女雇用機会均等法制定前には、さまざまな団体や政党から法案が発表されましたが、「男女雇用平等法」のように法律名に「男女平等」という言葉が入っているものがほとんどでした。しかし、経営者や一部政治家の「平等拒否反応」が背景にあり、男女雇用機会均等法という名称になりました。経営者は、管理職の女性割当てのような結果の平等は企業の競争力を失わせると主張したのです（鹿嶋敬『男女平等は進化したか』新曜社、2017年、10頁）。

男女共同参画という言葉は、1991年の婦人問題企画推進本部の「西暦2000年に向けての新国内行動計画（第一次改定）」において公式に使われました。男女共同参画とは、女性の参加の場を増やすだけでなく、その場において政策・方針の決定、企画等に加わるなど、より女性が主体的な参加することです。

しかし、今なお男女平等が実現できていない状況で男女共同参画を掲げるのは釈然としません。目黒区は東京23区で初めて条例を制定しましたが、条例制定の議論のなかで、条例の名称に男女平等を入れることにこだわり、「男女が平等に共同参画する社会づくり条例」となりました。

［神尾真知子］

第6章

ポスト均等法の労働世界と運動の広がり

［聞き書き］男女雇用平等法を求めて③

萩原久美子

女性差別撤廃条約の批准運動とともに進められた男女雇用平等法制定運動は多元的で重層的なものだった。行政や政治との直接的なつながりをもつ有力な女性リーダーと既存の婦人団体を中心とする「国際婦人年日本大会の決議を実現するための連絡会」(「国際婦人年連絡会」)から、女性が個人で自由に参加できる「国際婦人年をきっかけに行動する女たちの会」(「行動する女たちの会」)まで、そのスペクトラムは幅広い。労働組合運動の活動家や伝統的な婦人運動団体のリーダー、七〇年代のリブの流れをくむ担い手たちが「保護も平等も」を求めて交差し、時につながり、時に距離をおきながら男女平等実現へのうねりを生み出していったのである。では、男女雇用平等法制運動での女性の共闘ネットワークはその後、いかなる展開を見せていくのだろうか。

均等法の施行にともない日本の雇用管理は大きく変化する。その代表的なものが大企業を中心に広がったコース別雇用管理の導入である。複線型雇用管理とも呼ばれ、「総合職」「一般職」「事務職」「研究職」など複数の職掌を設け、採用から教育訓練、昇進・昇格、賃金体系などをコース別に区分するものである。職業意識の多様性や個人の能力にあわせた効率的な人材活用ができるとされ、個別能力主義管理の発想は女性が「総合職」として基幹業務を担い、管理職になる可能性も確かに開いた。

しかし、実態としてはコース別雇用管理を男女別雇用管理の隠れ蓑として利用するケースが続出した。均等法に照らし合わせれば、賃金や昇進昇格の格差が性別を理由としたものであれば均等法違反となる。しかし、「総合職」「一般職」などコース別の雇用管理区分の違いや能力によるものであれば均等法違反には問われないと考えたのだ。二〇〇四年、昇進昇格差別裁判で勝利和解を勝ち取った住友電工の原告は提訴前、労働省婦人少年室に調停を申し立てたが、「採用区分が異なる」ことを理由に調停は開始されなかった。コースが違う者同士を比べることはできないという説明だった。

もうひとつの変化は雇用形態の多様化である。均等法と同じく一九八五年に成立した労働者派遣事業法は当初、派遣対象業務を一三業種に限定していたが、九九年改正で原則自由化、二〇〇四年改正で製造業にも解禁した。生産様式の変化や賃金原資の変動に合わせてオンデマンドかつ低コストで労働力を調整、調達できる非正規労働者は産業を問わず拡大し、二〇〇〇年代には臨時・非常勤職員が公共部門にも本格的に広がった。職場では正規社員と同等の業務を担う、あるいはほぼ同じ時間働く「パート」が主力になるなどの質的な変化も起きた。

均等法成立の過程では、男性は仕事、女性は家事・育児という固定的な性分業や男性中心の社会構造の変革に限定をかける動きもあった。自民党『日本型福祉社会』（一九七九年）、大平首相の研究会『家庭基盤の充実』（一九八〇年）などの提言も相次ぎ、八五年、主婦の年金権確立を目的に第三号被保険者制度（会社員や公務員など国民年金の第二号被保険者（夫など）に扶養される配偶者については保険料を負担しなくても国民

図1—正規・非正規の構成比の推移

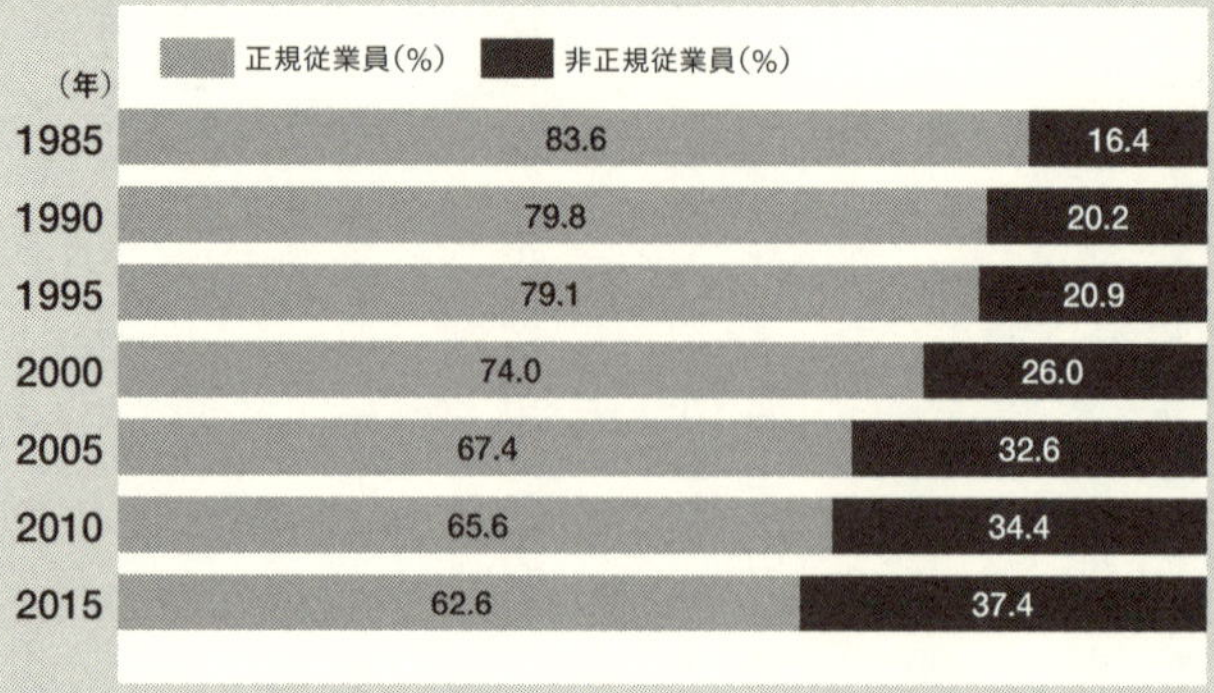

出所：1985以降：総務省「労働力調査特別調査」(各年2月)、総務省2012年：総務省「労働力調査」(詳細集計、年平均)、2013年以降：総務省「労働力調査」(基本集計、年平均)、役員を除く

図2—正規従業員数の推移と性別構成の推移

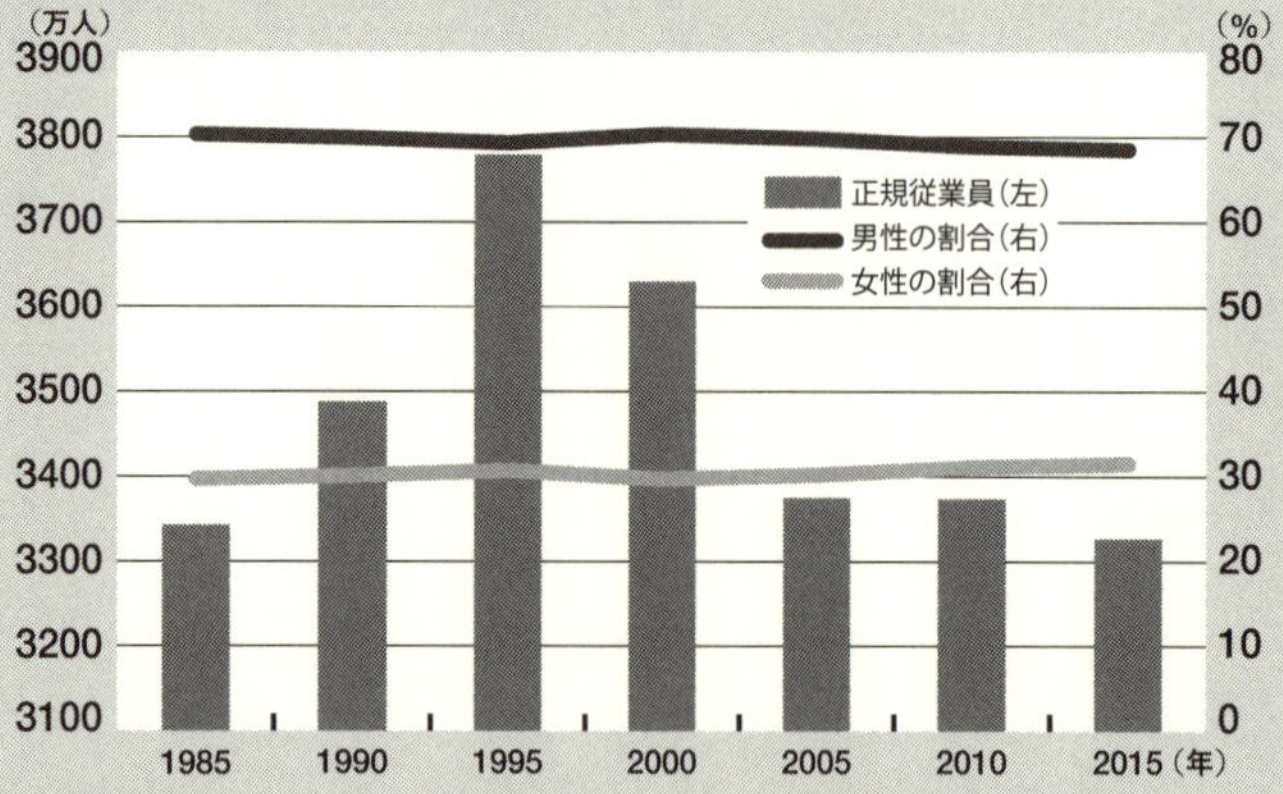

出所：1985以降：総務省「労働力調査特別調査」(各年2月)、総務省2012年：総務省「労働力調査」(詳細集計、年平均)、2013年以降：総務省「労働力調査」(基本集計、年平均)、役員を除く

図3—非正規従業員数の推移と性別構成の推移

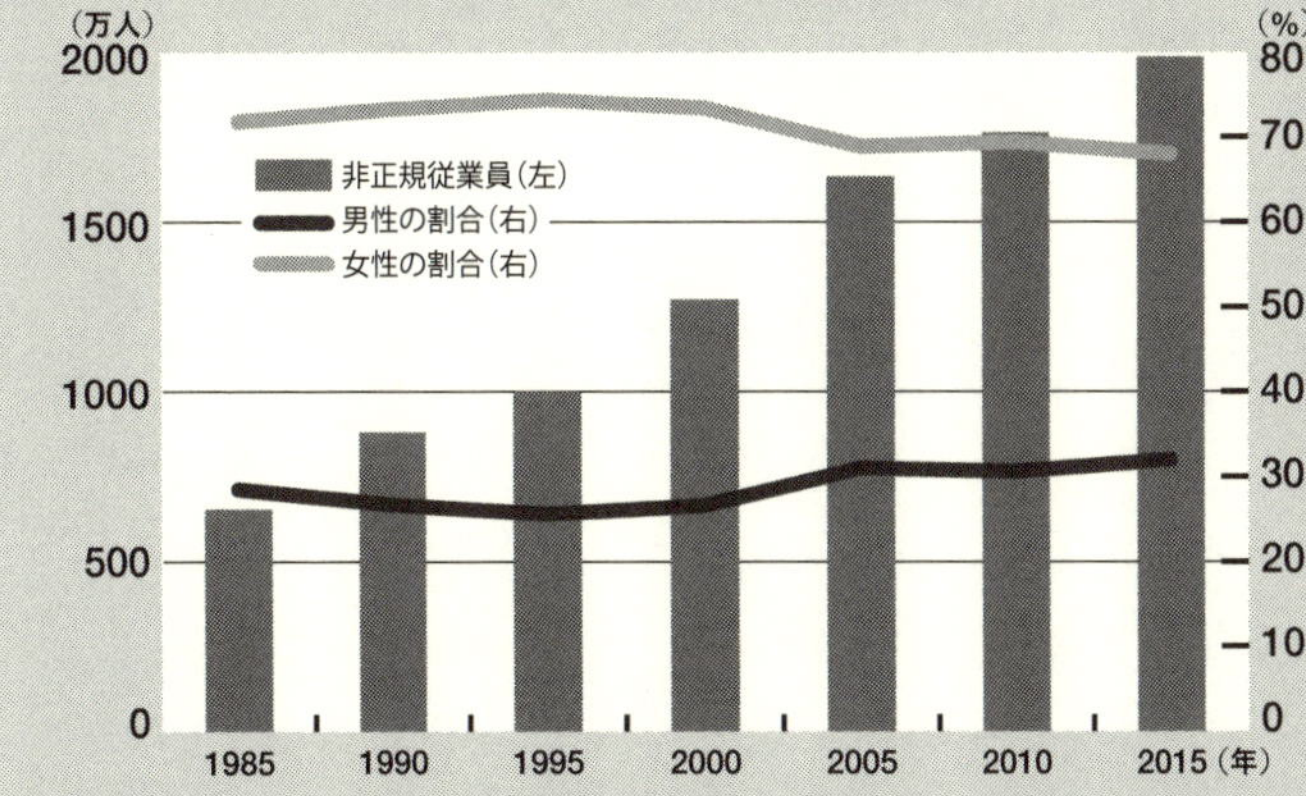

出所：1985以降：総務省「労働力調査特別調査」（各年2月）、総務省2012年：総務省「労働力調査」（詳細集計、年平均）、2013年以降：総務省「労働力調査」（基本集計、年平均）、役員を除く

基礎年金が給付される）を導入、「内助の功」に報いる配偶者特別控除も新設（八七年から実施）された。

これらが絡み合いながら、ジェンダーによる棲み分け構造を前提とする日本的雇用システムの「均等法体制」が形成された。非正規雇用者総数が増加する一方で、非正規雇用者総数に占める女性の割合は一九八五年から約七〇％、正規雇用者総数の女性の割合は約三〇％という構造は変わらない。

本章で登場するのは城間佐智子（沖縄バス三五歳定年訴訟原告）、高木澄子（「行動を起こす女たちの会」）、柚木康子（全石油昭和シェル労働組合）、鴨桃代（全国ユニオン）の四人である。いずれも男女雇用平等法制定運動の時代を生き、ポスト均等法の労働世界と対峙しながら男女平等を実体化する運動に取り組んできた女性たちである。

城間佐智子は均等法にのっとった初の裁判「沖縄バス三五歳定年制訴訟」の原告である。バスガイドとして働いていた城間は一九八八年、三五歳で解雇された。会社が均等法施行後もバスガイド三五歳定年制を維持していたためである。男女別ではなく職務の内容に応じた「職種別」の定年だとする会社の主張は罰則規定のない均等法をさらに骨抜きにしかねないものだった。孤立無援と思われた状況から支援のネットワークが広がり復職するまでの闘いの過程から学ぶものは多い。沖縄では「城間」は今も雇用の男女平等を求めて闘う女性の代名詞である。

高木澄子は「国際婦人年をきっかけに行動する女たちの会（後に「行動する女たちの会」）」に参加し、第二波フェミニズム、リブ運動に触発されながら、男女雇用平等法の実現に向け縦横無尽に動いた。同会のもとにその運動の中心的な組織となった「私たちの男女雇用平等法をつくる会」を結成、男女コース別雇用管理の違法性を初めて争った「日本鉄鋼連盟事件」（一九七八年提訴）の裁判支援も行った。その活動の過程でまとめられた「有効な男女雇用平等法の必要条件」（巻末「**資料❸**」参照）には間接差別の禁止、強力な救済機関の設置が盛り込まれている。

均等法制定後、女性たちはセクシュアルハラスメント防止、女性のためのユニオンの結成など領域を広げていく。「アジアの女たちの会」（一九七七年）、「アジア女子労働者交流センター」（一九八三年）の結成に見られるように、運動の目は経済格差を利用しての経済大国ニッポンによる女性の搾取、人身売買にも向けられ、高木もフィリピンでの支援活動や「女性の家ＨＥＬＰ」での来日アジア女性の支援に加わっていく。

女性差別撤廃条約の批准によって日本の女性と国際機関との距離も縮まった。九〇年代に相次いだ男女賃金差別訴訟、コース別差別訴訟とともに、原告の女性や支援組織によるＩＬＯ、国連女性差別撤廃委員会でのロビー活動や交流が活発化する。間接差別、同一価値労働同一賃金、均等待遇。それら日本での性差別を克服するキーワードを国際基準で確認し、裁判闘争、均等法改正の立法闘争を展開していった。

その一人が柚木康子である。昭和シェル労組中央執行委員長(当時)として昭和シェル石油の従業員だった野崎光枝の賃金差別裁判闘争を支援し、また自らも昭和シェル労組の組合員とともに男女賃金差別裁判を闘った。裁判闘争を通じ、労働組合として積極的に外部と連携していく過程には、本書で登場する女性たちがさまざまに交差し、男女雇用平等法制定運動からポスト均等法の運動へと編み上げられたネットワークが見えてくるだろう。

昭和シェル石油では一九七〇年代半ばに経営側によって第二組合が結成される。これは労使協調路線に覆われていく日本の労使関係の変化を映している。そのなかで、柚木が女性としては稀な企業別組合の中央執行委員長、三役を経験したことにも注目したい。育児時間闘争をはじめ、労働組合として全社員の賃金データを入手し、その性差別の実態を分析していく活動は圧巻である。労働組合のもつ潜在的可能性と女性リーダーの重要性を物語る。

非正規雇用者の増加は勢いを増し、相次ぐ労働条件の規制緩和により、二〇〇〇年代に入ると長時間労働、過労死、ワーキングプアなど労働が生存のリスクとなる時代となった。労働組合に求められるものは何なのか。

二〇〇五年、全国ユニオンの鴨桃代が「未組織労働者の組織化推進」「均等待遇の実現」を掲げ、連合会長選に立候補する。初めての女性立候補者である。しかも、従来のように産別組織の支援を得た候補でもなかった。一九八〇年代半ばから広がった、ひとりでもはいれる労働組合、パート・派遣・契約社員など多様な雇用形態で働く労働者を組織するコミュニティ・ユニオンの全国組織の出身である。「労働を中心とする福祉社会」を掲げた二〇〇一年の連合方針を引きながら、企業別労働組合に包摂されない労働者、非正規労働者のよりどころとなる労働組合の実現を訴えた。

男女間・雇用形態間の賃金格差の是正、労働時間規制、生活保障。「誰をも犠牲にしない平等」(鴨)とは普通の労働者が安心して生活できる社会でもある。果たして私たちは「平等」という言葉から運動を作りなおすことができるのか。そう問いかけている。

均等法を信じた

沖縄バス三五歳定年制訴訟原告

城間佐智子さん

［**略歴**］しろま・さちこ。一九五三年、沖縄県生まれ。七一年、沖縄バス入社。七三年から七五年まで沖縄バス労働組合婦人部長、七六年から七八年まで同役員書記(婦人部)。八八年、バスガイド三五歳定年制により定年解雇を言い渡され、均等法違反で提訴。八九年、沖縄バスは和解勧告に応じ、原職復帰を果たす。観光部指導課長として二〇一三年定年退職後もバスガイドの教育育成にあたった(二〇一七年三月まで)。那覇市観光功労者(二〇〇五年)。

バスガイドは定年二七歳

「一緒に試験を受けたら」。いとこのバスガイド採用試験の付き添いで控え室にいた私に、沖縄バスの人が声をかけてきました。私は体育の先生になりたくて大学の教育学部をめざして浪人中。女性が働きに出ると言えば、学校の先生か、経済的な事情でやむをえずという時代です。華やかな印象のあるバスガイドは高卒女子にとって憧れでした。初任給八四ドル五〇セント（一ドル＝三六〇円）は若い女性には大金。工場で働く男性よりもずっと高い給与でした。沖縄の本土復帰を翌年に控えた一九七一年、そんな偶然から私の職業人生は始まりました。

入社後、始まったガイド職の訓練は三か月。午前八時半から午後五時まで、接客の基本だけでなく、観光地に関する知識を詰め込んだ分厚いシナリオを丸暗記するような厳しさです。一緒に入社した三〇人の仲間は半分になりました。訓練を終えると定期観光の仕事をこなしながら、首里城やひめゆりの塔を回る沖縄観光の主力である南部、海岸沿いの観光地、やんばるの森などを回る北部、中部の三コースの観光ガイドの勉強をします。一年後、本採用をかけた社内の認定試験に臨むのです。同期で最終的に残ったのは一〇人でした。

仕事を始めたばかりの時には目の前のことでいっぱい。勤め始めて五年目、沖縄の歴史や風俗習慣をより深く学び、ようやくガイドの仕事に醍醐味を感じる余裕ができた頃、私は労働組合活動を通じて知り合った男性との結婚を考えるようになっていました。当時、沖縄バスを含め、沖縄ではどこの会社のバスガイドも二七歳定年。結婚後も働き続けているガイドは皆無でしたし、そうでなくても四、五年勤めたら先輩は職場を去って行きました。実際に結婚、出産が現実味を帯びてくると、自分も選択を迫られていることを実感するようになりました。

「なぜ辞めないのか」という周囲の目はありましたが、私は葛藤しながらも結婚しても働き続けようと決めました。その決断を会社は受け入れてくれました。しかし、妊娠すると、女性が働き続けられる環境が整備されていない現実がいかに厳しいものかを思い知らされることになりました。バスガイドの仕事は自分の思うときに休憩する、トイレにいくこともままならない仕事です。切迫流産のリスクもあり、私は下車勤務を申し出ました。すると会社はどうしていいのかわからなかったのでしょう。翌日から仕事は与えられず、タイムカードを打つだけの日々が始まりました。何もせずに職場にいるつらさ。どうしてこんなことになるのだろう。このまま辞めた方がいいのかとくじけそうになりました。

そんなある日、ガイドの友人から「私もさっちゃんみたいに結婚しても仕事を続けたいな」と言われました。はっとしました。私は当時、労働組合青年婦人部の婦人部長だったので、自分の問題を労働組合に持ち込むべきではないと思い込んでいました。でも、私の問題は働き続けたいと願うガイドみんなの問題であることに気づかされたのです。職場集会を開き、ガイド同士で下車勤務について話し合いました。労使間での協議も始まりました。妊娠を申し出てから二週間、本社での下車勤務が決定しました。

机も与えられず、社員が食事をするときのテーブルで金額別に回数券をより分ける。苦しかったけれど、無事、産休に入り、長女を出産。翌一九七六年冬、両親からの育児支援を得て、私はバスガイドとして職場復帰しました。沖縄では初めてのケースでした。七五年の海洋博覧会によるガイド需要もあり、バスガイドの定年も二七歳から三〇歳へ引き上げられました。私はさらに八〇年に二女を出産し、働き続けました。

結婚、妊娠、出産――バスガイドの実情

バスガイドの間でも少しずつ変化が起きていました。結婚しても働く。出産しても働く。会社は不安を覚えたようです。希望すれば認められていた妊娠中の下車勤務も「仕事がない」と言われ、最低賃金の五〇％を支給して自宅待機を強要するようになりました。労組婦人部もバスガイドも妊娠中の下車勤務、窓口事務への配置を要求しましたが、「おなかが大きい人がいると景色が悪い」と認められませんでした。

下車勤務が認められても「タイムカードがない」「トイレや構内の清掃を命じられる」という扱いをされたガイド仲間もいました。みんなで昼休みに彼女の職場へ行って食事をしながら激励しました。けれども彼女は出産後、復職しませんでした。職場でのあまりに辛く苦しい経験と仲間を裏切れないという気持ちとの板挟みになっていたのです。私はその後、彼女が見せてくれた日記で知りました。今でも申し訳なく、悲しい思い出です。

無事、産休明けで復職しても、バスガイドの仕事は不規則で長時間です。典型的なツアーだと、朝八時半に入り、車内点検、清掃などの準備。本土からの飛行機が着く午前一一時に空港で待機、南部コースを回って午後六時頃にホテルに到着。三日間のツアーであれば、翌日から午前八時から九時間の観光コースをこなします。泊まりもあれば、コースによっては出勤が午前六時半、逆に午後三時ということもあります。しかも、その連絡が来るのが二、三日前。これでは保育園の条件があわず、育

児と仕事の時間調整は困難です。

このハードルを越えてもガイドには若年定年制が立ちはだかっていました。沖縄のバス会社は「職種別定年制」と称し、ガイドは「体力的に難しい」「新陳代謝が必要だ」という理由で定年を三〇代に設定していたのです。一九八〇年時点で沖縄バス、銀バス（現那覇交通）が三五歳定年でした。でも、実際には定年で辞めたガイドをバス会社は委託ガイドとして一年契約、繁忙期には一日契約で雇っていました。

三五歳定年は早すぎる。「国連婦人の一〇年」「女性差別撤廃条約批准」の動きに、ガイド職も刺激を受けていました。男女雇用機会均等法が施行されればきっとガイドの定年延長も進む、法律ができれば男性と同じ六〇歳になるはずだ。均等法が施行された一九八六年、ガイドの要求が秋闘の要求になりました。必ず定年延長が勝ち取れる。三五歳を間近に控えた私も仲間のガイドたちもそう思っていました。

まさかの妥結――三五歳定年制

一九八六年秋闘。沖縄の交通系企業労組で作る「私鉄沖縄県連」の統一要求は三つでした。一番目が時間外割増率の引き上げ。二番目が労働時間の短縮。三番目がガイドの定年延長でした。銀バスは当面、定年を四〇歳に延長することで合意しました。しかし、沖縄バスと琉球バスは不調に終わり、翌年に持ち越されることになりました。

翌一九八七年の統一要求にも時間外割増率の引き上げ、五月四日の有給化と並んでガイドの定年延長が掲げられました。ここで決着しなければ私は定年です。そんな秋闘を前に、「先輩、本当にこのままでいいんですか」とバスの掃除をしていた私の所に入社二、三年目の若い後輩たちがやってきました。「定年の話は聞きました」「何をしてほしいか言って下さい」。バスの掃除をしながら、休憩所でコーヒーを飲みながら、結婚、出産、育児、定年といったガイド職の状況について語りかけてきた後輩たちでした。

その秋闘で、組合はスト権を確立。一二月二四日（二四時間）、一二月二八日から二九日（四八時間）の二波を設定しました。ガイド職が所属する観光部はいつもストから除外され、泊まりがけのストの時には炊事班に回されていました。でも、今回はガイドの問題なのでストに参加したいと執行部に要望し、第二波四八時間ストは全面ストとなりました。後輩のバスガイドたちが「私たちも」と次々と力強い決意表明をし、運転手や他の職種の仲間に理解を求めました。

男女雇用機会均等法を根拠にガイドの定年引き上げを求める労組に対し、会社側は職種別定年制は均等法違反ではないと反論、定年制の問題は翌一九八八年一月一一日の再交渉に持ち越されました。婦人部はこの問題が解決できない場合は継続交渉を求めていましたが、一月二〇日、現行どおり三五歳定年制を維持することで組合は会社と確認書を交わし、妥結してしまいました。八八年に三五歳になるバスガイド三人の定年が確定してしまったのです。

「定年という名の解雇を組合が認めるとは何事か」という批判が内外から出ました。私たちガイドも組合に何度も押しかけました。「納得できない」「この年齢で、なぜ女性だけ定年なのか」。支部長を通して三役と話をしたいと申し入れましたが実現しませんでした。

本部の説明はこうでした。三五歳定年制を認めなければ、「時間外割増率の一％積み上げ」「五月四日の有給化」という要求項目は獲得できなかった。組合員の間ではバスガイドの定年年齢の問題は優先順位が低いという状況判断のもとでのやむを得ない結果だ、と。

法律ができれば定年は延長できると思っていました。沖縄県私鉄総連も定年制延長を統一要求にして応援してくれました。私も仲間のガイドもみな組合が応援してくれると思っていました。でも、組合員約六〇〇人のうちほとんどが運転手(観光、路線)。女性はガイド約五〇人、事務職をあわせても全体の一割程度。バスガイドの定年よりもドライバーの男性の要求が優先されてしまうのです。しかも組合の主導権は男性が握っている。ガイド職がいる観光部から女性を支部長にして執行部に送り込もうという運動もしましたがだめでした。女性執行委員を送り込めるようになったのはずっと後、二〇一〇年前後のことです。

その後、私は夫とともに労組に出向き、提訴も辞さずという心情を話し、裁判への支援をお願いしました。組合は「組織としては協力できない。協定がある以上、一年間はどうしようもない」との返答でした。

裁判支援となると費用のこともあり、組織として簡単にはうなずけないことはわかります。時代の制約があるとはいえ、女性の労働権や男女差別に対する意識が役員にも組合にもあまりにも浸透していなかった。仲間のガイドたちは労組の集会で何度もこの問題を取り上げてほしいと訴え、署名を集め、集会を開いてきました。私たちガイドの定年制撤廃の運動は孤立無援になったと思いました。

私は働きたい——地位保全仮処分申請、提訴へ

交渉妥結から時間をおかず、一九八八年一月二六日、会社は定年通告書を手渡そうとしました。一月三〇日、自治労婦人部主催の学習会が開催されたので、私は講師の清水澄子さん（日本婦人会議議長、後社会党参議院議員）に三五歳定年制のことを訴えました。清水さんは驚き怒って演台から降り、私の所まで来て「こんな馬鹿なことはない」「明らかに性差別。均等法は罰則がないので心配していたことだ」とすぐ県の婦人少年室へ行くよう勧めました。

三五歳定年制の対象となるバスガイド三人で沖縄県婦人少年室に行きました。婦人少年室は早速、均等法一四条に基づき「雇用関係の継続」を求める行政指導を行ってくれました。けれども、均等法の行政指導に強制力はないため、会社は聞き入れません。その後も均等法三三条の大臣による権限として、労働省から指導官がやってきて三月に是正指導が行われましたが、会社の姿勢は変わりませんでした。あとは裁判に訴えるしか方法はありません。提訴の決意をし、知り合いから紹介していただいた島袋勝也弁護士とともに準備を進めていきました。

一九八八年二月二〇日、とうとう誕生日がきました。翌二一日、出勤するとタイムカードはなくなっていました。初めて首を切られたと実感しました。「明らかに均等法違反です。私は働きたいのです」と言い残し会社を後にしました。結婚や妊娠、出産による退職制度や男女別定年制は憲法違反であり、民法九〇条の公序良俗に違反する無効な制度です。多くの判例の蓄積の上にある均等法は定年、

解雇での男女の差別的取り扱いを禁止しています。そう主張し、二月二三日、地位保全仮処分申請を那覇地裁に提出、提訴しました。

均等法にのっとった初の提訴であり、かつ均等法の罰則規定の弱さを問う提訴として新聞、テレビが大きく取り上げてくれました。「孤立無援」と感じていた私たちバスガイドは報道を通して女性たちの共感が広がっていくのをみて安堵しました。この提訴に対しては組織的な支援もなく、職場でも「杖ついてガイドするつもりか」「おばさんガイドはいやだな」という声や、若い人たちの間でも「年取ってまで」という声もあったからです。

沖縄の女性たちはそれぞれに職場で悔しい思いをしながら働いていました。新聞記者の女性たちは三五歳定年制の問題を報道してくれただけでなく、個人的にも親身になって支援してくれました。女性だからと仕事を限定され、悔しい思いをされていました。小学六年生、小学三年生の娘が通う学校でも、先生が憲法を取り上げる授業で私の裁判に触れてくれました。娘は「お母さん、かっこいいね」と同級生から言われたと喜んでいました。学校の先生や地域の専業主婦の方々からも裁判支援の激励、カンパが寄せられました。

夫はずっと私を支援してくれ、仲間が応援する姿を見て、両親も協力してくれるようになりました。夫の父も「大砲に竹槍で向かっているようなものだ」と言いながら無言で見守ってくれました。

抱えきれないほどの菊の花束が贈られてきたこともあります。花卉栽培を手がける農家の女性からでした。手紙が添えられていました。「きれいでしょう。でも、みんな問題ありとして出荷できないのです。けれど疑問です。規格の意味についてです。この花をみんな喜んでくれます。なんだかあなたの問題に似ていませんか。頑張って。ひとりではありません」。私の問題をいろんな方たちが自分の問題と置き換えて支援してくださっていました。

ガイドの連携、私鉄総連を動かす

私が那覇地裁に仮処分申請をしていたころ、関東地方では私鉄総連の青年集会と婦人集会が開催されていました。そこで沖縄バスの三五歳定年制が大きく取り上げられていました。私鉄総連の女性の九〇％はバスの車掌かバスガイドです。沖縄バス労組が三五歳定年制を認めたことを疑問に思う沖縄のガイドたちが私鉄県連の婦人青年協議会でつながり、全国の交通系労組を束ねる私鉄総連の青年婦人協議会に働きかけていたのです。

青年集会では「沖縄バスの女性だけの問題ではない」と議論になっていました。続く婦人集会でも岩手交通労組の女性が「一人でも泣いている者がいないように。それが私鉄総連のスローガンです。いま、沖縄で泣いている仲間がいます」と三五歳定年制の問題を提起し、共感が広がったというのです。さらに最終日の全体集会では「均等法の悪用だ」「三五歳定年制の火の粉は各単組にもとんでくる。私鉄総連に要望し、どういう状況なのか各単組に説明してもらいたい」との声が相次ぎ、私鉄総連の事務局から「一年後の秋闘で沖縄バスの組織の立て直しを考えている。要望は検討するので、独自行動は慎んでもらいたい」との説明があったとのことでした。

この大会をきっかけに、私鉄総連をはじめとする労働組合運動からの裁判支援が広がっていきました。人の痛みを自分の痛みとしてつながってくれる仲間がいる。私のところに「個人的に」とカンパや激励のはがきが届き始めました。

仮処分の審尋始まる

地位保全仮処分に対する第一回の審尋は一九八八年三月九日に行われました。会社は教育係として復職させたいという和解案を提示してきました。これでは定年制の問題は解決しません。ガイドとしての復職を主張しただけで審尋は終わってしまいました。

その後、私鉄県連、総連、県労協、総評、連合と組織的な支援が始まり、「沖縄女子定年差別私鉄対策委員会」も結成されました。支援を断っていた沖縄バス労組も全面支援で参加しました。ガイドの頑張りのおかげです。裁判では組合側が全国のバスガイドの定年制などに関する資料を提供してくれ、大きな力になりました。連合からは松本惟子副事務局長、総評からは山野和子婦人局長が東京から来沖しました。松本さんは「制度としてきちんとしなくては。がんばりましょう」と激励してくださいました。

弁護団も強化されました。東京から「私たちの男女雇用平等法をつくる会」で活躍された弁護士の中島通子先生。中島先生は均等法後、企業が「総合職」「一般職」といったコース別雇用管理を導入し、正社員の女性を低い昇給昇格コースに押し込める動きが強まっていることを心配されていました。沖縄バスの「職種別定年制」は女性差別ではないという判決が出れば、均等法は完全に骨抜きになるという危機感を持っておられました。東京からはもう一人、総評労働弁護団事務局長の宮里邦雄弁護士。地元沖縄では提訴準備からお世話になっている島袋勝也弁護士、新石垣空港建設地の白保サンゴ礁保護で活躍していた池宮城紀夫弁護士、永吉盛元弁護士が加わり、総勢五名となりました。

地位保全決定はなかなか出ませんでした。主張は平行線のまま第五回審尋(四月二〇日)を迎え、裁判官から口頭で和解案が示されました。①定年改正の努力を行う、②その間、バスガイドとしての地位を保全する、③バスガイドの業務に労使で協議の上教育係を設置するというものでした。第六回審尋ではさらに強く和解を求めてきました。裁判官は教育係になれば定年年齢が六〇歳になるので、和解できる条件だとの考えでした。でも、現職で復帰しなければバスガイドの三五歳定年制の問題はそのままです。教育係として戻れば会社が主張する職種別定年制が正しかったことになり、バスガイドは三五歳になれば体力的に無理な仕事だと認めてしまうことになります。

第八回審尋では、裁判官から出された和解案に対し、以下の要望と訂正を求めました。①組合と協議し三年をめどに男女雇用機会均等法および高齢者雇用安定法の主旨に沿ってバスガイドの定年を引き上げる、②定年引き上げまでの間、バスガイドとしての地位を保全する、③労使協議に基づき、バスガイドの職務分掌として教育係を設け、これを発令したときはこれを拒否しないという案については削除、④一九八八年に定年を迎えるバイスガイド二名にも雇用関係継続処理を講ずることに加え、城間は出勤したものと見なし、一九八八年二月二一日以降の賃金を支払うこと。

この和解案を会社側は拒否しました。和解不調に終わり、仮処分のための審尋は打ち切りとなりました。舞台はいよいよ裁判に移ることになりました。

ゆんたく会結成――広がる女性のネットワーク

仮処分の審尋が平行線をたどっていた一九八八年五月、沖縄のガイドの女性たちが裁判支援に向けて企業を越えた交流の場を立ち上げました。会の名前はゆんたく会。「ゆんたく」とは沖縄の言葉で「おしゃべりする」ことです。

本音を言い合い、学びあう。ゆんたく会が立ち上がって、初めての学習会のテーマは均等法。新聞では読んでいても、もっと詳しく知りたい。たまたま観光に来られていた石黒多恵さん（労働大学事務局）、佐藤公子さん（全林野労組）に協力をいただきました。沖縄バスの問題が取り上げられると聞けば、みんなで県議会への傍聴に行き、月一回の小さな新聞「ゆんたく」も発行されました。まっさきに私の裁判の傍聴に駆けつけてくれるのもゆんたく会のガイドの仲間でした。

多くの方に出会い、勇気をいただきました。沖縄の女性たちは均等法を空文化させないよう、三月八日の国際女性デーに「女性ネット」を結成しました。呼びかけ人は当時大学講師だった若尾典子さん（現仏教大学教授）。高里鈴代さん（現「基地・軍隊を許さない行動する女たちの会」共同体表）もメンバーでした。ネット結成の呼びかけに参加者は二日間で二六九人に上りました。

沖縄の女性は労働組合、市民運動の別なく、女性の問題となるとつながります。沖縄は革新統一でやってきたという歴史的な背景もあるかもしれませんが、女性は総評、同盟、社会党系、共産党系という組織の違いがあっても、地域でつながっている。バスガイドの仲間、市民運動の女性ネット、私鉄総連青婦協、日本婦人会議……。いつの間にか私の周りには労働運動と市民運動とが一体となった女性の支援が広がっていたのです。

職種別定年制の主張、崩れる

「ガイドは女子の仕事という固定観念から職務内容より外見的な女子の扱い方が優先され、働く意志も能力もあるのに働く権利も生活も脅かされています。もし男性のガイドがいたら三五歳定年はありえたでしょうか」。

一九八八年七月二七日、第一回口頭弁論。マスコミ、支援者、市民で傍聴席は埋まり、廊下にまで傍聴の人たちがあふれていました。意見陳述で私は知識や接客の技術は経験を重ねて身につくこと、三五歳以上の女性がOGガイドとして繁忙期に働いていることからも体力的に無理はないことを訴えました。三五歳定年制に合理的な理由はなく女性差別なのだと主張しました。

これに対し、第二回口頭弁論で会社側はガイドの採用に当たっては男女を区別せず募集しており、バスガイド定年制はあくまでも職種別定年制だと主張しました。また能力のピークを迎えるのは入社四、五年目であり、多くのバスガイドが三五歳を待たずして退職しているのは重労働だからだと強調しました。

男女の区別のない職種別定年制という会社側の主張を裏付ける事実はまったくありません。求人票には「女子」と明記され、訓練でも身だしなみなど「女性らしさ」を強調していました。ガイド乗務要領には知識と経験を強調し、大切なお客様の案内や戦跡を回るような深い知識が求められるコースは三五歳以上の委託ガイドの女性に依頼することもしばしばでした。全国的に見れば四〇歳未満の定年制を採用する企業は一％にすぎないのです。

しかし、裁判所の関心は性差別であるという問題の核心ではなく、もっぱらバスガイド三五歳定年制は「職種別定年制」であるかどうかという点にありました。女性差別だと立証するには三五歳以上の委託ガイドの女性の協力が必要でしたが、雇用関係が切られてしまうという不安から「証人になってあげたいけれど、できない」という難しい立場にありました。そのなかで手を挙げてくださったのが沖縄・平和ガイドの金城メリーさん。もう一人が私鉄総連の那須野明子さん（関東バス）でした。これが裁判の流れを変えました。

第三回の口頭弁論で私鉄総連の井尻勇蔵調査部長が三五歳の定年制は全国に例がないこと、加盟組合の八五％が男女一律の定年制であり、そうでない会社には是正を求めていることを証言してくれました。引き続き、四五歳の那須野さんが「三五歳のころはガイドとしても人としても若い頃よりも充実している。十分に案内ができなかった若いときの方が心身の疲れがひどい。経験が長くなれば会社への貢献度も高くお客様からも信頼される」と証言してくれました。「バイスガイドは若くてバランスがとれている方がいいのではないか」という会社の質問にも那須野さんは余裕でした。自分の体を見回しながらユーモアたっぷりに「あら、私はそんなにバランスがとれていないですか」と返し、法廷が爆笑の渦になりました。

ガイドは笑顔で闘い抜く——分断攻撃のなかで

裁判中、会社側の分断攻撃に切ない思いをしました。提訴した一九八八年、私を含めて三人の定年予定者がいました。提訴するつもりでいましたが、会社側はこの二人については突然、雇用継続を決定しました。ほっとする反面、会社側の明らかな分断攻撃に、どうしてここまでするのかという孤立感は拭えませんでした。会社は組織として私をどうしても切りたかったのでしょう。結婚、妊娠、出産、職場復帰、三五歳定年。いつも職場の第一号になり、そのたびに働き続けることを求め、問題提起をせざるをえなかった。そんな私に複雑な思いをもっていたのだろうと思います。

一九八九年二月、裁判をテコに私鉄総連が沖縄バスに入り、労使交渉を再開、バスガイドの定年を六〇歳に引き上げる画期的な合意書が交わされました。合意書は九一年までに段階的に六〇歳定年に引き上げ、その二年間に定年に達するガイドについても雇用継続するという内容でした。しかし、この合意書をもってしても会社側は、これは労使間の合意であって、裁判とは別問題だと突っぱねました。私は該当しないと言うのです。私の裁判を支援する現役のガイドたちに六〇歳定年を認めることで、私から分断し、揺さぶりをかけようとしたのです。

悔しくて、泣いてしまうこともありました。でも、ガイドのみんなと、ガイドは笑顔で闘いぬこうと話していました。笑顔では大変さは伝わらないと言われたこともありますが、笑顔はガイドのプライドです。私には仲間、力強い女性の支援ネットワークの支えがありました。誕生日に、桑江テル子さんが呼びかけ人となって、女性ネット、労働組合婦人部が提訴一周年の激励会をしてくださいました。女性ネットを立ち上げた若尾典子さんが「沖縄にはたくさんの城間がいます。がんばろう」と激励してくれ、力がわいてくるのでした。

和解、再びガイドに

判決までもう一息でした。しかし、沖縄バス労組と会社との間でバスガイドの六〇歳定年に関する合意書が交わされたことで、裁判の争点がなくなったと裁判所は考えたようです。予定されていた口頭弁論は開かれず、代わりに裁判所は私たちに和解勧告をしてきました。弁護団の中島先生は「裁判所はこれを判例にしたくないのだ」と見ていました。

バスガイド三五歳定年制の違法性は明らかでした。司法判断によってはっきりと違法であると証明したい。でも判決を勝ち取っても、裁判が長引き、職場に戻ることができなければ、ガイドの仲間たちの働き続けたいという思いを実現したことになるだろうか。そもそもガイドの仲間が組合の中で頑張ってくれたことで、私鉄総連の支援が始まり、バスガイドの三五歳定年制を撤廃する労使合意を引き出すことができたのです。

会社、組合、私との間で話し合いを重ねた結果、一九八九年三月二三日、和解が成立しました。退職辞令を撤回、原職復帰させるとともに、その間の賃金、一時金を支給する。こちらの要求を全面的に認めた内容でした。同日、沖縄バス労組と沖縄バスとの間でも合意書が交わされ、私の職場復帰に関する通知書が出されました。

ゆんたく会のメンバーやガイド仲間が「おかえりなさい会」を開いてくれました。陽気な歌、つきることのないおしゃべり。仲間に囲まれて、提訴から一年二か月。私は六〇歳定年を勝ち取り、一九八九年四月一日、職場に復帰することになりました。支援をしていただいた多くの皆さん、労組、市民団体へのお礼の挨拶に回りながら、人がつながることが生み出す力、組織の力というものを改めて実感しました。

職場復帰後の私

バスガイド復帰の初仕事は南部コースでした。私はバスガイドだけでなく、ガイド指導員として後輩の育成にもあたるようになりました。紆余曲折を経て労働組合に対する考え方も変化しました。三五歳定年制を合意し、交渉を打ち切り、裁判支援を断ったこと。その組織への不信感は当初、拭いがたいものがありました。しかし、裁判の過程で、労組がたった一年で定年制の合意を覆し、会社に六〇歳定年制を認めさせたことには葛藤と多くの議論があったことも理解するようになりました。

復職後は何でも言える労働組合の雰囲気づくりの手助けをしたいと思ってきました。労働組合の役職に就いているときよりも、一組合員の方がやりやすいのです。仲間のガイドとコーヒーを飲みながら、バスの掃除をしながら、何気なく話をする。それがいざというときのつながりや、つらいときにつらいと言える、本音を話せる絆になる。それが復職できなかった同僚の日記が教えてくれたことです。組合も変化しました。共稼ぎが普通になり、今では女性の執行委員も登場しています。

一九九二年末、沖縄バスの元ガイドでバスガイドの指導の任にあった糸数慶子さん（現参議院議員）が県議会議員になったのを機に、観光部指導課長への昇進を打診されました。管理職になったら、労働組合から離れなくてはならないし、バスガイドの仲間を裏切るようで申し訳ないと迷いました。すると今度は沖縄バス労組の委員長が「組合では女性登用と言っているのだから、逃げずに受けてほしい」と背中を押してくれました。

二〇一三年、六〇歳で定年退職。その後は嘱託契約で一八年三月まで指導課長として後進の育成に携わりました。職業人生を全うし、今新たな一歩を踏み出しています。

沖縄・バスガイドの今

沖縄は他の地域より出産、育児期でもガイド職が続けられる条件があると考えています。本土では県境を越えて一週間、連泊というコースを組みますが、沖縄では長くて二日。支援の基盤があれば続けられるのです。条件をうまく活かせていないのです。三日間のコースに必ず同じガイドをつける必要はないと思います。一週間に必ず一日、休日を確保することや安心して宿泊できる条件整備についても今なお言い続けなくてはなりません。

沖縄は全国一所得水準が低く、女性の収入は家計にとって重要です。基地の問題や沖縄の伝統的な家制度の影響もあり、女性には厳しい状況も残っています。どんなに条件が悪くても、仕事があるだけでもよいと思って働いている状況があるのです。

　ガイド職がプライドをもって仕事をすることも難しくなっています。賃金水準も下がり、午前六時から翌日の午後六時までを勤務の一単位としてみなす「通算制」という制度によって時間外手当が出なくなっています。委託ガイドという雇用形態は変わらず、繁忙期は仕事が詰め込まれますが、その時期が終わると仕事がなくても文句は言えません。

　観光地の説明をしていてもお客様が無関心だという声も聞こえてきます。歌の上手なスーパーガイドがもてはやされるとも聞きます。でもガイドは歌手でもアナウンス係でもありません。沖縄の歴史にある空白をガイドがその知識と言葉でどう豊かに案内するか。戦跡、平和、環境。その沖縄の物語を皆さんとのやりとりのなかで転がしていってもらいたい。それが沖縄の観光ガイドの醍醐味であると思います。

私たちが求めた男女雇用平等法

行動する女たちの会 高木澄子さん

［**略歴**］たかき・すみこ。一九四三年、広島県生まれ。横浜市立大学大学院修士課程修了。六五年、参議院法制局採用（九六年まで）。七五年、「国際婦人年をきっかけとして行動を起こす女たちの会」労働分科会に参加、「私たちの男女雇用平等法をつくる会メンバー」として活動。アジアからの人身売買の被害女性支援等を経て「性暴力救援センター・東京」支援員。「安保法制違憲訴訟・女の会」原告。編著書に『行動する女たちの会資料集成』（全八巻）など。

自立したい——参議院法制局調査課へ

父は中国電力の技術者、母は専業主婦。広島で生まれた私は母の実家がある島根県松江市で育ち、小学三年以降は父の転勤にともなう転校が続きました。高校を卒業すると私は島根県立短期大学へ進学。唯一の男子である弟は四年制大学へ、女の子は自宅から通学できて学費も安い県立の短期大学に行くことが暗黙の了解になっていました。そんなこともあって卒業後の進路は自分で決めたい、東京で就職し自立したいと考えていました。「自分のやりたいようにしなさい」と応援してくれたのは母でした。上京して間もなく母は亡くなりましたが、転勤族の専業主婦で、自分のやりたいことが十分にできなかった母の思いだったのだと思います。

自立のためには長く働ける公務員がいいと考えていました。民間企業で働いていましたが、参議院から採用通知がきたときは即、転職を決めました。高度成長期で民間企業のボーナスが公務員の何倍という時代です。人事課長から「それでもいいですか」と聞かれたのを覚えています。

配属先は参議院法制局調査課。資料室で書籍・資料の整理を担当するので、仕事に役立てようと勤務の後、東洋大学に通い、司書の資格を取りました。法律関係の資料を扱う以上は法律も学んでおこうと考え、法政大学法学部二部にも通いました。「ベトナムに平和を！市民連合」にも参加し、反戦自衛官の裁判支援に関わったことも法制局で働く私にはとても有意義な経験になりました。

職場としての参議院——男の仕事、女の仕事

国会の業務は大きく分けて議会運営に関する部門と国会議員の活動をサポートする部門の二つがあります。衆議院と参議院ともに事務局と法制局があります。一九七五年代当時の参議院の全職員数は約一四〇〇人で、うち女性は約二六〇人でした。女性のキャリア採用は八二年までありませんでしたから、当時のキャリアは男性のみ。議会運営や調査に関する業務は男性の仕事、庶務的業務が女性の

仕事とはっきり分かれていました。例外が国会議事録を作成する速記者です。参議院速記養成所を卒業した専門職です。ただし速記者同士が職場結婚した場合、夫が管理職になるころには妻は辞めることが慣習になっていました。

それ以外にも、議場等の警備を行う衛視職、公用車の運転職はすべて男性。電話交換業務は女性のみ。政党控室や記者クラブなどの庶務業務も女性職員です。議員の顔を覚えるため、採用直後の若い女性を議員会館の「議員用エレベーターガール」に配属する研修がありましたが、男性議員によるセクハラが起き、労働組合で問題にして廃止しています。

議員立法作業を担当する法制局は全体で約七〇人、うち女性は一六人。国会の委員会ごとに担当課が置かれ、それぞれ立案職と和文タイピストがいました。議員からの依頼を受けて各課の立案職の男性職員が手書きし、和文タイピストの女性職員が清書するのです。一九七〇年代には国会会期中、翌日の法案上程に間に合わせるため、立案職も和文タイピストたちもともに深夜まで残って働いていました。八〇年代から急速にOA化が進み、和文タイピストの女性は補助的な業務へ追いやられていきました。

社会党参議院議員の田中寿美子さんが一九七〇年代半ばから参議院法制局の労働担当課の男性職員と男女雇用平等法の立案作業を進めておられ、その過程で総評婦人局長の山野和子さんが会議にいらしていました。テキパキと指摘する山野さんを「怖い人だ」と担当者はもらしていましたが、私は男性中心の職場経験しかない立案職の男性が男女平等についてよく理解していなかったからに違いないと思っていました。

労働組合婦人部長になる

国会職員組合は、衆議院、参議院、国会図書館の三労組で構成されていました。参議院労組執行部は選挙による選出という形式をとりますが、実際は職場を数ブロックに分けての持ち回りで、役員定数一四人を埋めていました。法制局に婦人部長の順番が回ってきた一九七五年、私は婦人部長を引き受けることになりました。

労組では全組合員の昇級の経過や実態を把握し、資料を作成します。そこで初めて全職員の賃金や昇任昇格の実態を知りました。驚きました。「行政職Ⅰ」「行政職Ⅱ」の賃金表は男女別にはなっていないので、それを見る限り男女差別はないと思っていましたが、実態としては女性が差別される運用になっていたのです。男性はどんどん昇任昇格し、昇給していくのに、女性はそのペースが遅く、勤続年数が長くなればなるだけ、賃金格差が大きくなっていました。マスコミで国際婦人年やメキシコでの世界会議が取り上げられていた時期です。女性差別だ！そう思いました。

賃金要求は年に一度。昇任・昇格の四月に向けての当局交渉が山場を迎えていました。婦人部長として私は女性組合員の期待を背に「世界が男女平等に向かっているいま、国会でも差別撤廃条約の批准やその政策を進めている。その足元の国会事務局でこんな女性差別があるのはおかしい。昇任昇格の女性差別をぜひ是正して欲しい」と訴えました。

人事課長は等級ごとに具体的に要求説明をする私の話を聞いていました。その時、「婦人部長、もう時間ですよ」と後ろから私の上着が引っ張られたのです。男性役員でした。女性の賃金交渉は終わるようにという合図でした。えっ、後押ししてくれないの？妨害するの？一緒に差別是正のために闘えると思っていたのに。その時、初めて労働組合に存在する女性差別に気づきました。

労働組合の中の女性差別

国際婦人年が追い風となり、婦人部の賃金格差是正の要求が受け入れられました。昇任昇格の女性差別が少し是正されたのを見て「フェー、女は強い！」。これが男性役員の反応でした。男性に比べればほど遠く、ほんの少し是正されただけだったにもかかわらず。

当時、労働組合の委員長や書記長になるような人は仕事もでき人望もある、将来の管理職候補です。みんなでよく一緒に飲み、おしゃべりをし、楽しい時間も過ごしました。でも労働組合は男性中心の職場のあり方をそのまま反映します。男性組合員には男性が終身雇用の働き手で世帯主、女性の仕事は結婚までという性別分業意識が根強くありました。労組の闘いとは、同じ職種の男性間での差別が生じないような昇任昇格基準や賃金制度の獲得にあり、それが男性組合員の団結でもあったのです。そこに女性が入ってくればこれまでの昇任昇格の秩序や賃金の運用を崩しかねない。それは困ると男性の役員たちは直感的に感じ取っていたのでしょう。

婦人部では、当時六週間だった産前・産後休暇の延長要求も行っており、男性に直接利害が及ばない、いわゆる母性保護の拡充要求には男性役員も共に交渉をしてくれました。しかし、賃金や昇格など男性と利害がぶつかる女性の「平等要求」には非協力的というか、陰に陽に婦人部活動の壁になることを感じるようになりました。「男と女の間には深くて暗い溝がある」という歌詞が思い出され、すごく苦しかった！のです。

「行動する女たちの会」との出会い

婦人部長として労働組合執行部でやっていくことの苦しさを抱えていた時に出会ったのが一九七五年一月に結成された「国際婦人年をきっかけとして行動を起こす女たちの会（以下「行動する会」）」です。ウーマン・リブの時代です。さまざまなグループが活動し、いろんなミニコミ誌が発行されていました。私はミニコミ誌『女・エロス』の家制度や結婚制度を問う視点に共感し、リブ運動の拠点のひとつだった「新宿・ホーキ星」での読書会に参加しました。「私たちの会へ来ない？」と声をかけてくれた女性がいました。「行動する会」事務局の女性でした。

事務局は当時、独立したばかりの弁護士中島通子さんの事務所にありました。出会ったのはそれぞれの暮らしの場で、職場で、私と同じような体験をしている女たちでした。話が通じるうれしさ。「ああ、ここでは深呼吸ができる」「話ができる」。即座に「行動する会」の労働分科会に参加しました。以来、閉会するまでの二〇年、私はこの会にかかわることになります。

メンバーは一〇代から八〇代までと年齢層も幅広く、弁護士やジャーナリスト、公務員、教員、会社員、主婦、自営業、学生と多様で、著名な評論家や国会議員、労働組合の活動家もいました。男は仕事、女は家事・育児という性別役割分業が差別の根源と見定め、その撤廃を第一の課題として全体で取り組んでいました。

社会への影響力の大きいマスメディアへの対応には力を入れました。一九七五年、「私作る人、僕食べる人」というキャッチコピーのインスタントラーメンのコマーシャルに対し、男女の役割を固定化するものだと放送中止を要請。コマーシャルは放送中止になり、一挙に会を有名にしました。「ヒステリック」「言葉狩り」といった中傷もありましたが、「男女にはそれぞれ役割がある」「役割は違っても対等」という特性論を何の疑問ももたず受け入れていたマスメディア、日本社会をまさに揺るがす行動でした。

政治・経済のニュースを読むのは男性、女性は天気とアシスタントというアナウンサーの性別役割の見直しをＮＨＫに要請しています。語学番組のテキストの例文が「日本の女性は財布を握っているから金持ちだ」「夫に尽くすのが女房の仕事」などあまりにも性差別的で教育番組にふさわしくないと放送中止を求めたこともあります。メンバー四〇人ほどでＮＨＫの会議室を一夜占拠し交渉しました。後で責任者が配転されたと知りました。

〝ひらば〟の運動スタイル

ゆるやかなつながりと、機を逃がさない行動。それができたのは会の運動スタイルが「ひらば」の関係にあったからです。組織の代表者を置かず、メンバーはみんな対等。月に一度世話人会が開かれ、次に何をするかを提起、議論するのです。世話人は当初、市川房枝さん、田中寿美子さん、梶谷典子さん、武田京子さん、中嶋里美さん、中島通子さん、盛生たか子さん、吉武輝子さんら。やる気のあるメンバーはだれでも参加して行動を提起できるので、言い出しっぺがこの指とまれと言い、その指にとまった女たちが電話、面会の申し入れ、要請文の作成など行動を起こすのです。

行動のテーマごとに分科会・グループが組まれます。「公開質問状」「教育」「労働」「主婦」「売春問題」「離婚」「独身」「児童扶養手当」「メディア」。行動が次々展開され、世話人会も各分科会のメンバーが担うようになっていきました。私にはこの「ひらば」の関係がとても大切で心地よく、その後の人間関係へとつながりました。

職場の男女差別もよく見えるようになりました。たとえば職場の新人歓迎会。結婚、出産してもがんばりましょうという意味で、新人の女性に「いつまでも一緒に働きましょうね！」とあいさつしたとたん、男性から「ええっー、高木君は彼女を結婚させないつもりなの！」のヤジが飛ぶ。行動する会で思いっきりそんなできごとを話し、行動する会での学びや闘い方を職場に持ち帰る。

「高木君、いつまで働くの」と聞かれれば「あら定年はあなたと同じ時期よ」と応える。「おばさん」と呼ぶ年上の男性には「おじいさん」。組合行事のメーデー前夜祭のチラシに、ハチマキを頭にまいてこぶしを突き上げる男性に女性がエプロンをつけて生ビールをサービスする挿絵を発見し、早速抗議。書記長は「そんなことを言うのは高木さんだけです」。そんな「職場」と「行動する会」の往復で私は元気に働くことができました。

労働分科会で活動開始──女が食えない賃金のカラクリ

行動する会の労働分科会では、一九七六年四月、「働く女性の相談室」を開設しました。中島通子さんら弁護士もいましたし、毎週水曜日の夜、労働分科会のメンバーが交代で相談に対応しました。職場や労働組合で解決できない女性差別を訴える場が求められていました。

その活動を通じて企画したのが連続シンポジウム「女が食えない賃金のカラクリ」です。一九七六年一一月に第一回目を開催。採用区分による昇任昇格の違いや、正社員とパートなど雇用形態、男女で異なる手当の違いなど差別のカラクリを探りました。第二回は七七年三月。総評、同盟の賃金対策部長を招き、賃金の女性差別の解決策を聞くことになりました。

私は質問しました。「勤続年数の伸びとともに男女の賃金格差が広がっていくが、どんな対策があるのか」。労働組合の賃金対策部長の回答はこうでした。「パートタイマーの賃金水準を上げれば、本工の女性労働者の賃金も相対的に上がる。したがって最低賃金を上げていくことが大切です」。驚き、怒りが湧きました。男女の賃金差別の是正について質問したのに、女性正社員の低賃金は最低賃金の問題だというのです。労働組合には同じ職場にいる男性正社員の賃金と女性正社員の賃金を比較するという発想はないのだろうか。男女の賃金格差の問題を、正規と非正規の女性間の賃金格差の問題になぜすりかえるのか。

ではそのパートの女性を労働組合はどう見ているのか。オイルショックの時、景気の調節弁となった女性パートの問題に企業別組合やナショナルセンターが取り組んでいたとは思えません。パートタイマーも同じ労働者だ。そんな思いから労働分科会ではパートの権利をまとめた冊子「パートタイマーの手引き」を一九八〇年末に発行。冊子は飛ぶように売れ、翌年に増補版、一九八三年には『あなたは損をしていませんか！パートタイマーQ＆A』として出版しています。

労働組合の男性は性別役割、性分業の意識から抜けず、一九八一年の総評メーデースローガンは「母ちゃん内職、それでも赤字。父ちゃん頑張れ、81春闘」。前年、日本はコペンハーゲンで女性差別撤廃条約に署名したばかり。「労働組合がこれでは困る」と抗議をしましたが「現実を反映しただけ」という返事。行動する会もメーデーに参加しました。「父ちゃん家事やれ、残業するな。母ちゃん頑張れ、81春闘！」というスローガンをもって。一緒に「定食代は男女同じ！」「主婦は失業者だ！」というプラカードも掲げました。

日本鉄鋼連盟・男女別コース制差別裁判へ

一九七七年秋、働く女の相談室に、日本鉄鋼連盟（鉄連）で働く二三人の女性がやってきました。こんな相談でした。鉄連では労使の賃金協定で賃上げ率や一時金支給率が男女別建てになっている。労働組合で女性差別だと問題にしたら労組はその資料を隠してしまった。一方、使用者側はリーダー的存在の女性を専門職から事務職へ配転したというのです。

女たちの怒りに火がつきました。「明らかな労基法四条違反（男女同一労働同一賃金）！」「賃金差別を正当化するために配転するなんて!」労働分科会のメンバーはこの「仕事差別、賃金差別」への闘いを全面支援することになりました。相談に来た二三人のうち七人が原告となり、配転無効、賃上げ率と一時金支給率の男女差別是正を求めて一九七八年一月に東京地方裁判所に提訴。日本で初めての男女コース別雇用管理の違法性を問う裁判となりました。

裁判で鉄連側は男性とは異なり、女性の事務職はお茶くみ、机ふき、日めくりをめくるなどの補助職であると強調し、仕事が男性とは違うと主張しました。係争中の一九八三年に男性は主務職、女性は事務職に振り分ける新人事制度を導入し、「男女別コース制度」で賃金格差を制度化しようとしました。活動家の男性からの冷ややかな目もありました。男女雇用平等法をテーマにした定例会で鉄連裁判の原告が「女性差別はイヤ、男女雇用平等法が欲しい!」と発言すると、男性から「お前ら管理職になりたいのか」とヤジが飛んだこともありました。

第一審判決(確定)は一九八六年一二月。配転無効の申し立ては却下され、この部分は企業側が勝訴。しかし、使用者側が賃金格差の正当化に用いた「男女別コース制」は法の下の平等を定める憲法違反とされ、私たちは「勝った」と喜びました。ただし原告の女性が採用された当時は社会通念上逸脱しているとは言えず、均等法でも募集、採用については努力義務であることから、男女別コース制は民法の公序良俗違反とまでは言えないとされました。基本給の賃上げ率や一時金支給率の男女差別については一九八〇年以降の差額賃金の支払いが認められました。

判決が出るまでの九年間。四三回の裁判を有給休暇を使って傍聴し、鉄連の事務所がある経団連ビル前など、みんなでまいたビラの数は三〇万枚。裁判を共に闘った仲間との絆は今も続いています。

「私たちの男女雇用平等法をつくる会」発足

働く女性の相談室や鉄連裁判支援を通じて、私たちは雇用上の差別を禁止する法律が必要だと思いました。しかし、日本政府が国際婦人年を受けて一九七七年に発表した国内行動計画では「差別は行政指導で」というもの。行動する会のメンバーでもある社会党参議院議員田中寿美子さんを通じてイギリスの性差別禁止法の原文を手に入れるなど欧米の状況を勉強しました。私たちの「男女雇用平等法」づくりが始まりました。

法案やガイドライン作成の作業は楽しく、気がつくと夜遅くになることもしばしば。男性も女性も人間らしく、労働も家庭生活も担えるような法案にしたい。弁護士を交えながら法律案の柱となるアイデアを練り、自分たちの経験から「女性は長く勤めないから研修は不要」「女性は細かい作業に向く」といった男性の固定観念を挙げて、採用、面接での対応やこうあって欲しいという思いをガイドラインとして文字にしていきました。

行動する会の一九七八年九月の定例会で「私たちの手で雇用平等法をつくろう」をテーマに欧米での法制度やそれを実現した女たちの運動に関する情報交換をし、そこで「私たちの雇用平等法をつくる会」結成の呼びかけを行いました。一九七九年一月、渋谷の山手教会で八〇〇人以上の熱気とともに会は活動を開始しました。集会では「私たちは人間らしい暮らしを忘れ、自分を忘れ、生涯を企業に売り渡した男の悪しき働き方をそのままねるつもりはない。私たちは女が女の性を、男が男の性を損ねることなく、共に人間として働く権利を保障する男女雇用平等法の実現を目指し連絡してたたかおう」と宣言を採択。渋谷の町をデモ行進しました。

まともな議論ができない――男女平等への揶揄とマスコミ報道

私たちが求めた法案の柱は三つです。一つ目は性差別の定義に、女性であるだけでなく、年齢や既婚／未婚、容姿、子どもの有無や介護の負担、妊娠出産等、特定の条件を理由とする不利益な取り扱いも含めること。二つ目は募集から定年まで雇用の全ステージにおける差別の禁止。三つ目は強力な救済機関としての男女平等委員会の設置です。

しかし、メディアや世論は男女雇用平等法を「保護か平等か」という議論にのみ矮小化して論じる流れにありました。一九七八年末の労働基準法研究会報告に「差別を禁止する法律の制定には合理的理由のない保護の廃止が条件」という一文があったためです。私たちはパンフレット「性差別にくさびを！――労基法改悪に反対し私たちの男女雇用平等法をつくろう!!」（一九七九年七月）を作り、あちこち飛び回りました。男女平等実現には「保護も平等」も必要であること、男性の残業規制や労働時間短縮も条件であることを懸命に訴えました。

ちょうどそのころ第二次オイルショックで女子大生の就職難はピークに達していました。雇用の全ステージ、とくに募集・採用での女性差別禁止が喫緊の課題であることを物語るものでした。求職中の女子大生ら五人が数寄屋橋公園で募集・採用差別に抗議して四八時間ハンガーストライキを決行しました。就活がさらに不利になるため覆面をした彼女たちの訴えを受け止める報道もありました。しかし、一部週刊誌は「結婚もできない男性にもてない女たち」と揶揄しました。批判すべきは女性を採用で差別する企業だというのに、です。

男女平等問題専門家会議報告に危機感

国連女性差別撤廃条約に署名した日本政府は一九八五年の批准に向けて八四年には国会に「男女雇用平等法案」を上程するスケジュールで動いていました。政府は労基法研究会報告を受け、男女雇用平等法制のありかたの議論を開始。まず労働省婦人少年問題審議会のもとに設置された男女平等問題専門家会議が八二年五月、法案の土台となる「男女平等」の考えをまとめました。

つくる会はその内容に危機感をもちました。母性保護の廃止に一応の歯止めがかかったとはいえ、母性保護を女子の妊娠出産機能の範囲にとどめていること。差別是正措置制度を否定するなど機会の平等のみが法制度の平等概念となっていること。つまりは保護と平等を対立させる使用者側の意図に沿ったものとなっているのではないか。新たに間接差別と積極的措置(アファーマティブアクション)を法案の必要条件としてパンフレット「女と平等——保護抜き平等をはね返せ!」(一九八三年二月)をまとめ、運動を広げていきました。

日経連が平等法制定反対声明を準備していることを知り、直ちに抗議。労働省婦人少年問題審議会で使用者代表を務める喜多村浩日経連労務管理部長と会見をもちました。「経営者の総意」「男に対する女の権利闘争だ」と言い、そこには社会正義の建前すらありませんでした。赤松良子婦人少年局長にも申し入れに行きました。私たちは直接審議に参加できない立場です。もっと運動を広げ、思いを届けよう。一九八三年一二月二二日、イブ・リブ・リレー「職場のおしんはまっぴらごめん!!」と二六〇人の女たちが要望書を入れた竹筒のバトンを繋ぎながら労働省へと走りました。

うらめしや、消えた「男女平等」

翌一九八四年二月、婦人少年問題審議会から公益委員の試案が出ました。男性の残業規制はない、女性の残業や深夜業規制は緩和。募集・採用の差別禁止を努力義務とする。企業のための法案に怒りは沸点に。女性団体、労組、市民グループがつくる会と共に「効力ある平等法を！　女も男も連帯委員会」を結成し抗議運動はさらに広がりました。同年三月、まだ寒いなかで、「真の男女雇用平等法」を求め、日比谷公園の労働省前で吉武輝子さんら女三人が七二時間のハンストに突入。テントの周りを徹夜で警備、スピーチ、歌など支援行動が続きました。

しかし、建議は使用者側、労働側各委員の三論併記で無理矢理まとめられ、政府は使用者側の意向を汲む形での法案をまとめていきました。一九八四年四月、出てきた法案には男女平等という言葉はなく、男女の均等な機会と待遇というのみ。連帯委員会はパンフレット「STOP！均等法——どうなる女と男の未来」（一九八四年一一月）をまとめ、「政府の差別促進『均等法』を許すな、労基法改悪反対、効力ある男女雇用平等法」をと訴えました。残された時間はわずかでした。あらゆる女たち、男たちの力を集め、法案の成立阻止をめざして取り組みました。五月には代々木公園で一三〇〇人の全国大決起集会。車上から公園にいっぱいの女や男たちをみた光景はまだ目に焼き付いています。

あきらめませんでした。均等法が衆議院社会労働委員会で可決される七月二四日、白装束で国会まで「恨めしや均等法、怒る女のゆうれいデモ」を実行しました。「こんな均等法をゆうれいにするぞ」「均等法は恨めしい」と怒りを込め、法案成立に反対しました。一一月には「けっとばせ均等法・労基法改悪」全国集会を開催。一二月には再び「効力ある雇用平等法」を求めて、イブ・リブ・リレーを行いました。しかし、翌八五年五月「均等法」は成立しました。

女性差別撤廃条約の批准はしてもらいたい。でもそれが錦の御旗になり、働く女の実態を無視した法律を通すことになった。裏切られたとすごく無念でした。つくる会の準備段階から八年、成立までの三年は怒濤のごとく、皆働きながらの活動です。懸命であっただけに、自分たちで理想的な内容をつくっていただけに、成立時は本当にがっくりと空しく、皆でとぼとぼと帰りました。均等法の蔭で派遣法が準備され、今後、男女差別や女性労働者間の差別・格差は拡大すると確信しました。

女の労働わくわく講座発足——韓国女性労働者との交流

つくる会は一九八六年三月に解散。解散後、メンバーは各地で新たな運動を開始しました。横浜のメンバーは九〇年、「かながわ女のスペースみずら」を結成し、相談活動とともに女性のための緊急一時保護施設（シェルター）を運営を始めました。女性のためのコミュニティユニオン「女のユニオンかながわ」を併設し、女性労働者の支援にもあたっています。

多摩地域のメンバーは一九八六年に「働くことと性差別を考える三多摩の会」を結成。アメリカの労働者教育の教材「性的嫌がらせをやめさせるためのハンドブック」(一九八七年)を翻訳出版し、日本でセクハラという言葉を広げるきっかけをつくりました。職場のハラスメントの実態をアンケート調査で明らかにした『女6500人の証言――働く女の胸のうち』(一九九一年)もまとめています。

私たち東京二三区内のメンバーは「女の労働わくわく講座」を発足させました。このころ低賃金低コストの生産拠点を求めて韓国から撤退する日系企業が相次いでいました。とくに朴正熙政権時代につくられた自由貿易地域のひとつ馬山輸出加工区にはたくさんの日本の製造業、電子業が進出し、多くの女性労働者を雇用していました。しかし、ウォンの切り下げや賃金上昇、さらに一九八七年の民主化運動以降の労働組合運動の活性化によって韓国からの撤退が相次ぎました。韓国スミダもそのひとつで、八九年、日本の本社はファクス一枚で韓国スミダの労働者七一人の全員解雇と工場廃業を伝えてきたのです。

韓国スミダから女性労働者四人が来日。日本でも「韓国スミダ労組と連帯する会」が結成され、東部労組などとともに本社前座り込み抗議を行いました。一九九〇年に社長が労組に謝罪、生存権対策として一人当たり一五か月分の賃金を払うことで解決しました。九一年、わくわく講座のメンバーで馬山を訪ね、韓国スミダの女性労働者と再会しました。ソウルでは韓国女性民友会などとセミナーや交流会を行いました。

ほかにも一九九三年から二〇〇二年までの一〇年間、国際女性デーのイベント「三・八おんなたちの祭り」を実行委員会形式で開催。かつて雇用平等法を求めてともにたたかった女性たちも集まりました。第一回は年金、福祉など社会保障、家族、法律に根強く残る世帯主義の問題を取り上げ、冊子『世帯主義から個人単位へ』にまとめ発行しています。

経済大国日本とアジアの女性——人身売買被害女性、JFC支援へ

私にはもう一つの問題意識がありました。経済大国となった日本がアジアの女性にもたらす影響です。一九六〇年代後半の高度成長期、日本企業は続々とアジアへ進出。経済力を背景に日本の男性によるアジアへの「買春ツアー」が国際問題となっていました。職場の慰安旅行にすら組み込まれる実態があり、高橋喜久枝さんら「売買春と取り組む会」(一九七三年結成)による韓国キーセン観光実態調査、朝日新聞記者の松井やよりさんらの「アジアの女たちの会」(一九七七年結成)が抗議活動を展開しました。

私も「アジアの女たちの会」の会員でした。松井さんたちと行った一九九四年の「女性の人権・アジア法廷」の活動費の残金を引き継ぎ、女性五人で人身売買と強制売春の被害女性を支援する「女性の人権カマラード(仲間)」を立ち上げました。

当時、買春ツアーに代わって、ブローカーが東南アジアの女性たちを観光ビザや興行ビザで入国させ、性産業で売春を強制する人身売買被害が増加していました。メンバーには大島静子さんがいました。日本キリスト教婦人矯風会が一九八六年に設立した外国人女性とその子どもたちのためのシェルター「女性の家・HELP」の初代ディレクターです。監禁状態で追いつめられたタイ人女性が自分の

パスポートを奪い返そうとしてスナック経営者を殺害する事件が発生し、私たちは人身売買の被害者でありながら殺人者となったその女性の支援をきっかけに、帰国後の女性たちの自立支援にも取り組みました。

一九九六年、三〇年働いた職場を早期退職しました。「ふぇみん婦人民主新聞」の編集部で二年働いた後、英語を学ぶためイギリスに一年あまり滞在。英語が通じるフィリピンへ向かいました。そこでJFC（Japanese-Filipino Children）支援を担うNPOでボランティアとして三年間、活動しました。JFCはフィリピン人女性と日本人男性との間に誕生した子どもです。幸せな家族もいますが、日本人の父親が妻と子を遺棄するケースも後を絶たないのです。

私は現地NGO「DAWN（Development Action for Women Network）」で父親の捜索と養育費などの連絡・交渉を担当しました。父親が見つかるのは一〇％ほど。送金を約束しても継続しない、面会の約束をしても行方をくらます。わが子の養育の責任を貧しい国の女性に押し付け、何事もなかったように暮らす日本の男性。フィリピンに滞在して日本のゆがみを感じました。

女性の自立のために

帰国後は「女性の家・HELP」で非常勤スタッフとして人身売買の被害女性、移住女性の支援にかかわりました。現場から見えるのは、働きたいという女性の思いを捻じ曲げ、経済のグローバル化や経済体制の変化を利用した「性の商品化」です。アジア各国からの女性や移住女性労働者が性差別と人種差別の複合差別を受け、セクハラ、パワハラ、性暴力に遭っています。

日本の女性への差別も改善していません。今は「性暴力救援センター・東京（ＳＡＲＣ）」で性暴力の被害者にかかわり、性暴力による心の傷、トラウマと付き合いながら生きる女性の困難を目の当たりにしています。

私は経済的自立が基本だと考え、労働問題に長年こだわってきました。今、長い時間をかけて積み上げてきた女性の人権が政治や権力によって簡単に崩されていくことに危機感をもっています。女性の自立のためには同一価値労働同一賃金の実現、婚姻上の地位で女性が左右される税制のありかたや社会保障制度の見直し、女性のためのユニオンが必要だと強く思います。

column
8

男女賃金差別をめぐる判例動向

1947年制定の労働基準法4条は、「女性であることを理由とする」賃金差別を禁止しています。企業の男女別賃金制度は、本条違反として違法と評価されます。男性には年齢に応じて昇給する賃金表を適用し、女性には26歳を超えると昇給がない賃金表を適用した秋田相互銀行事件（秋田地裁1975年4月10日判決）が、労基法4条違反とされた初のケースでした。その後の男女別賃金制度をめぐる判決としては、女性に家族手当を支給しないことは違法とした岩手銀行事件（盛岡地裁1985年3月28日判決、仙台高裁1992年1月10日判決）や、基本給の上昇率と一時金の支給係数に男女差をつけることは無効とした鉄鋼連盟事件（東京地裁1986年12月4日判決）などが登場しました。

日ソ図書事件で裁判所は、個々の男女が「質及び量において同等の労働に従事するようになったにもかかわらず」初任給格差が是正されず維持されてきたのは労基法4条違反、と判断しました（東京地裁1992年8月27日判決）。また京ガス事件では、事務職女性と監督職男性の職務は、知識・技能、責任、精神的な負担と疲労度において「職務の価値」に差がないため、男女の賃金差は違法、と判断しました（京都地裁2001年9月20日判決）。

昇格は賃金の上昇を伴うため、昇格差別は賃金差別でもありますが、長年にわたり昇格に男女差がついた場合、それを裁判所に違法と判断させるのは相当に難しいといわねばなりません。昭和シェル石油（現役女性）事件（東京地裁2009年6月29日判決）では、女性をより長期間一定資格に滞留させる男女別の運用が行われていた証拠文書（「職能資格滞留年数」）が存在したため、男女差別と認定されました（6章・柚木参照）。一方、中国電力事件で、広島高裁は、控訴人（原告）女性と同期・同学歴の男女の間には職能等級に著しい格差があると認めながら、昇格は人事評価によるもので性差別はなかっと判断しました（広島高裁2013年7月18日判決）。立証の難しさが集約された事例といえるでしょう。

［浅倉むつ子］

労働組合は差別とたたかう

全石油昭和シェル労組
柚木康子さん

［**略歴**］ゆのき・やすこ。一九四八年、東京生まれ。明治学院大学卒。六六年、シェル石油（現昭和シェル石油）入社。全石油シェル労働組合本社支部執行委員、同中央執行委員等を経て、八九年から九七年まで全石油昭和シェル労働組合中央執行委員長。均等待遇アクション21など労働NGOでも活動。現在、全石油昭和シェル労働組合副委員長、JNNC（日本女性差別撤廃条約NGOネットワーク）世話人など。

お茶の時間と労働組合

生まれも育ちも品川です。学生運動の影響で高校でもいろいろあった時期ですが、私はいたって普通の女の子で、学校でのできがちょっと良かったぐらい。大学受験に失敗し、卒業後は神田にある専門学校YMCA秘書科に通うことになりました。そこでシェル石油の求人を見て応募、一九六六年一二月に採用されました。

シェルは英蘭系一〇〇％外資です。役員であろうと新入社員であろうと「さん」付けで呼び合い、午前一〇時と午後三時に専門の人が社員にお茶を配り、部長には紅茶を入れて回るのには驚きました。さらに社員に毎日一本、牛乳が配られました。私たちは夏は冷たいうちに、冬は温めて楽しんでいました。戦後の栄養不足の時代の名残だったようで廃止時には勤労課長が「そろそろ乳離れしろ」と言っていました。「上司の許可なく職場に残ってはいけない」という就業規則があり、午後五時に終業チャイムが鳴ったら、午後五時一分にはもうエレベーターホールに人がいる。そんな職場環境もあって、もともと大学進学を希望していた私は、春には会社の学費補助制度を利用し明治学院大学の夜間に通い始めました。

配属された航空部にシェル従業員組合本社支部委員長がいたのが縁で、労働組合に参加。解放感があり楽しかったです。一九六八年には「非世帯主への住宅手当支給を停止する」という会社提案を撤回させようと、日本初の高層ビルと言われた霞が関ビルの前でデモ、集会を行いました。七〇年春闘では、シェル労組は一九年ぶりにストを実施。シェルの賃金改定は「一月に定期昇給、六月に全石油傘下労組の成果を見てから賃上げを回答、四月に遡及して賃上げ」という一・四・六方式。これを一月に定期昇給、四月に賃上げ回答とするよう全石油共闘で取り組みました。第一波ストは一時間、第二波ストは二四時間に設定されました。現場も一緒にストに入るので、石油輸送はストップします。そこで会社は他社の油槽所から石油を買いとって出荷するジョイント出荷を試みましたが、情報が入って出荷部門の組合員と一緒にタンクローリーの出入りをみんなで阻止しました。

といっても、ストはいたって平和で解放感に満ちた、楽しいものでした。霞が関ビルのエレベーターホールでは各階に「ストライキ決行中」と横断幕をはって組合員がピケを張って座り込みますが、やってきた管理職が「今日は(仕事は)だめだね」と言って、なかにはカンパまでする人もいました。あとは歌ったり、ギターを弾いたり。

こんな感じで一九七一年の春闘では現業部門の賃金底上げなどを求めて三波にわたるストやコンピュータ部門での一三日間の連続ストライキを行いました。会社も組合の要求に対し説得的に話し合い、平和にストもできる時代でした。シェル労組はオープンショップ制でしたが、七一年当時、従業員約二三〇〇人のうち組合員数一七三〇人の規模を誇っていました。普通の労働組合だったのです。

第二組合結成――少数組合

会社側はひそかに不当介入を始めていました。一九七二年に現業部門に第二組合を、続いて七四年に事務部門に第二組合を結成し、経営方針にもシェル労組の少数化が掲げられました。七四年の春闘では、後に社長になる大北一夫人事担当取締役の「ピケを破れ」の指示で、管理職がネクタイを外して各階のピケを突破しようと乗り込んできました。突破は阻止しましたが、会社側はシェル労組を脱退しなければ「昇進しないぞ」「昇格はない」「転勤させる」など自宅訪問までして切り崩しにかかりました。

一七〇〇人いた組合員は一九七七年には三三〇人になりました。七八年、あからさまな妨害活動が始まりました。シェル労組本社支部は春闘の時に日刊のビラ「明日」を配布していましたが、団体交渉で大北取締役の「ビラの配布はしなくていい」という発言を受けてビラを破く「びりびり運動」が始まりました。配った端から部長が回収し、シェル労組の組合員の机の上に破ったビラの山を置く。ビラを配布する組合員への暴力もエスカレートし、霞が関ビルのエレベーターホールでネクタイは引きちぎられる、シャツはやぶれる、果ては骨折する。でも、始業時間になると、私をぶったたいた男性職員が隣で平気で仕事しているような調子で、春闘中は、手足にあざができるのは日常でした。

ビラはよく読まれていたのです。管理職も引き出しに入れて隠れて読んでいました。私たちの活動、ビラへの信頼は高かったのです。

一九八〇年代に入ると昭和石油との合併準備の過程で、そんなシェル労組が邪魔になったのでしょう。八三年には組合員役員の異動には組合同意を取るという慣行を破棄し、支部役員は福岡、札幌、名古屋へと強行配転させられ、長期の単身赴任を繰り返すような転勤さえ命じました。

でも私たちはつぶされなかった。少数になれば組合費は高くなるし、チェックオフ協定はないので現金回収です。けれどもその分、みんなの意識が高くなり、運動自体は活発になっていきました。少数になっても辞めない。とくに会社全体で二割にも満たない女性の方が残った。私も抜けませんでした。本社支部六五人のうち半数が女性でした。

女たちの要求まとまる——働き続けるために

労働組合への攻撃のなかで、二〇代半ばから三〇代の女性組合員には共通した思いがありました。こんな不当なやり方には負けたくない、結婚しても子どもをもっても働き続けられる職場にしたい。七三年八月にシェル労組本社支部の女性たちで機関誌「だいこん」を発行し、七九年からは毎週一回、「女の60分」というお弁当持参での井戸端会議を始めました。一九七一年に約六〇〇人いた女性はその後一〇年間で結婚、育児、会社の合理化によって三六〇人に減少していたからです。

アンケート調査や議論を経て一九八〇年、まとめたのが「女たちの要求」です。妊娠期間の時差出勤、妊娠障害休暇、通院休暇の保障とともに、産後休暇八週から一二週への延長、三歳までの子どもをもつ男女を対象とする一日一二〇分の育児時間。職場復帰する女性にとって育児時間は欠かせないものでした。組合員調査によると、通勤時間は平均九〇分、平均一一時間保育で、女性は朝六時から夜一一時まで職場でも家でも働き続けていました。

育児休業ではなく育児時間にこだわりました。育児休業では女性は職場から切り離され、原職復帰は保障されない。育児休業を理由とした嫌がらせのリスクも高い。育児休業取得を名目にゼロ歳児保育など保育所整備も否定されるだろうし、無給で女性が育児をすることを当然視する風潮も生まれると考えました。職場を完全に離れるのではなく、働く時間を短くして男性も女性も両立できるようにしたい。何より産前産後休暇、育児時間は労基法に明記された制度です。育児休業の制度化よりも私たちは生後三か月までの産後休暇の延長、男女を対象とする育児時間の制度化と充実を求めました。一九八〇年の秋闘では社員食堂で女性主導の職場集会を開催、本社支部の女性で団体交渉も行いましたが、会社から回答が得られませんでした。育児時間を利用中だった女性組合員二人が指名ストに入る決意をしました。個人の奮闘努力で乗り越えるのではなく、職場全体の問題にしていこう。組合員同士のカップルもいたので、スト中の賃金補塡の対応もあり、女性は四日、男性は一日とリレー方式でストを継続することにしました。

一〇〇〇日指名スト——男も女も育児時間

一九八一年二月、育児時間要求ストに入りました。一周年となった八二年三月一〇日には地域の組合も参加して総勢三六〇人が「男も女も育児時間を勝ち取っちゃう」の横断幕を掲げて霞が関ビルから虎ノ門、日比谷へと官庁街をデモしました。育児時間ストはマスコミにも取り上げられました。育児時間要求ストは続き、女性八人、男性四人の計一二人のリレーで八五年三月、とうとう一〇〇〇日目を迎えました。その間、田無市など男性の育児時間を条例化した自治体も登場しました。他の組合でも育児ストが始まりました。育児時間要求指名ストを実行した男性組合員が「私たちの要求は当初の突出した感じから当然へと変わった」と後に書いていますが、この運動をきっかけに職場が比較的子どもを産み育てやすい雰囲気に変わって今に続いているのではないかと思います。

私たちの要求に対抗するように、第二組合は一九八二年の春闘で育児休業の制度化を要求し、会社側は妊娠中の無給の時短勤務制度と無給の育児休業制度（三か月・六か月）で応じています。労働基準法の育児時間の見直しは進んでいませんが、九一年に育児休業が法制化され、短時間勤務制度も制度化されました。会社でも育児や介護のための時短の制度化も進んでいる。「せっかくここまで育成したのに辞められたら損失だ」と、私たちが言ってきたことを会社が言っています。

育休を取って出勤率が下がった分は定期昇給額に反映されます。子どもを産んで一年休んだら定昇で当時一五〇〇円減るので、長く務めるほどにその損失は埋められないし、最終的には年金額に跳ね返る。女性社員には「ノーワーク・ノーペイだ」と言っていながら、働いていない妻のいる男性社員には高い配偶者手当を支給するのか。会社とは相当やりあいましたが、男性世帯主を前提とした制度も、育児による長期休暇の取得による不利益は解決できていません。

日本的経営なるものの実態――組合差別と性差別

一九八五年一月、シェル石油は昭和石油と合併しました。シェルは昭和石油の資本の五〇％を所有していましたが、上場企業だった昭和石油が存続会社になり、「昭和シェル石油」と社名が変わりました。昭和石油社長だった永山時雄氏が会長に就任し、「日本的経営を目指す」とあいさつしました。ふたをあけてみたら、それは日本的な性別雇用管理のことで、男女差別を強化するということ。これがのちに男女賃金差別の提訴につながっていきます。もうひとつが労使一体型の労務管理の徹底でした。たたかう労組は邪魔だということで、私たち全石油昭和シェル労組組合員に対する不当配転やあからさまな賃金昇格差別が強まりました。

八五年夏の一時金で、組合員の七割がＳＡＢＣＤの五段階評価で「標準以下」を意味するＣ評価をつけられました。私への評価は典型的で、一時金の評価では八五年夏から九四年夏まで、定期昇給の評価では八五年から九五年までずっとＣでした。八九年夏に大阪地方労働委員会、九〇年末に東京都労働委員会に賃金昇格差別救済を申し立て、会社賃金資料も入手したことで、その実態と方法が明らかになりました。考課でひとつＣをつければ総合評価もＣとなる仕組みになっており、一次考課を担当する直属の管理職が仕事の成果や能力を認めていても、二次考課以降で「協調性」にＣをつければ組合員を昇給昇格から排除できるのです。

一九八七年二月末、私に東京第二支店への異動が提案されました。一八年働いていた本社の特約店部の上司も異動のことは全然知らず、しかも私は労組の副委員長に就任予定でした。当時、福岡、札幌への配転問題の裁判を抱えていただけでなく、組合活動への暴力介入や配転撤回を求める指名ストへの介入をめぐって労働委員会での審問が複数進行していました。東京都労働委員会も三役となる私の異動を取りやめるように調停に入りました。しかし、会社は拒否し、四月二〇日付で異動命令を出しました。

「柚木をどこかへ飛ばせないか」と合併前に管理職と別組合の会議でやっていたメモもありました。私は一〇か月に及ぶ指名ストと時々の全体ストライキで配転命令の撤回を求め、不当労働行為救済申し立てもしました。しかし指名スト介入事件で不当労働行為ではないとの判断が出て、組合は私の指名ストを中止し、私は東京支店へ異動しました。

「女の賃金、何故低い」——昭和シェル石油賃金データ分析

合併後、会社の攻撃がすごくて組合を守るので必死だったのですが、どうにかしなきゃと思っていたことがあります。男女の賃金格差の問題です。

シェルと昭和石油の賃金体系はすごく違っていました。シェルは基本給が高く、住宅手当や家族手当のみで手当部分は小さかった。それに対し、昭和石油は全体に基本給は低く、住宅手当、家族手当など手当が多かったのです。合併にともない両社の賃金体系を一本化し、賃上げや一時金に職能資格別による定額部分を組み込みました。その後、職能手当も導入されました。職能資格等級が高くなれば定額部分での賃上げも大きく、手当もあがり、給与は高くなる仕組みです。

当時の職能資格は大きく上からMランク（管理職群）、Sランク（監督判定企画職）、Gランク（一般職）に分けられていました。職能手当は導入時点の一九八九年、S2は五六〇〇円でしたが九一年には二万八〇〇〇円へ。一方、G2は同二八〇〇円から同八四〇〇円へ。手当によるSランクとGランクの格差がたった三年間で約一万円も拡大していました。昭和石油の男性はシェルの男性の給与より低かったので、合併後は昭和石油の男性は職能資格をどんどん上げてシェル水準までもっていこうとしました。一方、女性の等級は上がらず、合併時もほとんどが横滑りでした。これでは低い資格に留め置かれる女性と、昇格していく男性との間での賃金格差はどんどん大きくなっていきます。

一九九〇年、たまたま全社員の賃金データを手に入れ分析したところ、会社は均等法など意に介さ

ず、職能資格制度を使って差別を強化していたことも明らかになりました。四八歳の同一年齢で男性（旧シェル）の本給最高額が約五五万円、男性（旧昭和）が約四三万円、女性（旧シェル）が約三三万円、女性（旧昭和）約二七万円。高卒の学歴で見ても男女で八―一〇万円の差がありました。四一歳から五〇歳までの職能資格等級分布でも男性の九八％はMランクかSランクなのに対し、女性では七二％がGランク。しかも昭和石油の女性では九四％がGランクでした。学歴間、性別間、組合間、旧会社間という幾重もの差別がある。私たちは早速、この結果をビラにして配りました。多くの女性社員が感じていたことが初めて事実として共有されることになりました。

裁判闘争始まる――職能資格制度の男女別滞留年数の発覚

一九九一年秋、野崎光枝さんが相談に来られました。野崎さんは五一年、昭和石油に入社し、和文タイピストとして二〇年、その後は英文タイピスト、コンピュータ端末でのデータ送信・国際テレックスオペレーターとして一〇年というキャリアを持つ人です。ところが野崎さんは合併時に短大卒新入社員と同じG3に格付けされ、抗議したら定年を前にG2。あまりの賃金差別、女性差別に裁判で社会的に訴えたいと考えての相談でした。九二年五月、まず東京都男女差別苦情処理委員会に苦情申し立てをしました。しかし、会社は「差別ではない」とつっぱねたため、九四年三月八日の国際女性デーに東京地裁に提訴しました。

その間に、野崎さんは定年になりました。別組合に所属していましたが、全石油昭和シェル労働組合は、この裁判は社内の男女の賃金差別の解消につながると位置づけ、全面的に支援しました。資料の用意やコピー、裁判の傍聴、会社から出てきた膨大なデータ入力や分析作業。野崎さんと同世代の昭和石油出身者のデータを分析した時は驚きました。高卒男性は全員入社一〇年でG1に自動昇格し、その後は数年の差がありながらもSランク（監督判定企画職）として昇格していきますが、女性はG3で頭打ちしてしまう。そこから抜け出そうと人事考課で高評価を連発してもG1になるまでに二〇年近くかかるのです。

G1に格付けされた女性はいましたが、それは一九八九年以降のことです。男女差別の是正を求めて私たちが東京都中央労政事務所にあっせん申請をした結果でした。二〇〇一年、裁判の過程で私たちが入手した会社の「職能資格滞留年数」表でさらに裏付けられました。女性を「高卒補助・短大補助」に分類し、G3に張り付けたまま言ってみれば二〇歳で昇給昇格から排除する設計となっていました。

私は組合委員長として団体交渉に臨むのですが、その時、一緒に行く組合役員は私より少し若い男性たちです。彼らは大卒、差別されているから資格等級はS2です。一方、私は大学を卒業したのに採用時の高卒に分類され、勤続年数約三〇年。予算にして年間一七億の給油所管理業務を任された時も資格等級はG2でした。団体交渉でそれを問題にすると、きまって取締役が「能力を正当に評価した結果でございます」ととぼけたことを言う。業務経験や勤続年数に関係なく、Gランクに留め置かれる昭和シェルの女性全員に向かって「能力がない」と言うに等しいことです。もうふざけんじゃない、あんたにそんなこと言われたくない、とアタマにきて猛烈に抗議しました。

労働基準法四条違反——職能資格制度での男女差別認定

野崎事件で東京地裁の判決が出たのが二〇〇三年一月二九日。職能資格制度の昇格管理を男女別で行った結果、賃金と資格等級の格付けで男女格差があると認定し、男女同一賃金を定める労基法四条違反だと断じました。「能力による正当な評価」という会社の主張は退けられました。うれしい判決でした。野崎さんは合併時点でS２(企画判定職)への格付けが相当だったとされ、損害賠償として月例賃金、賞与、退職金、年金など計四五〇〇万円の支払いを会社に命じました。職能資格制度での男女差別を認定しただけでなく、年金での差別を認定したという意味でも大きいと思いました。

しかし、会社は解決を引き延ばし、控訴しました。東京高裁では再度、労基法四条違反、昇進で「男女の均等な扱いをしないことを積極的に維持した」として均等法八条違反も指摘されました。ただし、会社側の三年以上前の損害は消滅時効である、昭和石油時代の和文タイプなどの業務は判断のいらない定型業務で配置によるものという主張が認められ、損害賠償額は半分以下になりました。二〇〇九年一月、最高裁によりその東京高裁判決が確定します。

一審東京地裁判決で労基法違反と断じられた後も、会社は職能資格制度の差別的な設計を見直しませんでした。役員が団体交渉で「差別はないが区別はある」「僕は男尊女卑だ」と明言し、「法律だけが先行し均等法を迷惑だと考える女性もいるようだ」と言ってはばからない「歩く男女差別」がまかりとおるような企業体質です。一日も早く女性差別をやめさせるにはどうすればいいのか。野崎さんの東京地裁判決がでた翌年、私も含めた全石油昭和シェル労働組合員の女性一二人で、新制度でのF1(旧制度S1)の格付けの確認と差額賃金の支払いを求める男女賃金差別を提訴することにしました。

会社の昇格管理のありかたを記す社内資料「職能資格滞留年数」表の存在、野崎さんの一審判決、さらに現職による裁判提訴。会社はアリバイ作りとはいえ、女性の処遇を変えてきました。二〇〇三年に一人、〇四年に一人、〇五年には五人の女性をF1(旧制度S1)に昇格させました。そこにはずっと同期の最後を走っていた九〇年以降入社の大卒女性も含まれていました。裁判に提出された会社の準備書面には「F1の女性労働者が七名出現」という書きぶり。まるで珍しい生き物かのように「出現だって」「本当、やりたくなかったんだ」と大笑いしました。

労働組合のネットワーク——地域共闘

七〇年代半ばから始まった組合潰しのなかで、地域共闘が大きな力になりました。千代田区には一九五六年に設立された千代田区労働組合協議会(千代田地区協)があり、ナショナルセンターの再編以後も地域の労働組合のセンターとして活動を継続しています。会社からの攻撃に対し、デモ、裁判傍聴やストへの支援をしてくれました。

カタカナ三単組の結びつきもありました。シェル石油、ゼネラル石油精製労働組合、エッソ石油・モービル石油の従業員でつくるスタンダードヴァキューム労組のことで、外資系だったのでそう呼ばれていました。ともに会社から「闘う労組」と嫌われ、第二労組結成による介入で少数組合になっています。育児時間要求ストにも共鳴して闘った仲間ですし、男女平等実現にも積極的でした。一九八三年六月には三組合の委員長の呼びかけで、一泊二日で男女雇用平等法制の動きを考えようと「三単組全国女性交流会」を開いています。

単組、産別の一員として男女雇用平等法制運動に関わっていましたが、個人としては「私たちの男女平等法をつくる会」のイベントや抗議集会に参加していました。同会は「国際婦人年をきっかけとして行動を起こす女たちの会」（行動する会）の活動のなかから結成された会で、労働省から均等法として法案が出てくる直前には、さらにいろんな団体が参加して連帯委員会として活動していました。婦人少年問題審議会の公益委員から一九八四年二月に募集・採用差別を努力義務とする法案のたたき台試案が出た時は、連帯委員会が三月一七日から二〇日まで日比谷公園で抗議のハンストをしています。私もヤッケみたいなコートを着て支援行動に参加しました。

雇用における性差別禁止法を——均等法ネットワークの発足

労働組合として積極的に外部と連携し、均等法の改定運動へと動いていったきっかけはやはり裁判闘争です。野崎さんの弁護団である中島通子さん、中野麻美さん、菅沼友子さん、古田典子さんとやはり弁護士の黒岩容子さんを中心に、一九九四年四月、「働く女性のための弁護団」が結成されました。中島さんから檄が飛びました。「来年は北京女性会議なのに、こんな均等法のままでいいの」。コース別雇用管理に名を借りた女性差別。非正規雇用の拡大。機会均等調停委員会による調停が開かれたのは施行から一〇年でたった一件。このままでいい訳がありません。労働組合、研究者、男女差別裁判の原告、ジャーナリスト、企業で働く女性などで「男女雇用機会均等法の見直しを求める集会実行委員会」を結成し、運動を開始しました。一九九五年五月に男女平等に関する政党アンケートの実施、次いで六月一八日には「変えよう均等法！私たちの体験と熱い思いを語る集い」を開催。女性たちの許せない均等法体験を集めた「おんなたちの意義あり！均等法改正に向けてわたしの一言」の刊行準備も進めました。

翌一九九六年一月、パートなど非正規雇用の問題に取り組む女性たちで集まり「変えよう均等法ネットワーク」(均等法ネットワーク)を発足させました。署名を集めて衆参議長あてに送付、労働省前でのリレートーク、国会の委員会傍聴、党派を超えた女性国会議員のネットワーク「女性議員懇談会」への要請を繰り広げました。

均等法改定にあたり、私たちが求めたのは性差別禁止法とすること。間接差別禁止の導入。雇用の全ステージでの男女差別禁止。同一価値労働同一賃金。セクハラ禁止、年齢・出産・家庭責任を理由とする差別禁止の明記。アファーマティブ・アクションの導入……。しかし、やはりというべきか、一九九九年、施行された改正法は求めていた内容とはかけ離れ、雇用の全ステージでの男女差別禁止は明記されたものの罰則はなし。間接差別は見送られ、男女共通の労働時間規制は俎上に載らないまま女子保護規定が撤廃されました。

女子保護規定は食い逃げされただけでなく、政府は経営団体の要請にあわせて裁量労働制の導入、変形労働時間の規制緩和など労働基準法の改悪も進めました。「有期雇用労働者ネットワーク」(代表・

宮里邦雄）、「派遣労働ネットワーク」（代表・中野麻美）、「女のワーキングライフを考えるパート研究会」（代表・酒井和子）と私たち「均等法ネットワーク」の四ネットで反対運動をしました。ナショナルセンターの連合、全労協、大脇雅子さんら女性議員にも協力をいただきました。しかし労働時間の規制緩和は進められ、今に至っています。

広がる国際活動――均等待遇アクション21、ＩＬＯへの申し立て

「変えよう均等法ネットワーク」は二〇〇〇年に「均等待遇２０００年キャンペーン」へと発展しました。事務局長を広木道子さんにお願いし、女性議員、研究者、弁護士、女性団体など幅広く呼びかけました。「均等待遇」という言葉に出会ったのは一九九九年の欧州調査団でのこと。「働く女性のための弁護団」「女のワーキングライフを考えるパート研究会」「均等法ネットワーク」のメンバー七人で、ＩＬＯ、ドイツの連邦社会雇用省、フランスの派遣問題を担当する企業雇用形態変遷室、イギリスの雇用審判所など一七か所を回り、非正規雇用の待遇改善と同一価値労働同一賃金の実施状況を調査、均等待遇がキーワードであることを知ったのです。

二〇〇一年には「均等待遇アクション２００３」に衣替えし、パート労働法に均等待遇を明記させること、均等法に間接差別を明記させ、同一価値労働同一賃金を実現させることをめざし活動しました。二〇〇〇年キャンペーンは連合男女平等局のトップ林誠子さん、吉宮聰悟さんらとともに大いに盛り上がりました。

このころから、活動の舞台も海外へと広がっていきました。二〇〇一年に男女賃金・昇進昇格差別をたたかっていた住友電工と住友化学が大阪地裁で敗訴。原告の西村かつみさん、白藤栄子さん、石田絹子さん、矢谷康子さんらワーキング・ウィメンズ・ネットワーク（WWN）のメンバーが国連人権委員会やILOにカウンターレポートをもってロビー活動をしていました。翌二〇〇二年には私たち昭和シェル労組もILOに資料提供を行い、その縁でILO国際労働基準局のコンスタンス・トーマスさんを招聘し、東京、名古屋、大阪、福岡でシンポジウムを開催しました。二〇〇九年に商社ウィメンズユニオンやペイエクイティユニオンと共に正式に一〇〇号条約違反をILOに申し立て、同一価値労働同一賃金を法律に明記するようにとのILOの是正勧告を引き出しました。

二〇〇三年に国連女性差別撤廃委員会で条約履行の進捗状況をまとめた日本政府の報告書が審査されるのを受け、JNNC（日本女性差別撤廃条約NGOネットワーク）が結成され、「均等待遇アクション2003」も参加しました。その後もCEDAWの審査には参加し、現地でのロビー活動を行っています。「均等待遇アクション2003」は、二〇〇四年に「均等待遇アクション21」に名称を変更し、現在も国内外の活動を続けています。

四〇年にわたる労使紛争の解決

ところで、二〇〇四年に提訴した私たち昭和シェル男女賃金差別裁判は意外な形で解決することになりました。提訴から五年後の〇九年六月、東京地裁判決が出され、私たちの主張どおり、労基法四条違反は認められました。しかし昇格の地位確認や賃金の損害賠償は認められず、控訴しました。合併前を含め、会社とはすでに四〇年にわたる労使紛争が続いていました。一九七二年の第二組合結成に始まる組合潰しは東京都地方労働委員会、中央労働委員会で不当労働行為として認められました。しかし、会社側は裁判に持ち込み、その係争中にも、分裂工作、組合員に対する暴力、不当配転、賃金昇格差別などあからさまな攻撃を続けました。カタカナ三単組でも労使紛争はありましたが、他の単組では早期に解決するなか、昭和シェルだけ長引いたのは、経営陣が解決する気がなかったことに尽きます。八四年、都労委命令を取り消す東京地裁の判決が確定したため、会社側には労働組合員には何をしてもいいという風潮さえ生まれ、さらに紛争は増えたのです。

二〇一〇年一〇月、本社前座り込み行動していた時のことです。突然、会社側の担当者から連絡が来たのです。「話がある」。それは労使紛争の一挙解決についてでした。組合員への賃金昇格差別事件では大阪地労委で二度勝ち、都労働委では是正総額一三億円の支払いも命じていました。男女差別では野崎さんの事件でも会社の違法性は確定していました。最高裁で繰り返し違法企業だと確定されるのか、会社も追い詰められていたのだと思います。同年一二月二四日、私たちの労使紛争は和解が成立、男女差別も含めすべての労使紛争が解決しました。

その時、私たちは声明を出しました。「会社と組合はおのずと立場・役割が異なります。正常な労使関係とは、その違いを認め合い、互いの立場を尊重しあうことです。労働組合の重要な役割の一つは、経営に対するチェック機能です。企業の社会的責任、遵法精神が全うされるよう労働組合の視点でチェックすること、社員に対する公平で公正な処遇が実現できること、社員一人ひとりがワークライフバランスの充実を背景に、会社生活を通して自己実現を図れるような環境を整えていくこと等を、働くものの立場から発信し続けることが大きな役割だと考えています」。

女性が働くことは人権

労使紛争解決の時、私がこだわったのは、組合員の資格・賃金の是正と女性の格付けの見直しでした。その時始まったポジティブアクションの事務折衝は継続し、管理職登用のための上司と女性社員の交流会を開催するなど会社も少し意識的になっています。

女性が労働することは人権です。労働組合が「女性差別はない」というスタンスで女性の主張を抑え、組合として正義を実現するという視点がなければ、労働組合はいくらでも後退していきます。日本の労働法のもとでは労使で解決できること、改善できることは多いのです。だから労働組合には役割があります。裁判の時、旧昭和石油労働組合が毎年の賃上げデータを調査してまとめた「賃金データ」がとても役に立ちました。それがなかったら男女の賃金実態は藪の中。まして「成果主義」を持ち出されたら反証できなかったと思います。

九〇年代、賃金や昇進・昇格での男女差別を訴える裁判が相次ぎました。その時、昭和シェル、住友金属、住友電工、住友化学の住友メーカー三社、野村證券、芝信用金庫、商工中金、岡谷鋼機、京ガス、兼松などの原告と弁護団が集まり、「男女差別事件弁護団全国交流会」が始まりました。今も中国電力、メトロコマース、東和工業、ラジオメータなど二〇〇〇年代以降に始まった男女差別裁判の原告が参加しています。争点整理や元原告との意見交換だけでなく、実際に要請行動や裁判傍聴をしています。けれども、二〇一〇年代に出た男女差別に対する判決は人事における企業の裁量権を重視するものが多く、中国電力事件でも女性差別が明白であったにもかかわらず使用者の裁量の範囲として原告が敗訴しています。

二〇〇一年四月二九日の連合メーデーで、笹森清連合会長は「均等待遇」という言葉を使いました。「やった」と思いました。でも、それからあまり実態は進んでいません。女性だけでなく、非正規、中小企業で働く人、すべての労働者に同一価値労働同一賃金をどう実現するのか。その問題を放置してきた結果、日本の労働者がこんなに貧しい、厳しい状態に置かれている。大きな組合が、労働運動が一丸となってグッと詰めてやれないか。切に思います。

column 9

間接差別について

間接差別とは、それ自体は差別的とはいえない中立的な制度や基準も、ある人種や性別の人々に不利な効果・影響をもたらす場合には、合理性がないかぎり違法な差別になる、という考え方です。間接差別には、間接的な「性」差別や、間接的な「人種」差別などがあります。

世界で初めてこの概念を明確にしたのは、1971年のアメリカ連邦最高裁判決でした（グリッグス対デュークパワー会社事件）。発電所の作業員になる資格として高卒以上の学歴と知能テストの合格を要求することは、有色人種に差別的効果をもたらし公民権法第7編に違反する、と判断したのです。アメリカではこれを「差別的効果法理」と呼んでいます。1975年のイギリス性差別禁止法は、「間接性差別」を明文で禁止し、その後、EU指令や各国の差別禁止法制は、直接的な差別禁止だけでなく間接的な差別禁止規定も定めるようになりました。

日本では、2006年改正の均等法がこの考え方を導入しました。同法7条は「性別以外の事由を要件とする措置」という見出しで、「実質的に性別を理由とする差別となるおそれがある措置」を間接差別として禁止しています。しかし厚生労働省令2条は、間接差別に該当する事例を3つの場合に限定しています。①募集・採用にあたり一定の身長、体重または体力を要件とすること、②募集・採用、昇進、職種変更にあたり転居を伴う転勤を要件とすること、③昇進にあたり転勤経験を要件とすること、です。

一方、2006年の均等法改正時の附帯決議には、上記3事例以外にも、裁判所が違法と判断する間接差別事例はありうると明記されました。したがって、たとえば、給与支給基準としての世帯主要件、コース別雇用における勤務地無限定要件、非正規労働者に不利となる手当支給要件などは、女性が満たしにくい基準として、使用者がとくに合理性を主張できないかぎり間接差別と判断される可能性がある、といってよいと思います。

［浅倉むつ子］

誰をも犠牲にしない平等を

全国ユニオン元会長

鴨 桃代さん

［**略歴**］かも・ももよ。一九四八年、静岡県生まれ。淑徳大学卒業。千葉市公立保育所勤務後、社会党系青年団体を経て、八八年、なのはなユニオン事務局長、九八年、同委員長。二〇〇二年から一三年まで全国ユニオン会長、一七年まで同顧問。〇五年に連合会長選挙に女性として初めて立候補、落選したものの非正規雇用を労働運動の主流に取り込む主張は注目を集めた。全国ユニオン会長として、日雇い派遣（〇七年）、京品ホテル（〇八–〇九年）、年越し派遣村（〇八年）など多くの運動を率いた。

かわいそうな私からの脱皮——学生運動のなかで

「どっちみち嫁にいく身だ。短大でも専門学校でもいいから肩書をつけろ」。大学受験に失敗した私に父はそう言いました。そのとき私は初めて父に面と向かって言い返しました。「私はそのために大学に行きたいわけではない」。

父の怒りがいつ爆発するかわからない。そんな家庭でした。茶わん、箸などの配膳の位置が少しずれていた、お風呂がちょっと熱かった。母はひたすら謝る。お金なんてなくてもいいから、みんなでテレビを見て笑う、「サザエさん」のような家族に憧れました。

私は何も言えず、両親と話をしなくなりました。家を出たい。自立したい。働くということを強く意識しました。高校卒業後、十五夜山保育所という民間保育所で働き始めました。もう大学には進学せず、働きながら保育士の資格を取得しよう。そう考えていた私でしたが、職場の先輩たちが「せっかく大学進学できるのだから、保育士になるにしろ、もっと視野を広げたほうがいい」とアドバイスしてくれました。

翌一九六八年、淑徳大学社会福祉学部に入学。大学は学生運動のまっただ中です。最初は家族のことでめそめそしていた私でしたが、友人から「お父さんやお母さんがなぜそういう状況にあるのか。今の社会のありかたと結びつけて考えているの」と言われ、「かわいそうな私」の殻を破っていくことができました。大学二年生の頃からは自治会の活動に関わるようになります。七〇年代安保の時代です。学生運動に疲れ果てて友人のいる京都にこもったこともありました。でもテレビに映るデモ隊を見るとやっぱりあの中にいたいと思いました。三里塚闘争にも行きました。京成や国鉄のストライキの支援にも行きました。農家をはじめいろんな職場で働く労働者の話を聞きました。労働運動にかかわりたいと思いました。

いよいよ卒業という時に学費値上げ反対闘争で四年生は卒論提出拒否闘争に入るか否かを連日、議論していました。最後に残ったのは十数人。卒論を書かずに提出拒否を主張するメンバーがいました。卒論は書いてあるからこそ、提出拒否の意義がある。私はそう主張して卒論を提出、大学を卒業しました。いろんな考えを身につけ、生き方を方向づけられた大学時代でした。

保育職場を良くしよう——千葉市公立保育所で

卒業後、千葉市の公立保育所に保育士として就職しました。自己紹介で「名前が変わりました」とあいさつしました。卒業式の一週間前、三里塚の学生運動で出会った男性と結婚、入籍していたからです。周囲が凍り付いたのがわかりました。主任が即座に「あなた、すぐ子どももつくる気はないよね」と言いました。子どもの病気で休みがちになる育児中の人や産休を予定している人は三歳以上の子どものクラス担任になれないことになっていたのです。

そのうち、担任の配置については保育士の希望ではなく、所長と主任が決定していることがわかりました。職員会議でその問題を提起したところ、翌年、所長と主任は異動になり、保育士が受け持ちのクラスを決定することになりました。もっと風通しの良い職場に変えていこう、保育をよくしていこうという思いで、保育士同士はつながっていきました。

保育士は最低基準で定められたぎりぎりの人数で子どもの保育にあたっていました。「社会福祉とは奉仕である」という考え方が根強い時代です。最低限の人数なので、交替の職員も休憩を取れるだけの人数の余裕もない。出勤したら休憩もなく保育にあたり、保育士が一人休むと一人でクラス全員の保育を担当しなければなりません。一年もしないうちに、同期が頸肩腕症候群や腰痛になっていきました。

当時、電話交換手が頸肩腕症候群の職業病認定を求めて闘っていました。保育士にとっても頸肩腕症候群は職業病。人員増をしなければ問題解決はしないと考えました。千葉市職員労働組合（自治労）傘下の「保育所連絡会議」を通じて市の全保育所に呼びかけ、保育士増に向けて取り組むことになりました。

その一つが「国体ブレザー拒否闘争」です。千葉県で国体が開催されることになり、県と市の職員全員にブレザーが支給されることになりました。私たちは「保育士はブレザーをもらっても着る機会はありません。ブレザーを支給する予算があるなら保育士を一人でも増やしてほしい」と訴えました。ブレザー拒否闘争をしたのは結局、保育士だけでした。そんな調子でしたので、本庁の組合からは「勝手なことばっかり」「やり過ぎだ」と言われ続けました。でも、私たちは、保育現場の人員を増やしたいという思いが強く、保育現場をよくするためだと思うと迷いはなかったです。交渉の結果、人員は増えました。

仕事と組合活動と子育てと

家では、子どもを持つか持たないかで連れ合いとのバトルが続きました。私は仕事と組合活動で目いっぱい。子どもとの時間をどうつくればいいのか。そう言うと連れ合いは「じゃあ、一生、産まないのか」と詰めてきます。一生、産まない、とは言えない。「一緒に育てるから」と連れ合いは約束し、私は産む選択をしました。でも長女を出産した後は本当にきつかった。連れ合いは当時、国鉄労働組合中央本部の専従です。組合活動の中心は夜。「一緒に育てよう」と言ったのに朝出たまま帰ってこない。帰ってきたと思ったら、すわりこんで新聞をバンっと広げて読んでいる。アタマにきて言い合いになります。

私には家事、育児、仕事で、新聞を見る時間すらないのに。「じゃあ家事・育児半々にすればいいいのか」。そういうことを求めているのではないのですが、伝わらない。「本当に半々にできるのですか」。相手はうなずいて、でも、結局、できない。その繰り返しで三年近く。お互いによく離婚という言葉を口にしなかったというくらい、やり合いました。

仕事と育児で手いっぱいで、組合活動に手を抜いている自分にもいら立っていました。職場の仲間から「私たちが腰が痛いってと言った時、だからこそ組合活動をやるのよと言ったでしょ。その鴨さんが子どもが生まれて大変だからって」と言われました。子どもを理由に組合活動から一歩引くことは正当だという自分の甘えを突かれた気がしました。すごくきつくて涙がこぼれました。

できることをやっていこうと思いました。仕事が終わると子どもを保育所まで迎えに行き、子どもを連れて組合の会議に出るようにしました。会議では子どもがいると集中できないし、子どもの生活リズムも崩れる。それでも、その場にいれば話はわかります。みんなと一緒にいることで、自分ができることも見つけられる。きつかった。でも続けました。長女が一歳になり、一九七六年、私は保育所を離れました。

子どもの病気——仕事を辞める

その後、私は社会党系青年団体の専従につきました。一九八〇年、長男を授かったのですが、生後四か月のころから原因不明の痙攣を起こすようになります。あちこちの病院に行きましたが原因が分かりません。ある時、長男の痙攣が一晩中続きました。そのまま亡くなるとは思いもしませんでした。でも長男は逝ってしまいました。夫の両親から「おまえが殺した」という言われ方をしました。結婚する時に「医者や弁護士、学校の先生ならともかく、なぜ働くのか」と反対したのに、働き続けたからだ、と。

その時、夫が両親に反論しました。「そんなことない！」その言葉に救われました。母親が働いているからだという周囲の目に、私も自分に言い聞かせるように「違う」と言い、働きました。でも「私が長男を殺してしまった」という思いは心に突き刺さったままでした。泣き続ける長男に「もう嫌だ」と投げ出したい気持ちになったこと。出張のため預けた先の友人から三歳の長女が「おもらしをしたことを言えずにトイレから出てこなかった」と聞いた時に知った子どもの孤独感や不安。私は良い母親ではなかった。働くことで子どもに寂しい思いをさせている、家族を壊しているのではないかという後ろめたさ。そういう思いを引きずっていました。

それから五年たち、二男を授かりました。「笑い声が戻ってきた」と長女は喜びました。それもつかの間、二男もまた痙攣をおこしたのです。もしもまた二男も、と思うと耐えられない。それに預かってくれるところもありませんでした。産休明けの保育をお願いしていた近所の女性は「怖いので無理」。保育所は「責任が取れない」といったん決定していた入所の措置解除を通告してきました。

二男の看護に専念することを決心し、仕事を辞めました。その後、ビタミンB6を服用すれば痙攣は起きないことがわかりました。看護しながらでしたが、ご近所さんとの立ち話や同じ年頃の子どもを持つお母さんたちとのおつきあいも楽しかった。仕事の時とは違う充実した時間がありました。けれども、息子が三歳になり、医師から「安定しました。お母さん、働いてもいいよ」と言われた時、やはり働きたいと思いました。職場にある緊張感や仕事の厳しさのなかにある達成感といったものが、私には家ではつかみ取れなかった。そういう思いは連れ合いに向かっていきますから、連れ合いも「そろそろ仕事したほうがいいのではないか」と言いました。でもそのとき私は三八歳で、仕事したいと思っても保育士の資格を持っていても、もうパートの仕事しかありませんでした。

なのはなユニオンへ——均等法制定後の労働と向き合う

一九八〇年代まで、「地区労」(地区労働組合協議会、地区労働組合会議の略)といって市や町など地域にある労働組合が集まって結成していた組織がありました。その地域の労働相談や労働組合のない中小企業などで働く人を支援していました。しかし、その運動を担っていた総評が連合に合流する過程で、一三〇〇あったと言われる地区労の解散、再編が進みました。この過程で、地区労の受け皿として、その地域の労働者ならだれでも、ひとりでも入れる労働組合「コミュニティ・ユニオン」が少しずつ広がっていました。大阪では一九八三年にユニオンひごろ（現ユニオンなにわ）、東京では八四年に江戸川ユニオンが結成されています。

千葉県では当時、社会党市議会議員が無料法律相談を実施していましたが、組合のない職場やパートの人からの相談については相談後の受け皿がありませんでした。何とかしたいということで、着目したのがコミュニティ・ユニオンです。江戸川ユニオンに規約や活動の内容を教えてもらい、一九八八年三月、なのはなユニオンが結成されました。「事務所に常駐して相談を受けてもらえないか」と私に声がかかりました。肩書は事務局長。労働相談の経験はありませんでしたが、仕事をしたかった私はその話を受けました。

「パートは有給休暇を取れますか」「パートの税金の壁はどうしたら突破できますか」。法律的な対応や複雑な制度の理解が求められる内容が多く、正しく答えなければならないと思うと電話に出るのが怖くなりました。完璧な答えを出せないので話を聞くしかない。その私に女性たちは話し終えると「ありがとう」と言ってくれました。

今もそうですが、パートの人たちが「雇い止めにあった」と社内組合に行っても「組合員ではないから相談は受けられない」と言われる。労基署に行っても当時は「問題ない」と数分で終わりです。一か月前に通告されたか、即日解雇なら予告手当金が出たかという手続きの判断だけだったからです。でも解雇された女性たちの思いは「一生懸命働いているのになぜ雇い止めになるのか」ということです。そう訴えると「民事の話だから、裁判へ」と言われ、パートの女性たちは裁判費用や解決までの時間を考え、引いてしまいます。夫に相談しても「嫌なら辞めれば」「おまえが働かなくても食べていけるよ」と言われるだけ。だから「どこにも聞いてくれる場がないんです」と、私の拙い対応にさえ「ありがとう」と言ってくれたのです。

ある時、千葉市で年休代替要員として働くパート保育士の女性からの相談がありました。正規保育士が年休を取得するときに現場に入るので、労働日・時間は短いが、いつお呼びがかかるかわからない拘束の高い働き方です。ボーナスもなく、待遇は正規職員よりも低いのですが、日々、保育士として懸命に子どもと向き合っておられるとのことでした。でもボーナスの支給日、正規の保育士がうきうきしているのを見ると、年休代替パートだからとこらえていた気持ちが抑えられなくなってしまう。「ボーナスの日は一年間で一番行きたくない日」と言いました。

その相談を受けながら自分が何も分かっていなかったことを思い知らされました。保育所で働いていたころ保育士の人員要求をした。その結果、増えたのは時間外保育パート、休憩代替パート、年休代替パートでした。組合としては、保育士が増えたことを勝利と評価したけれど、パート保育士がどういう労働条件なのか、問題意識が一切ありませんでした。隣で働く人に対する想像力がない。女性労働と言われる非正規労働に対して他人事であった。そのことを私は突きつけられたのです。

国連婦人の一〇年や均等法制定のころは、出産・育児、長男の他界、次男の看病で直接、運動には関わっていませんでした。しかし、ユニオン活動を通じて私は均等法制定後の労働実態、女性労働者の問題に取り組んでいくことになりました。

パートは家計補助じゃない——調査でたたかえ

労働相談を通じて、相談者と問題解決を一緒に考える。問題解決に向けてさまざまな形で労働問題に取り組む人たちとつながっていく。このネットワークの広がりにユニオン活動の面白さを見出し、のめりこんでいきました。

相談を受けていればわからないことだらけです。法律もどんどん変わる。職場も多様です。わかったふりをせず、「調べて連絡します」と対応する。弁護士や行政の窓口、それから他のユニオンに教えてもらうのです。ユニオンにはそれぞれ専門分野があります。東京ユニオンは派遣、管理職ユニオンは管理職の残業代や正社員の賃金問題など知識も情報も豊富です。そうやって協力を得て、労働組合として交渉をし、具体的に解決できる。駆け込んできた労働者の個別問題を解決するユニオンの存在感に確信をもつようになりました。

一方で、派遣やパートという雇用のあり方、その背後にある構造的な問題については個々のユニオンでは解決できないと感じていました。一九八九年、各地で活動していたユニオンのネットワークが正式に発足します。「コミュニティ・ユニオン全国ネットワーク」(全国ネット)です。このネットワークを土台に全国横断的な調査活動が始まります。

一九九四年九月、全国ネットは「パート労働実態アンケート」を実施しました。未組織で零細企業に働くパートの実態をつかみ、実態に即したユニオンの要求を掲げて運動しようという取り組みです。

その年、ＩＬＯパート条約一七五号が採択されており、批准運動につなげていきました。

続いて一九九六年三月に（全国ネットの地域ネットワークである）コミュニティ・ユニオン首都圏ネットワークが「複合就労する女性の生活実態調査とインタビュー」を実施しました。このころ、二つ以上のパートをかけもちして働く女性が増える傾向にあり、一時的なかけもちなのか、それとも女性の長期的な働き方となってしまっているのか、を明らかにしたいという狙いがありました。わかったのは、ふたつのパターンがあることでした。ひとつは女性は転職後、正社員として就労できず、生計をたてるため。もうひとつは家事・育児のためにまとまった時間働けないという理由からでした。

パート労働を女性の問題として取り組むネットワークも活発化していました。当時、東京ユニオンにいらした酒井和子さんらが作る「女性のワーキングライフを考えるパート研究会」に参加しました。研究会では一九九九年九月、二三一九人のアンケート調査結果をまとめた「仕事は一人前、扱いは半人前、なんで？」を発表しました。民間パートとともに公務パートも対象にした初めての調査となりました。

過酷な、でも熱い議論に燃えた暑い夏でした。栄養剤を飲みながら昼夜一か月、集計、分析、編集が続きました。聞き取り調査から明らかになる正規・非正規の格差の実態。「やったぞ」と思ったのは民間パートの二四・五％が主たる生計維持者であるという数字。パートは家計補助という一般的な見方に対し、「パート労働は家計補助ではない」という私たちの主張が立証されたのです。

この調査は地域活動にも活かされました。なのはなユニオンは、千葉県、松戸市、習志野市に「パートタイムＱ＆Ａ」の作成を要請しました。千葉県商工労働部が作成した「パートＱ＆Ａ」には「パートだって簡単に解雇できません」の見出し。うれしかったです。

その後、「女性のワーキングライフを考えるパート研究会」は「均等法ネットワーク」など女性グループとともに欧州調査も実施。均等待遇の実現の条件として、間接差別の是正や同一価値労働同一賃金の実現を新たに焦点化していきました。

派遣労働者の問題にも取り組みます。二〇〇三年の調査報告「認めて！私の働き方」にはユニオンに加入・交渉して育児休業を取得できた派遣労働者の事例が載っています。妊娠を報告した派遣労働者の女性に、派遣事業者の男性担当者が契約の打ち切りを通告し、「同じ男ですが私は面倒をみる自信がないのに妊娠させたりいたしません。私の妻は家でごろごろしていますが、きっちり面倒見ています。いつ妊娠しても大丈夫なだけの貯えもあります」という心ないメールを送りつけてきた体験が記されています。アンケート調査だけでなく、聞き取り調査で得たリアルな実態が働く者同士をつなぎ、共感を広げたのです。

全国ユニオンの結成と連合への加盟

非正規労働者は一九九五年に一〇〇〇万人を突破。九九年には派遣法が改正され、一三業務に限定されていた派遣が原則自由化になります。非正規労働者がどんどん増えていくなかで、私たちは非正規労働者の問題を労働運動全体の問題として推し進めていかなくてはならないと強く思うようになります。安易な非正規雇用への置き換えを禁止し、労働者の均等待遇を実現する運動を具体化しなくてはならない。

そんな折、連合が二〇〇一年、「労働を中心とした福祉型社会」を目標に「21世紀連合ビジョン」を発表します。パート集会が初めて開催されパートの時給引き上げという方針が出ます。一〇月の第七回定期大会では新たに選出された笹森清会長のもと「ニュー連合の役割と行動」という運動方針が採択され、均等待遇を新たなワークルールの基本方向とすること、非正規労働者の組織化、社会的労働運動の推進が掲げられました。

この連合方針に私は注目しました。非正規労働者の待遇改善を実現するためには、ナショナルセンターのなかで最大の勢力をもつ連合の影響力を無視できない。連合の運動すべてに賛成するわけではないが、連合批判だけでは変わらない。二〇〇一年秋、全国コミュニティ・ユニオンネットワークの大会で、事務局長の高井晃さん（東京ユニオン）らとともに全国ネットの連合加盟を提起しました。

しかし、連合が嫌だからユニオンを結成したところが多く、議論すればするほど感情的な亀裂が深まっていく。その間にも、小泉改革のもとで労働ビッグバンの議論は進み、非正規雇用の問題は悪化をたどっていました。二〇〇二年の全国ネットの大会で、連合のなかで非正規労働者の実態と思いを代弁したいと考えるユニオンで全国ユニオンを結成しようと呼びかけました。オブザーバーを含む一〇団体が参加[1]、同年一一月、全国ユニオン（組合員数：三三〇〇人）が設立されました。私は会長に選出さ

1——札幌地域労組等、おおだてユニオン、なのはなユニオン、東京ユニオン、東京管理職ユニオン、なにわユニオン、せんしゅうユニオン、大分ふれあいユニオン。オブザーバー組織として神戸ワーカーズユニオン、北葛ふれあいユニオン。

れました。

余談ですが、加盟申請後、承認には半年かかりました。「ユニオンは組合なのか」「連合設立に反対したところもある」など加盟を認めたくない産別もあったそうです。後日、当時の連合会長笹森清さんが「同質は和、異質は積となる」と説得したと聞きました。

連合会長選挙に立候補する

全国ユニオンは介護労働者の待遇改善などに積極的に運動を展開するとともに、二〇〇三年六月から連合傘下の産別としてもいよいよ活動を開始。小さな産別ですが、非正規にかかわる問題や労働法制について発言をしていきました。しかし、均等待遇実現や非正規労働者の組織化という方針が具体的な運動として見えてこないという苛立ちがありました。

そんな折、笹森さんが二〇〇五年に会長任期を終えるにあたって、若返り人事を選出基準として二〇〇五年五月から役員推薦委員会で次期会長など新役員の検討が進められていました。ところがその終盤の九月五日、高木剛さんが会長に推挙され、それで決定だという。若返りを図ることが第一の選出基準であったのに調整の過程で変わった。組合民主主義の点からもおかしい。ニュー連合方針がなかなか目に見える形にならない。このままで連合は労働者の代表と言えるのか。これでは連合は、労働組合は「やっぱり」というイメージしか残せない。

エイヤー、でした。届け出締め切りの九月二一日午前、全国ユニオンの三役会議を開催し、立候補を決定。締め切りの正午ぎりぎりに連合会館に飛び込み、立候補届を出しました。受け付けた人が驚いて「間違いじゃありませんか」と後を追っかけてきました。

一〇月六日の会長選で訴えました。未組織労働者の組織化と均等待遇の運動を前進させる。組合民主主義を貫く。どんな戦争にも反対する。結果は三二三票対一〇七票。負けましたが、連合のなかで組織拡大のためではなく非正規労働者のために均等待遇を実現しなくてはならないという認識が広がるきっかけにはなったと思います。

派遣労働問題――年越し派遣村

全国ユニオンの活動の軸の一つが派遣労働の問題と派遣法改正です。二〇〇六年頃から日雇い派遣の相談が入るようになり、派遣ユニオンでは日雇い派遣の大手事業者グッドウィル、フルキャストで働く労働者を組織化。一稼働労働につきデータ装備費あるいは業務管理費の名目での給与からの天引きや労災隠し、長時間拘束、違法な港湾業務派遣などを明らかにし、日雇い派遣を社会問題化すると同時に、登録型派遣と製造業派遣の原則禁止を求めて運動を展開しました。

年越し派遣村は忘れられません。二〇〇八年九月のリーマンショックを引き金に製造業での派遣切りの動きがあることは察知していました。全国ユニオンは一一月二九日から二日間、ホットラインを開設し、対応しました。電話は鳴りやむことなく、二日間で四七二件もの相談が入ってきました。「寮を追い出される。明日から住むところがない」「契約を打ち切られた、会社を辞めないといけない」

「蓄えもない」「明日からどうしたらいいのか」。

通常なら「簡単に解雇できませんよ」「寮を簡単に追い出されることはありません」「一緒に会社と交渉しましょう」という対応ができます。しかし、その言葉だけでは明日からホームレスになってしまうという人たちに対応できない。年末年始に炊き出しなどの対策が必要ではないか。全国ユニオンでは「派遣切り対策」を検討しました。「難しい」「やれない」という議論がありましたが、労働問題だけでなく、生活保護など貧困問題への対応が必要だという話になり、自立生活サポートセンター・もやいの湯浅誠さんにかかわってもらうことになります。

労働組合と貧困に取り組んできた人たちが組織の壁を越えてつながりました。寝る場所と食べ物を提供しよう。「年越し派遣村」と称して日比谷公園で二〇〇八年一二月三一日からハローワークが開く翌一月五日まで支援を行うことになりました。といっても、みんな手探りです。物資やカンパが続々と集まるなか、私は山谷に行って炊き出しのやり方を教わりました。「もうないです、は駄目。暴動が起きるよ」。コツは量の確保にあり、と教わりました。

初日から予想をはるかに上回る二〇〇人がやってきて、数は増え続け、最終的には五〇〇人に上りました。生活保護の申請、職業相談、炊き出し。同じ時期、全国ユニオンは京品ホテルの闘争に入っていました。買収先からホテル廃業、全員解雇を告げられ、京品ホテルの労働組合が雇用を守ろうと自主営業に取り組んでいたので、そこを簡易宿泊所として用意しました。しかし、これでは足りなくて厚生労働省と交渉し、宿泊所として厚生労働省の講堂を提供してもらいました。一九九九年の派遣の全面解禁を経て、非正規の問題は職場を超え、貧困問題となって社会に広がっていました。労働運動はここを自覚しなくてはならないと思いました。

遠ざけられる均等待遇――人材活用のわな

均等法制定後、企業は「男性正社員並み」に働くことを平等の基準として固定化していったように思います。その基準で働けないなら、非正規の女性は低賃金で雇用も不安定でよいかのような雇用管理を固定化し、社会もそれを受け入れていった。そういう雇用管理のありかたや待遇格差を今、「人材活用」という点から正当化するようになっています。

二〇〇七年のパート法改正で「差別禁止」が明文化されました。差別が禁止されるのは「正社員と同視すべきパートタイム労働者」(旧八条)に対してです。「正社員と同視」されるための要件は「人材活用の仕組と運用が正社員と同じ」であることです。翻って言えば、正社員と同様、会社が人材活用の一環として異動を命じたらそれに応じる。そうでなければ、正社員と同じ「人材活用」ができない、だから格差は合理的というわけです。

労働契約法二〇条でもこれが正社員との待遇格差を考えるうえでの要素になっています。二〇一五年、千葉内陸バスの契約社員運転手が正社員のバス運転手との手当の格差の是正を求めて裁判を起こしました。正社員は契約社員の四倍の営業手当があり、年末・年始手当一日一五〇〇円、金庫脱着手当一回五〇円が支給されます。なのはなユニオンは二年間、会社と交渉しましたが、会社側は「人材活用の仕組みと運用が正社員とは異なる」と譲らず、提訴に踏み切ったのです。

この裁判は二〇一七年三月、会社が規程改定により賃金格差を是正し、同年四月、和解しました。しかし、交渉でも裁判でも人材活用の論理は手ごわいものでした。丸子警報器の判例に従えば同じ仕事をしていればパートの賃金は正社員の八割とするのが公序良俗に則して妥当のはず。ところが、企業側は「人材活用の仕組と運用が正社員と同じではない」と待遇格差の合理性を説明しようとしました。安倍政権のいう同一労働同一賃金も同じ論理です。非正規労働者の均等待遇という切実な要求がこんな形で捻じ曲げられる。押し返さなくてはなりません。

一〇人でもできる——オリエンタルランドユニオン結成

一般にコミュニティ・ユニオンの課題は規模が小さく、組合員が定着しないことだと言われます。一か月一二〇〇円の組合費も払えない。それが非正規未組織労働者の現状です。長引く争議には経済的に耐えられないし、解決すると離れていってしまう人も多い。それでもなおユニオンにかかわった人から点と点が繋がるようにユニオンは広がっていきます。

なのはなユニオンでも、相談に来た人はその時点では困りはて、怒り、どうにかしてほしいと言います。私はセクハラ・パワハラ事案で精神的なダメージがある場合を除き、「ユニオンが団体交渉から何もかも請け負うわけではありません。あなたが交渉に一緒に参加する。これが組合員としての最低の義務です」と伝えます。一緒に行動するうちに労働者として変わり、つながります。

二〇一四年、オリエンタルランドユニオンを結成しました。ディズニーランドを経営するオリエンタルランドの従業員二万人のうち、一万八〇〇〇人は非正規労働者です。そのキャストと呼ばれる労働者のうちユニオンのメンバーは一〇人。でもこのたった一〇人が交渉することによって変わるのです。

二〇一五年からオリエンタルランドユニオンは春闘に取り組んでいます。一年目はゼロ回答でしたが、二年目は半年働くと時給が一〇円アップ、頑張れば二〇円という回答が出て全員に適用されました。キャラクター出演者の方の時給が理由なく五〇円下げられたことがあります。勤続一二年で時給一六三〇円。七年間、上がることも下がることもなかったのに、突然、手の振り方が悪いなどと言われて五〇円下げると通告されたと言います。年間にすると約七万円の減収。ミッキーやミニーを演じたいと働き始めた人が多く、その人も何か問題を起こせば役を降ろされてしまうかもしれないと何も言えませんでした。でも、一晩考えて交渉を決意。理由のない不利益変更として撤回され、彼女だけでなく、同時期に五〇円下げられた他の出演者の減額をも是正しました。

私には夢があります

長女が高校生の時のことです。「犬を飼いたい」という二男と「犬のお世話はだれがするの」という私とのやりとりを聞いていた長女がそれまで抑えてきた寂しさと怒りを爆発させたことがあります。「犬のことにそんなに責任を言うなら、私への責任はどこにあったの」。激しくやりあうなかで、私も娘に「お母さんはあなたのお母さんである。だけど一人の女性として、一人の人間としても生きたい」

と思いをぶつけました。

私は男並みに働くことを前提とする平等を求めたわけではなく、女性も男性も働ける、人として生きていける平等を求めた。誰かを犠牲にするような平等ではなく、どんな働き方であっても公平に扱われる平等を実現したいと思った。娘とのバトルのなかで、そんな私の生き方で娘に寂しい思いをさせたかもしれないけれど、やり続けてきたことについて後悔はしていないと自分の気持ちを整理できました。長女も今、働いています。

私の人生設計では六〇歳で働くのは終わりにするはずだったのですが、今も全国ユニオンの顧問として、またユニオン活動の次世代へのバトンタッチを進めながら、なのはなユニオンの委員長もしています。

私は連合会長選のスピーチでこう言いました。

「私には夢があります。正社員やパート・派遣、雇用形態にかかわらず、あらゆる働き方の労働者が生き生きと、安心して働きたいと連合に集まってくるのです。男性も女性も自分の生活と調和を図る、働き方を選択したいと連合に集まってくるのです。働く仲間と一緒に力を合わせて均等待遇を実現させていく、そういうふうに私は夢を持っております」。

なのはなユニオンの組合員は現在一六〇人。四〇％が女性で、非正規率は三〇％です。労働組合をつくりたいという声が、今また増えてきています。

◇聞き書き・主要参考文献とデータ収集・原稿作成作業について

本書の「聞き書き」は連合総研「戦後労働運動の女性たち――闘いの歴史と未来への提言研究委員会」でのインタビュー・データをもとに、関係資料による確認、補足を行い、大きく再構成したものである。

インタビューは一人につき一時間半から三時間程度行い、音声データを整文記録におこした後、提供資料に基づき事実関係を補完したうえで、ご本人にインタビュー・データの確認をお願いした。このデータを土台として、本書収録の原稿作成にあたっては関係史資料、補足的インタビューを通じて全体を加筆、再構成し、ご本人に収録原稿の内容確認をいただいた。故人となられた高島順子さんについてはこの一連の確認作業を夫の塩本勝治さんがお引き受けくださった。

多くの提供資料を頂戴しているが、図書館等で入手可能なものを中心に、執筆および再構成にあたって使用した主要文献・資料を記す。

［萩原久美子］

［書籍・刊行書等］

赤松良子（二〇〇三）『均等法をつくる』勁草書房。

芦村庸介編著（一九九二）『全民労協運動史』全民労協運動史刊行委員会。

岩瀬ふみ子（一九九五）『めもらんだむ　労働運動にかけた青春』自費出版。

糸久八重子編著(一九九〇)『育児休業法――四党共同法案と欧州諸国の法制』労働教育センター。

女たちの現在を問う会編(一九九六)『全共闘からリブへ――銃後史ノート戦後篇』インパクト出版会。

楫西光速・帯刀貞代・小島敏雄・小口賢三(一九五五)『製糸労働者の歴史』岩波新書。

鴨桃代(二〇〇七)『非正規労働の向かう先』岩波書店。

神代和欣、連合総合生活開発研究所編(一九九五)『戦後50年　産業・雇用・労働運動』日本労働研究機構。

行動する会記録集編集委員会編(一九九九)『行動する女たちが開いた道――メキシコからニューヨークへ』未来社。

国際婦人年日本大会の決議を実現するための連絡会編(一九八九)『連帯と行動――国際婦人年連絡会の記録』市川房枝記念会出版部。

伍賀偕子(二〇一四)『敗戦直後を切り拓いた働く女性たち――「勤労婦人聯盟」と「きらく会」の絆』ドメス出版会。

伍賀偕子(二〇一六)『女・オルグ記――女性の自律と労働組合運動のすそのを広げて』ドメス出版。

塩沢美代子(一九七一)『結婚退職後の私たち――製糸労働者のその後』岩波新書。

塩沢美代子監修、広木道子著(一九九九)『アジアに生きる女性たち――女性労働者との交流十五年』ドメス出版。

設楽清嗣・高井晃編著(二〇一〇)『いのちを守る労働運動――最前線9人の証言』論創社。

自治労運動史編集委員会編(一九九九)『自治労運動史第三巻』労働教育センター。

自治労運動史編集委員会編(二〇〇八)『自治労運動史第四巻』労働教育センター。

城間佐智子編著(一九九二)『均等法と女の闘い――沖縄バス35歳定年制打破』労働大学。

全国電気通信労働組合・全電通婦人常任委員会編(一九八六)『殻をやぶって――全電通婦人運動のあゆみ』全国電気通信労働組合、全電通婦人常任委員会。

ゼンセン同盟、多田とよ子編(一九九六)『ゼンセン女性運動史――寄宿舎民主化から男女平等雇用へ』ゼンセン同盟。

船野英男編(一九七六)『生糸部会史』ゼンセン同盟生糸部会。

全国婦人の集い実行委員会(一九九一)『男女の平等を目指して　自律・連帯・行動――全国婦人の集い28年のあゆみ』全

国婦人の集い実行委員会。

全逓信労働組合婦人部中央常任委員会編（一九八九）『全逓婦人部運動史』全逓信労働組合婦人部中央常任委員会。

全日本労働総同盟編（一九九三）『同盟二十三年史（上）（下）』同盟史刊行委員会。

全日本自治団体労働組合総合組織局・女性部（二〇一五）『女性部運動の強化で職場・社会をかえよう――結成六十周年』全日本自治団体労働組合総合局・女性部。

総評40年編集委員会（一九八九）『総評四十年』総評資料頒布会。

多田とよ子（二〇〇四）『明日につなぐ――仲間たちへの伝言』ドメス出版。

田中美津（二〇〇六）『新版　いのちの女たちへ　とり乱しウーマン・リブ論』パンドラ。

中西英治（二〇〇二）『輝いて、しなやかに――物語男女差別裁判の40年』新日本出版社。

中本ミヨ（一九九六）『されど忘れえぬ日々――日産自動車の男女差別を撤廃させた十二年のたたかい』かのう書房。

日本教職員組合婦人部編（一九七七）『日教組婦人部30年史』労働教育センター。

日本婦人会議中央本部編（一九九二）『大地に花を～日本婦人会議30年のあゆみ』日本婦人会議中央本部。

日本労働組合総評議会編（一九七六）『オルグ』労働教育センター。

日本労働組合総評議会婦人対策部（一九七六）『総評婦人二十五年の歴史』日本労働組合総評議会。

萩原久美子（二〇〇八）『育児休職協約の成立――高度成長期と家族的責任』勁草書房。

宮地光子監修、ワーキング・ウィメンズ・ネットワーク編（二〇〇五）『男女賃金差別裁判「公序良俗」に負けなかった女たち――住友電工・住友化学の性差別訴訟』明石書店。

矢崎欽司、ゼンセン同盟片倉労働組合編（一九七六）『30年の歩み』ゼンセン同盟片倉労働組合。

山野和子記念文集刊行会編（二〇〇五）『風となれ土となれ』「山野和子さんを偲ぶ会」実行委員会。

労働省女性局監修、女性労働協会・女性と仕事の未来館編（二〇〇〇）『未来を拓く――労働省女性行政半世紀のあゆみ』女性労働協会・女性と仕事の未来館。

中島通子編著（一九八四）『働く女が未来を拓く』亜紀書房。

［**報告書、パンフレット等**］

大阪地方国民春闘共闘会議（一九八〇）『大阪のはたらく婦人——2万人の「婦人労働者の労働と生活実態調査」から労基研報告を批判する』。

女たちの欧州調査団（二〇〇〇）『なくそうパート、契約労働、派遣　差別——均等待遇は世界の常識』。

労働教育センター編集部編（二〇〇五）『季刊女も男も』第一〇五号（特集　男女雇用機会均等法—20年の足跡とこれから）。

均等待遇2000年キャンペーン実行委員会（二〇〇〇）『間接性差別を許さないイギリス』。

国際婦人年大阪連絡会（一九七九）『出産白書3361人の出産アンケートより』。

効力ある平等法を！女も男も連帯委員会（一九八四）『STOP！均等法——どうなる女と男の未来』。

全石油シェル労働組合本社支部（一九八五）『1000日のリレー　育児時間要求スト』。

全日本石油昭和シェル労働組合女性部（一九九二）『女性の賃金、何故低い!?昭和シェル男女差別賃金の実態と仕組み』。

全日本労働総同盟婦人局（一九八七）『婦人活動情報——同盟婦人活動の23年』No・95号。

総評、同盟、中立労連、新産別、全民労協（一九八四）「日経連『労働問題研究委員会報告』を批判する」。

総評婦人局『（全国婦人代表者会議）婦人活動方針』（各年版）。

総評婦人局『（全国婦人代表者会議）婦人活動方針付属資料』（各年版）。

総評婦人局（一九七八）『総評第21回全国婦人代表者会議資料　婦人少年問題審議会の状況』。

総評婦人局（一九八一）『総評第24回全国婦人代表者会議資料　婦人少年問題審議会および男女平等問題専門家会議の報告(4)1980・10～1981・9』。

総評婦人局（一九八二）『総評第25回全国婦人代表者会議資料　男女平等問題専門家会議報告　雇用における男女平等の判断基準の考え方について——解説と今後のたたかい方』。

総評婦人局（一九八二）『総評第24回全国婦人代表者会議資料　婦人少年問題審議会および男女平等問題専門家会議の報告（5）1981・10〜1982・9』。

総評婦人局（一九八三）『総評婦人少年問題審議会報告（6）1982・10〜1983・9』。

総評婦人局（一九八四）『たたかいぬいた中央行動の記録——労働基準法改悪阻止、実効ある男女雇用平等の法制を求めて』。

総評婦人局（一九八四）『婦人少年問題審議会・衆議院社会労働委員会報告　男女雇用平等の法制をめぐるたたかいの経過と今後の取り組み』。

はたらく婦人の中央集会実行委員会編（一九八〇―一九八五）『はたらく婦人の中央集会討議資料』（第25回、第26回、第27回、第28回、第29回、第30回）。

電機労連・組織局婦人対策部（一九七九）『婦人活動ハンドブック』。

連合・時短センター編（一九九六）『めざせ！1800時間——1800時間到達確認調査最終報告』。

連合・女性局編（一九九六）『つくろう！男女雇用平等法』。

連合・女性参画20年の歩みプロジェクト編（二〇一一）『連合・男女平等への歩み』。

連合・総合女性局『連合　女性活動ハンドブック』（各年版）。

連合・総合男女平等局『連合　男女平等推進ハンドブック』（各年版）。

連合・総合労働局時短センター編（一九九九）『連合要求実現「応援団」活動のまとめ　1997〜1999』。

連合21世紀への挑戦委員会（二〇〇一）『21世紀を切り開く連合運動——二十一世紀連合ビジョン』。

私たちの男女雇用平等法をつくる会（一九七九）『性差別にくさびを！——労基法改悪に反対し私たちの男女雇用平等法をつくろう!!』。

私たちの男女雇用平等法をつくる会（一九八三）『女と平等——保護抜き平等をはね返せ！』。

［**主要定期刊行物等**］
『月刊連合』『全逓新聞』『ゼンセン新聞』『全民労協ニュース』『同盟』『同盟婦人局・婦人活動情報』

［**年鑑、資料集成等**］

大阪社会労働運動史編集委員会編（一九八六－二〇〇九）『大阪社会労働運動史（全九巻）』大阪社会労働協会。

高木澄子・中嶋里美・三井マリ子・山口智美・山田滿枝・井上輝子編（二〇一五－二〇一七）『行動する女たちの会資料集成（全八巻）』六花出版。

大森眞紀監修（二〇一二）『現代女性労働調査資料集成（第一期全九巻　男女雇用機会均等法／家族的責任をめぐって）』日本図書センター。

法政大学大原社会問題研究所『日本労働年鑑（各年版）』旬報社。

〈資料〉

資料❶国際婦人年日本大会決議（一九七五年一一月二二日）

資料❷総評大阪地評婦人協議会「「男女平等問題専門家会議」報告に対する見解」（一九八二年六月）

資料❸私たちの男女雇用平等法をつくる会「有効な男女雇用平等法の必要条件」（一九八三年一月）

資料❹経済同友会「「男女雇用平等法」（仮称）に対する考え方」（一九八四年三月一六日）

資料❺婦人少年問題審議会婦人労働部会労働者側委員「雇用における男女の機会の均等及び待遇の平等の確保のための法的整備に関する建議」に対する労働者側委員の見解（一九八四年三月）

資料❻労働四団体および全民労協代表・労働大臣に対する申入書（一九八四年四月五日）

資料❼日経連（日本経営者団体連盟）「女子労働問題への対応――男女雇用機会均等法の制定まで」（一九九八年）

資料❶国際婦人年日本大会決議（一九七五年一一月二二日）

昭和二十年、衆議院議員選挙法の改正によって、男子と同等に婦人にも参政権が与えられ、昭和二十一年、すべての国民は性によって差別されないという憲法が制定されました。

長い間、男女差別を強いられてきた婦人は、初めて解放されたことを喜び合い、男女の平等によって、社会の矛盾を減少し、より幸福な社会が実現されることを期待しました。

ところが三十年を経た今日、この国際婦人年に本大会において、男女差別が家庭、職場など社会のあらゆるところに今なお依然として存在している事実を私たちは改めて確認いたしました。

長年、男女差別の中で植えつけられてきた慣習や男女双方の意識と行動――特に私ども婦人自身にひとりの人間としての自主独立の意識、行動力の不足が、真の平等実現を阻む壁となっていたことも反省させられました。

私たち婦人は、今こそ強い自覚を持って立ち上がり、家庭、学校、職場、社会などあらゆる領域において、男女の差別を撤廃するため、全婦人が連帯し、積極的に行動を開始する決意を固めあいました。

ここにおいて、政府、自治体、政党、企業、労働組合などに対し、次のことを要求します。

政府・自治体に対しての要求

一、婦人問題企画推進本部は、第一に、世界行動計画にそった日本の行動計画を作成し、その実現順序を決定すること。行動計画には民間の意見を十分に反映させること。

特に五か年間に達成することを指示されている項目については、これを検討し、すみやかにその実現を努力すること。

ＩＬＯ第六十回総会で決議された「婦人労働者の機会と待遇の均等を促進するための活動計画・宣言」についてもすみやかに実施に移すこと。

二、政府および自治体の政策決定に婦人を参加させること。婦人の公務員を増やし、昇進への道を開くとともに、行政機関における審議会、調査会などに婦人を必ず加えること。

三、国連および国連関係の国際会議の政府代表に必ず婦人を任命すること。

四、教育については、学習指導要領、教科書を再検討し、教育内容を男女同一にすること。特に家庭科は男女共修にすること。

五、働く婦人に対しては、賃金の平等だけではなく、労働条件を男女平等とするよう、労働基準法を改正すること。

六、婦人に関するＩＬＯ第八九号条約（工業に使用される婦人の夜業に関する条約）、第一〇二号条約（社会保障の最低基準に関する条約未批准部分）、第一〇三号条約（母性保護に関する条約）、第一一一号条約（雇用および職業についての差別待遇に関する条約）を批准、関係国内法の改正をすること。
七、母性の保障は国の責任とし、そのための施策を充実すること。
八、婦人の社会参加を可能にすると同時に、子どもの福祉を確保するため、保育所の増設、学童保育の制度化、老人および障害児者を抱える家庭への施策を充実すること。
九、母子家庭、中高年独身婦人、高齢婦人に対して、政府はその実態を把握し、施策の樹立、拡充に努めること。
十、遺族年金の受給者は、大部分が婦人であり、現行の受給額では生活が困難なため、年金を増額すること。
十一、売春防止法を再検討し、現状に適応するよう改正するとともに、トルコ風呂をすみやかに追放すること。

政党・企業・労働組合・その他の団体に対しての要求

一、政党は各種議員など候補者公認に当たり、積極的に婦人を公認すること。また、政党内の要職に婦人を登用すること。
二、企業は婦人に対する雇用、労働条件における男女差別をなくすこと。また、責任ある地位に登用し、婦人の能力を企業に役立たせること。
三、労働組合は、その一員である婦人労働者に対する雇用、賃金における差別をなくすための活動を強化すること。また、組合の各級機関に婦人の役員を増やすこと。
四、婦人会員を持つ、医師会、弁護士会、税理士会などは、婦人を役員に加えること。

以上、決議します。

国際婦人年日本大会参加者一同

資料❷総評大阪地評婦人協議会「男女平等問題専門家会議」報告に対する見解（一九八二年六月）

〝能力主義〟強化による女性の分断を促進する「男女平等の判断基準の考え方」

去る五月八日、「男女平等問題専門家会議」（労働大臣の私的諮問機関）は「雇用における男女平等の判断基準の考え方について」という報告を提出した。

労働省は、これにもとづき、いよいよ労基法改悪のプログラムを本格的段階に進めようとしているが、以下、総評大阪地評婦人協議会の見解を明らかにして、真の男女平等実現のための運動の強化を改めてよびかける。

（1）「専門家会議」が、労働者側、使用者側、学識経験者による三者構成の会議であるため、大きな限界があることは否めないが、労・使の主張の両論併記や、また、男女平等確保のために全体的な労働条件整備、保育施設・育児休業などの充実が必要であることを抽象的ではあれ認めさせたことなどは、労働者側の奮闘の結果である。

しかし、残念ながら基調としては、「保護ぬき平等」という使用者側の基本姿勢はいささかもゆるめられておらず、能力主義管理の強化による女性の分断の意図が貫かれていると言わざるをえない。

また、全体を通して、男女差別が民間企業にのみ存在していて、官公労職場は問題がないかのような取扱いであることや、雇用における男女平等確保のために、国及び公的機関がなすべき責務をあいまいにして、もっぱら、「雇用管理の改善」にのみ、つまり、関経協「意見書」が言うところの〝労使自治〟にのみ委ねようとする点も問題である。

（2）使用者側の婦人労働政策が露骨に示されている点を指摘するならば、主に以下の通りである。

《A　〝能力主義〟強化による女性の分断》

①　男女平等を「個々人の意欲と能力に応じた平等待遇を実現すること」と定義して、女性差別の問題を個人の意欲と能力に解消している。これは、母性をかなぐり捨てて、現行の男性の労働条件なみに働く者にのみ平等待遇を与えるというものであり、それ以外の圧倒的多数の女性は、〝一人前に扱わない〟という分断政策を促進するものである。

②　その具体的表われとして、生理休暇や産休・育児時間などを取得した者や危険有害業務などに従事しなかった者に対して、昇進昇格に差をつけることを、今後の検討課題にしている。

③　焦点の、労基法の母性保護条項については、「妊娠・出産機能にかかわるもの」としていて、「労基研報告」（＝「妊娠・出産に直接かかわるもの」としている）よりは、広義の解

釈の余地を残しているが、その具体的範囲は検討課題になっている。そして、その他の措置については「本来いずれも法律上、男女異なる規定を設けることは妥当でない」と言いきっている。

《B　結果の平等をめざす特別措置の否定》

① 男女平等とは「機会の平等であり、結果の平等を志向するものではない」という論理は、先に出された関経協の「労基法改正意見書」と同主旨のものであるが、これは、女性差別撤廃条約第四条の、平等実現のための特別措置は差別ではないという精神に反している。男女に同じように機会の均等が保障されたとしても、女性は長い間の歴史的社会的な差別や母性機能による身体的特徴の結果、男性と同条件に立ってはいないから、さまざまの特別措置の規定が必要なのである。

② 一般的な女子の勤続年数の短かさによる男女異なる取扱いについて、「やむをえない」と、「妥当でない」という意見の両論併記になっている。「やむをえない」とする使用者側の見解に対して、女性が働き続けられなくされている諸条件の改善こそ求めていかねばならない。

③ 「家庭責任を女子が負っていることを前提として男女異なる規定を設けることは、家庭は人間の基本的な場であり、男女が協力して共に責任を負うものと考えれば、本来妥当であるとは言えない」と述べている点については、男女の役割分担固定論を是正していくというわたしたちの主張を逆手にとってねじまげたものだと言わざるをえない。これは、就労が家族的責任の遂行をはばまないよう、労働条件や社会的な解決を保障しようとするＩＬＯ一五六号（男女労働者の家族的責任）条約の理念を否定するものであり、家族的責任を個々の家庭の中で私的に処理すべきもの、私的な男性と女性の間の問題に矮少化しているものである。

以上の内容は、女性労働者だけの問題ではなく男性労働者にもより一層の競争原理を持ちこみ、減最経営・合理化攻撃をより強めるものと受けとめるべきである。

(3)労基法改悪阻止・真の男女平等実現の闘いはいよいよ本格的段階に入った。「専門家会議報告」のねらいを職場や地域で討議して、闘いの基盤をつくり、全力をあげて運動を強める。

① 運動を「婦人少年問題審議会」の推移にのみ託するのではなく、私たちの意見を大衆的行動で反映させていく。

② 総評の統一要求や、別掲のスローガンにもとづいて全国的な共同行動を、大阪の地から担っていく。

③ 一つ一つの職場で、減量経営・合理化攻撃に対決していくことこそが、労基法改悪阻止の鍵である。職場闘争に、女性の力を発揮し、労基法違反を決して許さない「闘う労働組合」を形成していく。

（総評大阪地評婦人協議会（一九八二）「真の男女平等法をめ

ざして——男女平等問題専門家会議「雇用における男女平等判断基準の考え方について」批判」より抜粋）

資料❸私たちの男女雇用平等法をつくる会「有効な男女雇用平等法の必要条件」（一九八三年）

男女雇用平等法の有効性は、法の中味がどういうものであるかによって決まります。平等法が真に有効であるためには、

一、すべての性差別の禁止とそのための有効な罰則規定があること。
二、平等への積極的措置がとられること。
三、差別からの救済が有効になされること。
四、強力な施策の推進機関があること。

この四つの要素が、法の中にきちんと規定されていなければなりません。

一、性差別の禁止と有効な罰則規定

(1)性差別とは

禁止されなければならない性差別として、次のようなことが明確に規定される必要があります。

①　女性であることを理由にした不利益な取扱い。

②　女性についてのみ、年令、既婚・未婚、夫の地位や収入、子どもの有無、親元通勤の可否、学歴、容姿、世帯主であるかどうか、世帯の収入形態など、特定の条件を設けること。またそれを理由にした不利益な取扱い。

③　母性保護を理由にした不利益な取扱い。
④　間接的な差別(たとえば、事務職を募集するのに「身長一七〇センチ以上の者」というように、結果として女性に不利になる取扱いをいいます)。

また、さらにここで重要なことは、
⑤　母性保護は差別とみなさないこと。
⑥　平等を進めるための積極的措置は差別とみなさないこと。

これらのことが、あわせて明記されなければなりません。

(2)禁止の対象

以上のような性差別は、募集、採用、仕事内容、職場配置、賃金、手当、昇進・昇格、雇用形態、福利厚生、解雇、定年、退職勧奨、研修、職業訓練、職業紹介等、雇用に関するすべての面にわたって禁止されなければなりません。また、公務員を含むすべての労働者に適用されるものでなければなりません。(中略)

二、平等への積極的措置

女性は歴史的な差別の積み重ねの中で、職場に出ていく基盤そのものがすでに不利にされているわけですから、平等を進めていくためには、結果の平等をめざした積極的な措置(アファーマティブ・アクション)が位置づけられなければなりません。たとえば、
(1)労基法で就業が禁止されている職種以外で、男性の多い職場には、女性の優先採用枠を設定する。また昇格等にも優先枠を設定する。
(2)現実には出産等で中断せざるを得ない就業形態を考慮して、女性の採用年令をひき上げる。
(3)女性への職業教育や研修、職業訓練などを優先して行う。

など、このほかにもさまざまな積極的措置が必要です。同時に、前にも述べましたが、これらの積極的措置は差別とみなさない旨、明記されることが必要です。これらは、諸外国でも、平等を推進するためにきわめて有効な手段となっています。

三、差別からの救済

平等法の三つめの柱は、差別からの救済が有効に行われることです。実効ある救済がなされるためには、次のことが明確に規定されることが必要です。

(1)救済機関として、強力な行政委員会(男女平等委員会)が設置されること

まず何よりも、救済機関が強力であることが必要です。そのために現在考えられる最も有力な機関は政府から独立して権限を行使できる行政委員会以外にありません。この行政委員会は、労・使・公益三者構成とし、今の労働委員会のプラス面と、公正取引委員会のような強い権

限とをあわせもった、強力な機関として設置される必要があります。

　また当然、委員は、過半数を女性とし、男女平等の推進について深い知識と熱意をもった人が選任されなければなりません。同時に、委員会の事務局も過半数が女性で、深い知識と熱意をもった強力な職員で構成される必要があります。職員は公務員一般職とは別の手続きで採用し、事務局ごと完全に独立した組織にする必要があります。

(2)誰でも訴えられること
　現在の差別にみちた状況を考えた場合、当事者本人しか訴えられなければ、なかなか法が活用されないことも予想されます。従って、差別を受けた本人だけでなく、友人、労働組合、その他誰でも訴えられるようにすることが必要です。

　また、訴えがなくても、委員会が職権でとりあげられるようにすることも不可欠の条件です。

(3)簡素な手続きで、迅速に救済されること
　訴えても、今の裁判所や労働委員会のように、決定が出るまで何年もかかるようでは有効な救済とはいえません。簡素な手続きで、迅速に、少なくとも一年以内には救済(是正)勧告や命令が出るようにすることが必要です。

(4)救済の決定の効果が他の類似の事例にも及ぶこと
　勝訴しても、救済が本人だけで他に及ばなければ、なかなか差別はなくなりません。ある事例で決定が出たら、その職場の他の人や、別の類似の事例にも自動的に適用されるようにすることが必要です。

(5)立証責任は訴えられた側(会社側)が負うこと
　差別を受けた側がそれを「差別だ」と証明することは、ふつうきわめて困難です。給料表、試験の際の書類など、証拠は会社側が握っているからです。従って差別をしている側に立証責任を負わせ、差別でないことが証明できない限り差別と認める、というようにしなければなりません。

四、強力な施策の推進機関

　平等法が強力に執行され、実効をあげていくためには、法に基づいた施策の強力な推進機関が必要です。これが先ほど救済機関として掲げた「男女平等委員会」です。

　男女平等委員会は差別の監視から、調査、審査、救済、積極的措置の推進、法実施のための規則やガイドライン等の制定、情報宣伝活動、その他平等を進めるためのあらゆる施策を決定し、他機関に勧告し、民間に強力な行政指導を行うといった権限を与えられる必要があります。つまり、救済機能と、施策の推進機能という二大機能を果たす組織として位置づけられる必要があるのです。

　推進機能については、たとえば、積極的措置に基づく企業の雇用計画や実施状況等を毎年報告させ、強力に指導す

る等が、その重要な機能として挙げられます。

以上述べたように、法の有効性を確保するためには、さまざまな要件が必要です。このような重要な中味をきちんと盛り込んだ「私たちの男女雇用平等法」を、私たち女の手で、運動で、つくらせていきましょう。

（私たちの男女雇用平等法をつくる会（一九八三）『女と平等』より抜粋）

資料❹経済同友会「男女雇用平等法」（仮称）に対する考え方（一九八四年三月一六日）

一、男女の別は本来的なもので、それに応じて一般的には多くの点で違いがある。この点に沿った役割、就業形態を直ちに〝男女差別〟というのは間違いである。

二、いわゆる男女差別問題は、歴史の流れの中で社会的・習慣的に作り出されてきた面が多く、したがって真の男女差別とは何か、それにどう対応するかを明確にするには諸々の要因を総合的に把握し判断する事が必要である。早急な法律の規程によって解決できる性格のものではない。

三、確かに女性の仕事意識、能力は多様化しており、時代の進展とともに、その傾向は強まると予想されるので、そのなかから人材を見いだしいかに社会に通用する企業人として育成、活用してゆくかは企業戦略上の重要な柱となってきている。しかし、そうした戦略上の対応は時間をかけて各企業が行うべきものであり、画一的に制度化してはならない。

四、とくに、配置、昇進、昇格、教育訓練、定年、解雇などは、各企業の人事制度に係る問題であり、それを法律によって規定するのは、企業のダイナミズム、ひいては自由企業体制の根幹にも触れる重要問題である。

五、むしろ、ここで必要なことは、女性自身が勤労意欲を高め、それによって企業が職業についての男女のセグリゲーション(分離)をなくせるような状況を自ら作ってゆくことである。例えば、より多くの女性が、学生時代から職業を真剣に考え、この分野では男性と競争しても負けないという意識に目覚めることが先決である。そうした意識を高めることなく、制度のみが先行したとしても女性の地位向上は困難である。

六、結局、雇用慣行をはじめとする労働市場の制度改革については、十分な議論と検討を重ね、そのなかで社会的コンセンサスを形成してゆくべきものである。

資料❺ 婦人少年問題審議会婦人労働部会労働者側委員「雇用における男女の機会の均等及び待遇の平等の確保のための法的整備に関する建議」に対する労働者側委員の見解(一九八四年三月)

婦人少年問題審議会婦人労働部会
労働者側委員
山野和子(総評)
市川清美(同盟)
佐野美代子(中立労連)

1. 婦人に対するあらゆる形態の差別撤廃条約を批准するため、雇用における男女平等をどう確保すべきか、そのあるべき法制をめぐって審議を重ねてきた。審議に際しては、男女の平等は基本的人権に関わる問題であり、私たちは「雇用管理において、性を理由とした差別をしてはならない」ということが基本にならなければならないと一貫して主張してきた。

にもかかわらず経営者側は、この問題を経済性、効率性のみを基本に、男女雇用平等法制は時期尚早、女子保護規定撤廃の主張を繰返し、結果として、保護と平等のバランス論でしか本問題が取扱われなかったことに対し、私たち労働者側委員は強い不満をもっている。

2．この結果、建議では、雇用平等法の性格をはじめ殆んどの事項が三論併記という形をとらざるを得ない結果となった。今後この建議を受けて、労働省が法案要綱をまとめ、再諮問してくるわけであるが、労働省がどの意見を選択するのか、その責任は重大である。

3．私たちは、今後諮問されるであろう男女雇用平等法案要綱検討のなかで、婦人差別撤廃条約の基本精神にそって、日常の職場に存在する雇用管理における女性差別をなくすために、労働団体は結束して、すべての差別を罰則を付して禁止し、実効性のある男女雇用平等法の制定をさらに強力に追求していくものである。

資料❻労働四団体および全民労協代表・労働大臣に対する申入書（一九八四年四月五日）

一九八四年四月五日

労働大臣
坂本三十次殿

日本労働組合総評議会
議長　黒川　武
全日本労働総同盟
会長　宇佐美忠信
中立労働組合連絡協議会
議長　竪山利文
全国産業別労働組合
委員長　小方鉄蔵
全日本民間労働組合協議会
議長　竪山利文

申入書

「国連婦人の一〇年」最終年である八五年の婦人差別撤廃条約の批准を前にして、批准の前提条件となる、雇用平等法制定の論議が大詰を迎えています。

しかし、今なお、経営側は相変わらず、雇用における男女差別の禁止に反対し、一方で日本の労働時間は極めて長く、このことは、国際的にも非難の的となっているにも拘わらず、男女平等の名のもとに、女子に対する時間外労働、休日労働、深夜業の規制の撤廃と生理休暇の廃止を強硬に主張しています。

性による差別は基本的人権の侵害であり、雇用の場における男女平等を確保する法律制定は、国際的潮流となっています。

このようななかで先進国の一員である日本が、相互依存・相互協力の国際社会で、国際規約を無視して他国とは異なる男女差別の慣習を取り続けることは許されないことです。男女の平等は、女性であることを理由に就職の窓口を閉ざしたり、昇進、昇格からはずしたり、あるいは男女別定年制をとるなど、これまで長い間女性を差別してきた雇用管理を改め、婦人差別撤廃条約の精神を雇用の場に実現するものでなければならないし、また、女性のもつ母性が社会的に尊重され、より保障されるものでなければなりません。

総評・同盟・中立労連・新産別・全民労協は今国会での法案制定をめざし、貴職に対し、「積極的に時代を先取りし、前向きな態度でこの問題に取組み、ぜひ次の内容を備えた実効ある男女雇用平等法」を今国会に提案するよう申入れます。

記

1　雇用における男女平等を確保するため、労基法第三条において性による差別を禁止するとともに、募集・採用から配置、配置転換、昇進・昇格、教育訓練、福利厚生、定年、退職、解雇等に至るまでの機会および待遇の差別の禁止と、差別を受けた者に対する救済を確保する法整備を図ること。

2　母性に対する保障の措置を充実するとともに、母性保護を理由にした差別を禁止すること。

3　全体の労働時間の短縮、時間外労働の規制の強化、週休二日制の推進をより強力に行うことによって、男女が同じ基盤で働ける環境を一日も早く実現すること。

4　すべての職種を対象にした育児休業法をすみやかに制定すること。

資料❼日経連「女子労働問題への対応——男女雇用機会均等法の制定まで」(一九九八年)

雇用における男女平等問題審議の始まりから審議会の建議提出まで

一九七八年(昭和五三)春から雇用における男女平等実現のための方策のあり方について審議をしてきた婦人少年問題審議会婦人労働部会は、一九七九年(昭和五四)一二月に審議会の審議に資するため、専門家会議を設け男女平等の具体的姿について検討を行うことが適切であるとの申し合わせを行った。男女平等問題専門家会議は、一九八二年(昭和五七)五月、その検討結果を「雇用における男女平等の判断基準の考え方について」として報告した。

この間、一九七九年(昭和五四)には、国連総会において「女子に対するあらゆる形態の差別の撤廃に関する条約」(女子差別撤廃条約)が採択され、わが国は一九八〇年(昭和五五)七月同条約に署名している。

婦人女性問題審議会婦人労働部会は、専門家会議の報告を受けて「雇用における男女平等問題」について審議を再開し、一九八三年(昭和五三)末に審議状況を公表した。

一九八四年(昭和五九)二月二〇日には婦人労働部会の公益委員が、関係法案の審議を深めるための「たたき台」を提示し、婦人労働部会は、このたたき台をもとに審議を続けた。三月二六日、部会報告が審議会総会に提出され、総会は、「雇用における男女の機会の均等及び待遇の平等の確保のための法的整備について」と題する建議を労働大臣に提出した。

この間における日経連の動きは、次の通りであった。

なお、一九七九年(昭和五四)から、主として女子労働問題について意見交換を行う場として、企業の労務担当者をメンバーとする「労務管理連絡会」を随時開催している。

(一)育児休業制度法制化に反対　一九八一年(昭和五六)九月開催の日経連常任理事会は、当時活発になっていた育児休業制度法制化の動きに対し法制化反対の決議を行い、政府、自民党に善処方を要請した。

反対理由の骨子は、次の通りであった。

(1)育児休業制度は、女子保護規定の見直しを含め、総合的に慎重に検討すべきであり、本制度のみ先行すべきではない。保護規定を残したままの法制化は、女子の職域を狭め、雇用における男女平等をさらに遠のかせる。

(2)育児休業制度の普及に当たっては、業種・個別企業の事情を無視し画一的に法律で強制すべきではなく、労使の自主的努力に委ねるべきである。労務費コスト増のほか、代替要員の確保、人員配置面での困難性など導入上の問題が多く、普及率の低い本制度を、法律により一律に強制実施することは無謀である。

(3)育児休業制度の法制化により、適用対象が全職種に拡大され、現行女子国家公務員などにとられている休業期間中の社会保険料本人負担分の国庫負担が適用されることになれば、均衡上、国・地方公共団体、保険財政または企業の負担増は免れない。

次いで、同年一〇月には、経済四団体連盟で同趣旨の要請を政府、自民党に行っている。

(二)日経連、法制化の強行に反対 日経連は、一九八三年(昭和五八)九月二八日の記者会見において、雇用における男女平等の法制化について、生理休暇や深夜労働など労働基準法の女子保護規定の撤廃が先決であり、現状のままで法制化を強行すれば、わが国の労働慣行を根底から覆し、終身雇用慣行にも影響を及ぼす虞れ(ママ)があることから反対である旨を述べたが、反対声明書の提出は、なお審議会の審議経過を見守った方がよいとの政策委員会の結論により見送った。

(日本経営者団体連盟(一九九八)『日経連五十年史　本編』一四四−一四五頁)

経済団体／労働組合の動き	社会の動き／世界の動き	内閣
世界労連結成	ポツダム宣言受諾	東久邇宮内閣（1945.8.17〜） 幣原内閣（1945.10.9〜）
総同盟・産別会議・日労会議結成、経済同友会・経団連発足 電産型賃金成立	食糧メーデー	第一次吉田内閣（1946.5.22〜）
2・1スト中止令		片山内閣（1947.5.24〜）
日経連発足、産別民同結成	昭和電工事件	芦田内閣（1948.3.10〜） 第二次吉田内閣（1948.10.15〜）
世界労連から英米脱退、国際自由労連結成、新産別結成	下山事件、三鷹事件、松川事件	第三次吉田内閣（1949.2.16〜）
総評結成	朝鮮戦争勃発、レッドパージ	
	サンフランシスコ講和条約、 日米安全保障条約調印、 日本・ILO再加盟	
電産争議、日本鋼管川崎製鉄所「新生活運動」開始	血のメーデー事件	第四次吉田内閣（1952.10.30〜）
日産争議、日経連・労働協約基準案を発表	朝鮮戦争休戦	第五次吉田内閣（1953.5.21〜）
	造船疑獄、第五福竜丸事件	第一次鳩山内閣（1954.12.10〜）
日本生産性本部発足、日経連『職務給の研究』「労働基準法改正に関する意見」発表	保守合同（55年体制成立）、 主婦論争起こる、 神武景気（〜1957年）	第二次鳩山内閣（1955.3.19〜） 第三次鳩山内閣（1955.11.22〜）

〈主なできごと（関連略年表）〉

	男女雇用平等関連の法律、行政の動き	男女雇用平等関連のできごと（国連・国際機関、女性／労働運動）
1945	労働組合法制定（1946施行）、衆議院議員選挙法改正（女性参政権付与）	新日本婦人同盟（後の婦人有権者同盟）、主婦の会結成
1946	日本国憲法公布	国連・婦人の地位委員会設置、婦人民主クラブ結成、全逓婦人部結成、大阪勤労婦人聯盟結成
1947	日本国憲法施行、労働基準法制定、労働省婦人少年局設置	日教組婦人部結成
1948	人事院規則、公共企業体労働関係法、厚生年金法一部改正（寡婦年金、遺族年金）	国連・世界人権宣言、ILO89号（女性夜業）条約、日教組・男女差別賃金完全撤廃
1949	労働組合法全面改正	
1950		
1951		ILO100号（同一価値労働同一賃金）条約、三越争議（8時間スト）
1952		綿紡4割操短による女子工員大量解雇
1953		全電通・職場託児所設置要求、松崎製糸スト
1954		近江絹糸争議、日鋼室蘭争議（ぐるみ闘争）、東京大丸パート従業員採用開始、働く母の会発足
1955	産休補助教員法制定（1956施行）	第一回日本母親大会

経済団体／労働組合の動き	社会の動き／世界の動き	内閣
中立労連結成	日本・国連加盟、経済白書「もはや戦後ではない」	石橋内閣（1956.12.23〜）
	朝日訴訟提訴、トランジスタラジオ発売	第一次岸内閣（1957.2.25〜）
王子製紙争議、産別会議解散	電子工業振興五カ年計画決定（通産省）	第二次岸内閣（1958.6.12〜）
総評・春闘共闘委発足、三井鉱山が大規模人員整理を提示	岩戸景気（58年後半〜61年）	
三池争議	60年安保闘争、国民所得倍増計画決定	第一次池田内閣（1960.7.19〜） 第二次池田内閣（1960.12.8〜）
	米大統領にケネディ氏就任	
	女子学生亡国論おこる	
春闘「ヨーロッパ並み賃金」要求 最賃共闘連絡会議発足、第一回QCサークル大会		第三次池田内閣（1963.12.9〜）
IMF・JC発足、全日本労働総同盟（同盟）発足、公労協4.17スト中止	東京オリンピック、日本OECDに加盟	第一次佐藤内閣（1964.11.9〜）
	北爆開始	
日経連・能力主義管理研究会発足、全逓東京中郵事件で最高裁判決	いざなぎ景気（〜70年）	
	美濃部革新都政誕生、羽田闘争	第二次佐藤内閣（1967.2.17〜）
	水俣病・阿賀野川水銀中毒公害認定、日大・東大紛争	

	男女雇用平等関連の法律、行政の動き	男女雇用平等関連のできごと（国連・国際機関、女性／労働運動）
1956	売春防止法制定（1958全面施行）	第一回はたらく婦人の中央集会（保育所づくり運動など）
1957	女子職員に関する人事院規則制定	総評「母体保護強化月間」設定
1958		ILO111号（雇用・職業における差別）条約
1959	最低賃金法制定、国民年金法改正（母子・寡婦年金、母子福祉年金制度など）	東京電力結婚退職制反対闘争
1960		
1961	国民年金制度発足、国民皆保険、児童扶養手当法制定（1962施行）	
1962		日本婦人会議結成、新日本婦人の会結成
1963	経済審議会「経済発展における人的能力開発の課題と対策」（能力主義、婦人の再就職促進、パートタイム制度の活用など）	
1964		自治労婦人部・自治体女性職員の若年定年制・退職勧奨調査、「はたらく婦人の中央集会」分裂。
1965		総評婦人部ILO100号条約批准運動・第一回「内職・パート大会」開催、全電通・育児休職実施
1966	厚生年金基金制度発足	住友セメント事件（結婚退職制）東京地裁判決、母親大会分裂
1967	ILO100号条約批准	国連・婦人に対する差別撤廃宣言、大阪・タクシー冷房料金撤回闘争勝利（大阪タクシー疑獄事件発覚）
1968		

経済団体／労働組合の動き	社会の動き／世界の動き	内閣
日経連能力主義管理研究会報告『能力主義管理　その理論と実践』発表	経企庁「日本GNP世界二位」発表	
東京商工会議所「労働基準法改正についての意見」	大阪で万国博覧会開催	第三次佐藤内閣（1970.1.14～）
	日米繊維協定仮調印、沖縄返還協定締結、ドルショック	
	沖縄返還、田中角栄「日本列島改造論」、日中国交正常化、浅間山荘事件	第一次田中内閣（1972.7.7～） 第二次田中内閣（1972.12.22～）
	第一次オイルショック、繊維構造不況	
総評・国民春闘開始、統一戦線促進労働組合懇談会（統一労組懇）結成、私鉄労連が48時間スト	戦後初のマイナス成長	三木内閣（1974.12.9～）
春闘敗北、公労協スト権スト敗北、同盟とIMF・JC「働くものの生涯生活ビジョン」発表	ベトナム戦争終結	
	ロッキード事件（田中角栄前首相逮捕）、自民・衆院で過半数割れ	福田（赳）内閣（1976.12.24～）
紡績業界の合理化相次ぐ	自民・参院で過半数守る、与野党伯仲時代へ	
同盟・全国大会で国際自由労連加盟などを労戦統一の条件に盛り込む	成田空港開港	第一次大平内閣（1978.12.7～）
	第二次オイルショック、東京サミット	第二次大平内閣（1979.11.9～）
	初の衆参同日選、自民勝利・与野党伯仲終わる	鈴木内閣（1980.7.17～）

	男女雇用平等関連の法律、行政の動き	男女雇用平等関連のできごと（国連・国際機関、女性／労働運動）
1969		
1970	家内労働法制定	「侵略＝差別と闘うアジア婦人会議」設立、エキスポ綜合労働組合結成
1971		第一回リブ合宿開催
1972	勤労婦人福祉法制定、経済審議会「新時代の能力開発と労働福祉」、労働安全衛生法制定	自治労「保育三原則」決定（保育所と家庭、地域による24時間保育、集団主義保育、労働者保育）
1973		キーセン観光反対キャンペーン始まる
1974		ゼンセン同盟・母性保護統一闘争、家庭科の男女共修を進める会発足
1975	総理府・婦人問題企画推進本部設置	国際女性年、国連・第一回世界女性会議（メキシコシティ）開催、国際婦人年連絡会結成、行動する女たちの会結成、秋田相互銀行事件（男女賃金差別）秋田地裁判決
1976	女子教職員・看護婦・保母等の育児休業法施行	国連婦人の10年（～1985）、大阪中央労基署・三和銀行男女差別賃金で是正勧告
1977	婦人問題企画推進本部「婦人の10年国内行動計画」、労働省「若年定年制・結婚退職制など改善年次計画」発表	アジアの女たちの会発足
1978	社会党「男女雇用平等法案」国会提出、労働基準法研究会第二小委員会報告（時間外労働等規制緩和と性差別禁止立法の提案）	
1979	自民党・家庭基盤の充実に関する対策要綱、乳幼児保育基本法制案発表	国連・女性差別撤廃条約、私たちの男女平等法をつくる会（「つくる会」）発足
1980	女性差別撤廃条約に署名	国連・第二回世界女性会議（コペンハーゲン）開催

経済団体／ 労働組合の動き	社会の動き／世界の動き	内閣
労戦統一推進会「労働戦線統一の基本構想」発表、準備会発足	米大統領にレーガン氏就任（レーガノミクス）	
全民労協結成、関西経営者協会「男女平等法制についての意見書」	北炭夕張炭鉱閉山	第一次中曽根内閣 （1982.11.27〜）
総評東地域合同労働組合（ユニオンひごろ、現なにわユニオン）結成	中曽根首相・戦後政治の総決算を強調、貿易黒字激増	第二次中曽根内閣 （1983.12.27〜）
江戸川ユニオン結成	第二次地価高騰（〜90）、 在日外国人指紋押捺拒否運動	
電電公社民営化・NTT発足、専売公社民営化・日本たばこ産業発足	貿易不均衡問題で日米次官級協議開始、プラザ合意	
	経済構造調整研究会報告書（「前川レポート」）、日米半導体交渉決着	第三次中曽根内閣 （1986.7.22〜）
国鉄分割民営化・JR発足、民間連合結成	バブル景気（〜1991）	竹下内閣 （1987.11.6〜）
なのはなユニオン結成		
連合、全労連、全労協がそれぞれ発足	新元号「平成」、消費税実施、日米構造協議開始、天安門事件、ベルリンの壁崩壊、米ソ冷戦終結	宇野内閣 （1989.6.3〜） 第一次海部内閣 （1989.8.10〜）
26年ぶりに春闘で海部首相と山岸連合会長が「政労会談」	1.57ショック	第二次海部内閣 （1990.2.28〜）
連合大会で「自民に代わる政権交代可能な政治勢力結集の政治方針」決定	バブル崩壊、湾岸戦争、 ユーゴスラビア内戦、ソ連解体	宮沢内閣 （1991.11.5〜）

	男女雇用平等関連の法律、行政の動き	男女雇用平等関連のできごと（国連・国際機関、女性／労働運動）
1981	第二次臨時行政調査会（土光臨調）第一次答申（福祉切り捨て）	ILO156号（家族的責任）条約、日産自動車事件（男女定年差別）最高裁判決
1982	労働省「男女平等法制化準備室」発足	
1983		「アジア女性労働者交流センター」発足、総評「私たちの要求する男女雇用平等の法制化を実現させるための中央行動」開始
1984	国籍法改正（父母両系主義を採用、1985施行）	総評臨時大会で男女雇用平等実現が初めてスローガンに、労働四団体・全民労協が男女雇用平等法制定要求で集会開催
1985	国民年金法改正（第3号被保険者制度）、女性差別撤廃条約批准、男女雇用機会均等法制定（1986施行）、労働者派遣法制定	国連・第三回世界女性会議（ナイロビ）開催、労働四団体・全民労協および国際婦人年連絡会が均等法案に抗議声明、総評「平等を確保するための中央行動」
1986		日本基督教婦人矯風会が来日アジア女性の緊急保護施設「女性の家HELP」開設
1987	労働基準法改正（週40時間制、変形労働時間制拡大）（1988施行）、新前川レポート「労働時間1800時間程度の早期実現」、「西暦2000年に向けての新国内行動計画」	
1988	女性差別撤廃委員会・日本報告第1回審査	
1989	参院・社会党委員長土井たか子を首班指名（憲政史上女性初）	郵政職場での女性の深夜業開始、国家公務員採用Ⅲ種試験（郵政B）について女性の受験制限撤廃（国家公務員採用での女性の制限なくなる）、参院選マドンナ旋風で自民敗北、「セクハラ」流行語大賞
1990		ILO171号（夜業）条約、連合発足後初の「中央女性集会」
1991	育児休業法制定（1992施行）	

	経済団体／労働組合の動き	社会の動き／世界の動き	内閣
	総評センター解散に先立ち社会党と連帯する労組会議結成、民社党を支援する労組会議も結成	PKO法成立・自衛隊カンボジア派遣、生活大国五カ年計画	
	総評センター解散	慰安婦関係調査結果発表に関する河野内閣官房長官談話、8党派連立政権発足	細川内閣（1993.8.9～）
		自社さ政権発足、女子学生就職難「氷河期」	羽田内閣（1994.4.28～） 村山内閣（1994.6.30～）
	日経連「新時代の日本的経営」発表、女性ユニオン東京発足	阪神・淡路大震災、地下鉄サリン事件、村山内閣戦後50年談話	
	日経連「政府規制の撤廃・緩和要望について」	日米両政府・米軍普天間飛行場全面返還発表、金融機関の破綻相次ぐ、小選挙区比例代表並立制を導入	第一次橋本内閣（1996.1.11～） 第二次橋本内閣（1996.11.7～）
	日経連・「政府規制の撤廃・緩和要望について」再要望	山一証券経営破綻	
			小渕内閣（1998.7.30～）
	連合政治センター設立	東海村ウラン臨界事故、米軍普天間飛行場の辺野古移設閣議決定、国旗国歌法成立	
	経団連・労働者派遣法抜本改正と企画業務型裁量労働制の規制緩和を提案	三宅島噴火	第一次森内閣（2000.4.5～） 第二次森内閣（2000.7.4.～）
	連合21世紀宣言「労働を中心とする福祉社会」	中央省庁再編（1府12省へ）・経済財政諮問会議設置、アメリカ同時多発テロ	第一次小泉内閣（2001.4.26～）

	男女雇用平等関連の法律、行政の動き	男女雇用平等関連のできごと（国連・国際機関、女性／労働運動）
1992	時短促進法制定	福岡（セクハラ）事件・福岡地裁判決
1993	土井たか子女性初の衆議院議長、労働基準法改正（変形労働時間拡充）、パートタイム労働法制定	国連世界人権会議「ウィーン宣言」、国連「女性に対する暴力撤廃宣言」
1994	女性差別撤廃委員会・日本報告第2回審査、子どもの権利条約批准、総理府に男女共同参画審議会設置、高校家庭科男女共修実施	ILO175号（パートタイム労働）条約
1995	ILO156号条約批准、育児介護休業法改正	国連・第四回世界女性会議（北京）、沖縄米兵による小学女児暴行事件、ワーキング・ウィメンズ・ネットワーク（WWN）結成
1996	法制審議会民法改正案要綱答申（選択的夫婦別姓の導入等）、男女共同参画2000年プラン（国内行動計画）	均等法ネットワーク発足（2004〜均等待遇アクション21）
1997	男女雇用機会均等法改正（1999施行）、介護保険法制定、規制緩和推進計画閣議決定、週40時間労働全面実施	
1998	労働基準法改正（企画業務型裁量労働制）	米三菱自動車・セクハラ訴訟で総額3400万ドル支払い和解
1999	男女共同参画社会基本法制定、労働者派遣法改正（対象業務を原則自由化）	国連・女性差別撤廃条約選択議定書
2000	男女共同参画基本計画	ILO183号（母性保護）条約、芝信用金庫事件（昇格差別）東京高裁判決
2001	DV防止法制定、内閣府男女共同参画会議・局設置	京ガス事件（賃金差別）京都地裁判決

経済団体／労働組合の動き	社会の動き／世界の動き	内閣
経団連と日経連が統合し日本経済団体連合会が発足、全国ユニオン結成	日韓共催・サッカーワールドカップ、日朝首脳会談	
日本郵政公社発足、連合評価委員会最終報告	イラク戦争	第二次小泉内閣（2003.11.19～）
	自衛隊イラク派遣、有事関連法7法成立、有事法制整備	
日本経団連「ホワイトカラーエグゼンプションに関する提言」発表	JR福知山線脱線事故、郵政選挙で自公大勝	第三次小泉内閣（2005.9.21～）
連合「パート共闘会議」設置		第一次安倍内閣（2006.9.26～）
日本経団連「希望の国、日本（御手洗ビジョン）」発表	防衛省発足、柳沢厚労相「女性は産む機械」発言、郵政民営化	福田（康）内閣（2007.9.26～）
	リーマンショック、世界金融危機米大統領にオバマ氏当選	麻生内閣（2008.9.24～）
首相主宰で労働界、産業界による雇用戦略対話開始	自公・衆院選に大敗し下野、民主党政権発足	鳩山内閣（2009.9.16～）
経済同友会「規制改革を通じて経済を再び成長路線へ」を提言		菅内閣（2010.6.8～）
電力総連・原発再稼働を定期大会で支持	東日本大震災、東電福島第1原発事故	野田内閣（2011.9.2～）
雇用戦略対話第8回で終了（政権交代でその後、開かれず）	民主党が衆院選大敗・自公が政権復帰、アベノミクス始動	第二次安倍内閣（2012.12.26～）
	初の「国家安全保障戦略」閣議決定	

	男女雇用平等関連の法律、行政の動き	男女雇用平等関連のできごと（国連・国際機関、女性／労働運動）
2002		野村證券事件（コース別雇用）東京地裁判決
2003	次世代育成支援対策推進法制定、少子化社会対策基本法制定、女性差別撤廃委員会・日本報告第3回審査、労働者派遣法改正（製造業への派遣解禁）（2004施行）	住友電工事件（コース別雇用）大阪高裁で和解
2004		
2005	第二次男女共同参画基本計画、労働時間等設定改善法制定（2006施行）	
2006	男女雇用機会均等法改正（2007施行）、経済財政諮問会議民間4議員「労働ビッグバン」提唱	
2007	労働契約法制定（2008施行）、パートタイム労働法改正（不利益取扱禁止規定）（2008施行）、官民トップ会議「仕事と生活の調和（ワーク・ライフ・バランス）憲章」策定、規制改革会議「規制改革の推進のための第二次答申」	女性のためのアジア平和国民基金解散
2008		
2009	女性差別撤廃委員会・日本報告第4回審査	昭和シェル石油事件（男女賃金差別）最高裁判決、兼松事件（コース別雇用）最高裁判決
2010	第三次男女共同参画基本計画、子ども手当支給開始	
2011	事業仕分けで「女性と仕事の未来館」閉館	ILO189号（家事労働者）条約
2012	労働契約法改正（有期契約労働者の不合理処遇禁止）	『あごら』休刊
2013		婚外子相続分差別違憲・最高裁判決

経済団体／労働組合の動き	社会の動き／世界の動き	内閣
日本経団連・自民党への政治献金とりまとめ再開	特定秘密保護法施行、消費税率5%から8%に、衆院選で自公圧勝	
	安全保障関連法制反対で連日国会前デモ、安全保障関連法制成立	第三次安倍内閣（2014.12.24〜）
	マイナンバー利用開始、民主党と維新の会が合流し民進党結成、日銀マイナス金利導入、米大統領にトランプ氏当選	
連合・衆院選で民進党離党者の推薦見送り	民進党解体	第四次安倍内閣（2017.11.1〜）
	初の米朝会談、平成天皇退位決定	

	男女雇用平等関連の法律、行政の動き	男女雇用平等関連のできごと（国連・国際機関、女性／労働運動）
2014	パートタイム労働法改正（不合理処遇禁止）（2015施行）、過労死防止対策推進法施行	都議会で女性議員にセクハラヤジ、広島中央保健生活協同組合事件（育休不利益取扱）最高裁判決
2015	第四次男女共同参画基本計画、女性活躍推進法制定（2016施行）、労働者派遣法改正（派遣の期間制限廃止）、アベノミクスの第2ステージ「一億総活躍社会」始動	中国電力（賃金差別）最高裁判決、女性の再婚禁止期間違憲・最高裁判決
2016	女性差別撤廃委員会・日本報告第5回審査	東京都知事選で小池百合子候補が当選（女性初）、夫婦同姓合憲・最高裁判決
2017	働き方改革実行計画発表	世界経済フォーラムのジェンダーギャップ指数で日本144国中114位に、MeToo運動広がる
2018	働き方改革一括法による労基法改正（高度プロフェッショナル制度導入）、政治分野における男女共同参画推進法制定	財務省事務次官・セクハラで辞任、ILO総会「職場における暴力と嫌がらせ（ハラスメント）」基準設定への討議本格化

［**主要参考文献**］
『日本労働年鑑』『読売年鑑』『世界年鑑』『経済同友会七十年史』『日経連五十年史　資料編』『働く女が未来を拓く』（私たちの男女雇用平等法を作る会、中島通子編・付属年表）『はたらく女たちの歩み・大阪39年』（関西婦人労働問題研究会）『未来を拓く――労働省女性行政半世紀の歩み』（労働省女性局編）

おわりに

連合総合生活開発研究所（以下、連合総研）は、日本労働組合総連合会（以下、連合）のシンクタンクとして、「国内外における経済・社会・労働問題等に関し調査・研究し、その成果に基づき国民的視点に立った政策提言を行うこと」を目的に一九八七年に発足した。発足以来三〇年にわたり、労働分野を中心としつつさまざまな分野についての研究活動を行ってきている。日本の労働界における初めての本格的な研究機関でもある。

さて、本書は、連合結成以前の女性労働運動に直接的に関わってきた女性組合リーダーへの聞き取り調査を中心に構成している。その目的は、聞き取り調査から得られたこれまでの女性労働運動の評価と課題を整理することによって、今後の労働運動を担っていく女性組合リーダーたちへの提言を行うことにある。

その背景には、①戦後の労働運動のなかで、女性たちが具体的にどのような運動を進めてきたのかについて総括的な文献は少ないこと、②労働運動史の中でも女性による労働運動は部分的な扱いに留まっていること、③連合結成以前の女性労働運動に直接的に関わってきた女性組合リーダーも少なくなりつつあり、関連資料も散逸する恐れがあること、④過去の女性組合リーダーの経験や女性労働運動の歴史的成果が、必ずしも産別や単組などの女性組合リーダーや労働組合に参画する女性たちに十分に引き継がれていないこと、等の問題意識がある。

また、女性リーダーに限らず、労働運動に携わる多くの関係者にも読んでもらうために、研究報告書ではなく書籍として刊行することとした。

本書の刊行に向け、連合総研は二〇一六年三月一一日、「戦後労働運動の女性たち—闘いの歴史と未来への提言」として研究委員会を立ち上げた。

研究委員会の主査を、浅倉むつ子早稲田大学教授、委員として、神尾真知子日本大学教授、萩原久美子下関市立大学教授の両氏、運動の現場からは、連合総合男女・雇用平等局の井上久美枝総合局長に参加をお願いした。

なお本研究員会は連合総研にとって女性労働運動をテーマとする初のプロジェクトである。その事務局を前連合総研副所長小島茂、現副所長杉山豊治、前主任研究員の伊東雅代を中心に、麻生裕子、浦野高宏、戸塚鐘、早川行雄、前田藍が担った(五十音、敬称略)。

合計一四回の研究委員会の他、インタビューイのもとに出向いての聞き取り作業、ワーキンググループでの検討を含め、委員の方々には大変なお骨折りをいただいた。今般、書籍として刊行に到ることができたのは、浅倉むつ子主査をはじめとする委員の方々の尽力の賜物であり、ここに心よりお礼を申し上げたい。

そして何よりも、お忙しいなか、長時間のインタビューに協力していただいた一二名の女性労働運動の先輩たちへ、心からの感謝を申し上げたい。本当にありがとうございました。

本書が、一人でも多くの女性組合リーダーの活動の糧となれば幸いである。

（本書をまとめる過程で、インタビューイの一人、高島順子さんが逝去された。連合総研一同謹んで哀悼の意を表します。）

連合総合生活開発研究所

［編著者紹介］

浅倉むつ子（あさくら　むつこ）

早稲田大学法学学術院教授。東京都立大学大学院博士課程満期退学、博士（法学）。労働法・ジェンダー法専攻。日本学術会議会員、日本労働法学会代表理事、ジェンダー法学会理事長を歴任。著書として『男女雇用平等法論――イギリスと日本』（ドメス出版、1991年）、『労働法とジェンダー』（勁草書房、2004年）、『雇用差別禁止法制の展望』（有斐閣、2016年）等。

萩原久美子（はぎわら　くみこ）

下関市立大学経済学部教授。一橋大学大学院社会学研究科博士課程単位取得修了。労働社会学・社会政策とジェンダー・人事労務管理論専攻。著書として『迷走する両立支援――いま子どもをもって働くということ』（太郎次郎社エディタス、2006年）、『育児休職協約の成立――高度成長期と家族的責任』（勁草書房、2008年）、『民主党政権失敗の検証―日本政治は何を活かすか』（共著、中公新書、2013年）等。

神尾真知子（かみお　まちこ）

日本大学法学部教授。慶應義塾大学大学院法学研究科博士課程満期退学。労働法・社会保障法専攻。論文として、「保護と平等の相克――女性保護とポジティブ・アクション」（『講座労働法の再生』第4巻、日本評論社所収、2017年）、「男女雇用機会均等法の立法論的課題」（日本労働法学会誌第126号、2015年）、「社会保険とジェンダー」（社会保障法第29号、2014年）等。

井上久美枝（いのうえ　くみえ）

連合総合男女・雇用平等局総合局長。法政大学経済学部卒業。（独）日本スポーツ振興センター出身。政府関係法人労働組合連合書記長、国公関連労働組合連合会書記次長、連合中央執行委員（女性代表）、連合総合政策局社会政策局次長、社会政策局長、総合男女平等局総合局長を経て、2017年より現職。

連合総合生活開発研究所（れんごうそうごうせいかつかいはつけんきゅうじょ）

1987年12月、日本労働組合総連合会（連合）のシンクタンクとして発足。国内外における経済・社会・労働問題等に関し調査・研究し、その成果に基づき国民的視点に立った政策提言を行うことを目的に、労働分野を中心にさまざまな分野についての研究活動を進めてきている。

労働運動を切り拓く

女性たちによる闘いの軌跡

2018年10月30日　初版第1刷発行

編著者……浅倉むつ子・萩原久美子・神尾真知子・井上久美枝
連合総合生活開発研究所

ブックデザイン……宮脇宗平

発行者……木内洋育

発行所……株式会社旬報社
〒162-0041　東京都新宿区早稲田鶴巻町544
TEL：03-5579-8973　FAX：03-5579-8975
ホームページ：http://www.junposha.com/

印刷製本……中央精版印刷株式会社

ISBN978-4-8451-1560-0